YN EI DRO

CYMRU'R DDWY OLWYN

i Mam, Dad, a Sara,
ac er cof am Siân

YN EI DRO

CYMRU'R DDWY OLWYN

Gruffudd ab Owain

y lolfa

Argraffiad cyntaf: 2026

Dymuna'r cyhoeddwyr gydnabod cymorth ariannol Cyngor Llyfrau Cymru

Cynllun y clawr: Sion Ilar
Llun y clawr blaen: Leigh Rose

Rhif Llyfr Rhyngwladol: 978 1 80099 842 1

Cyhoeddwyd, rhwymwyd ac argraffwyd yng Nghymru gan
Y Lolfa Cyf., Talybont, Ceredigion SY24 5HE
gwefan www.ylolfa.com
e-bost ylolfa@ylolfa.com
ffôn 01970 832 304

Geirfa

CADFRIDOG(ION): yn y byd seiclo proffesiynol, y seiclwyr hynny ar gyflogau is sydd yno i wasanaethu eu harweinwyr (y rhai mwyaf talentog ar gyflog mawr), e.e. drwy 'nôl bwydach a dŵr iddynt. Cyfieithiad o'r term a ddefnyddir fynychaf yn y cylchoedd seiclo, *domestique* (Ffrangeg).

DEURODWR (DEURODWYR): hwyrach y gair Cymraeg gloywaf am 'seiclwr', a gofnodwyd gyntaf ym 1911. Daw o'r hen air am feic – 'deurod' – am fod gan y beic ddwy rod (dwy olwyn). Nid yw felly'n gysylltiedig â'r gair 'rhodio' am grwydro ayyb, ac o'r herwydd, anghywir fyddai'r sillafiad 'deurodiwr'.

DRINGFA (DRINGFEYDD): mae dringfa'n cyfeirio at allt sydd efallai'n fwy estynedig; yn ddigon o her neu brofiad i ymweld â hi ar bwrpas.

DISGYNIAD(AU), GORIWAERED: y gwrthwyneb i ddringfa; y wobr ar ei hôl. Hefyd y ferf 'disgyn', a'r ymadrodd 'ar i waered'. Noder i mi benderfynu osgoi '*freewheel*-io', a defnyddio 'hwylio' yn ei le o dro i dro.

FEST WYNT: haenen ychwanegol ddefnyddiol o ddilledyn, sy'n cadw'r gwynt o'ch brest. Cyfieithiad o'r Ffrangeg *gilet*.

LLEWYS DROS DRO: bathiad Cymraeg am *arm warmers* (diolch i gymorth Ion Thomas); i'w gwisgo ar ddiwrnodau o Wanwyn neu ym moreau bychain yr haf, gan y gellir eu diosg yn hawdd a'u rhoi mewn poced gefn.

LLWYFANDIR: cyfieithiad o'r enw daearyddol *plateau* (o'r Ffrangeg), a ddefnyddir yn aml yn y cylchoedd seiclo i ddisgrifio ffordd wastad; yn enwedig, dyweder, ar ddringfa.

RAS YN ERBYN Y CLOC: ras lle bo pob seiclwr yn cymryd ei dro ar lwybr penodedig, yn y gobaith o'i gyflawni yn yr amser byrraf. Enghraifft o hyn fyddai'r rasys *hill climb*: ras yn erbyn y cloc ar ddringfa fer.

Y CYFRIFIADUR BACH: teclyn bychan yn defnyddio GPS y bydd seiclwyr yn rhoi ar y bar o dan eu trwyn. Mae'n dangos map o'r daith, cyflymder, tymheredd, pellter; a llond trol o ystadegau dibwys eraill.

Dylid cydnabod yma holl waith Wyn Gruffydd a gweddill sylwebwyr Seiclo S4C yn ystwytho'r Gymraeg i'w defnyddio wrth drafod seiclo.

Cynnwys

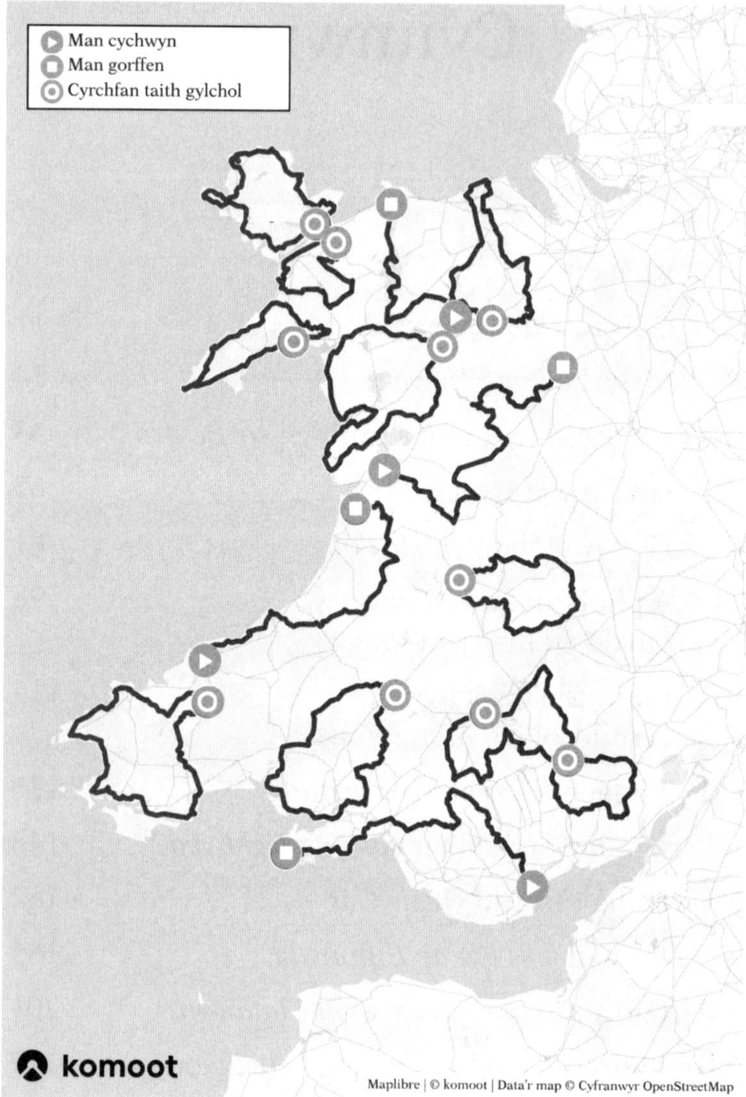
Man cychwyn
Man gorffen
Cyrchfan taith gylchol
komoot
Maplibre | © komoot | Data'r map © Cyfranwyr OpenStreetMap

Rhagair

MAE DECHREUADAU'R GYFROL hon ym mlog Y Ddwy Olwyn, y bûm yn ei ysgrifennu er 2018, pan o'n i'n 13 oed. Mae fy niolchiadau'n ddiwaelod i'w holl ddarllenwyr dros y blynyddoedd, am roi eu ffydd ynof o oedran mor ifanc, ac am roi cynulleidfa i sgwennwr yn meithrin ei grefft. Hoffwn ddiolch i un ohonynt, Lefi Gruffudd yn Y Lolfa, am y cyfle a'r gefnogaeth i gyhoeddi'r gyfrol, ac i un arall ohonynt, Ion Thomas, am ei adborth treiddgar a gwerthfawr, ac am lenwi llawer bwlch yn fy ngwybodaeth. Diolch hefyd i Mared Llywelyn a Gareth Evans-Jones, beirniaid Tlws yr Ifanc yn Eisteddfod Genedlaethol Boduan 2023, a roes yr anogaeth orau posib i mi gychwyn ar waith y gyfrol yn yr wythnosau a'i dilynodd.

Cyfrol o ysgrifau yw *Yn Ei Dro*. Nid cronicl awdurdodol ar hanes Cymru mohono o bell ffordd, na chwaith wyddoniadur na ffeithlyfr am y llefydd yr ymwelir â hwy. Nid cyfeirlyfr mohono: dydw i ddim yn honni mai dyma'r 14 taith 'orau' yng Nghymru'r ddwy olwyn. Nid hunangofiant mohono – dydw i ddim yn ddigon hen nac yn ddigon pwysig i beth felly.

Yn syml iawn, yr ysgogiad i'w sgwennu oedd yr awydd yma i ddod i 'nabod Cymru'n well; yn enwedig, efallai, am 'mod i am dreulio cyfnodau yn ne Ffrainc ac yn Llundain. Pa ffordd well o wneud hynny nag ar gefn beic? Gyda hynny, daw oriau dirifedi o feddwl a phendroni. Ffrwyth y ddau beth yna yw'r gyfrol hon, felly: ymgais i hel y sgwarnogod ddaeth i'r meddwl ar hyd 14 o deithiau beic yng Nghymru.

Mae'r sgwennu'n fwriadol grwydrus, a'r gobaith yw mai profiad tebyg fydd ei ddarllen. Ar ei fwyaf creadigol, mae'n arbrawf ar huodledd y beic fel dyfais lenyddol.

Mae sawl diolch arall yn ddyledus; boed am rannu eu harbenigedd lleol, am rannu o'u casgliad llyfrau, wrth fireinio 'ngwaith – diolch i Robyn Davies, Iwan Kellett, Iestyn Tyne, Nia Peris, Grug Muse, Carwyn Siddall, Gruffudd Antur, Branwen, a Mam-gu. Diolch i'r rhai sydd wedi taflu goleuni newydd ar fy nealltwriaeth i o'r byd, o Gymru, ac ohonof i'n hun; yn arbennig felly i Gwïon. A diolch iddo hefyd am olygu mor drylwyr efo fi.

Ac yn olaf, ond nid y lleiaf, am bob cymorth ymarferol ac emosiynol, diolch i Mam a Dad.

Gyda hynny, mae'n amser bwrw trwyn y beic am y lôn.

ym Maesyfed

Gororau

Dydd Iau, 27ain o Fehefin, 2024

MAE 'NA OROR, ffin i'r hyn dwi'n ei wybod a'i 'nabod – ac mae'r hyn sy'n trigo y tu hwnt i'r goror hwnnw'n ddigon i godi ofn arna' i.

Hynny o ddydd i ddydd; boed cyn arholiad, cyn apwyntiad meddygol, cyn mynd ar noson allan. Mae'n gas gen i'r ansicrwydd.

Ond yn hytrach na derbyn anwybodaeth ac ansicrwydd fel rhinweddau sylfaenol o'm bywyd a'm byd, dwi'n mynnu brwydro'n erbyn yr ofn – dwi ar dân, felly, i wybod rhagor; i ymestyn gororau, ffiniau fy myd.

Ac i ryw raddau, efallai fod 'na ryw gywilydd nad ydw i'n gwybod rhai pethau, er enghraifft am Gymru, yr ydw i'n teimlo y dylwn i eu gwybod; nad ydw i'n adnabod rhai llefydd y dylwn i eu hadnabod.

Tybed ai'r ofn hwnnw, y cywilydd hwnnw, sy'n fy rhoi i ar gefn beic, ar drywydd yr hyn nad ydw i'n ei wybod, yn ei 'nabod? I ymestyn gororau neu ffiniau fy ngwybodaeth, fy adnabyddiaeth?

Neu ai chwilfrydedd sy'n gyrru'r pedalu? Dyhead i rannu adnabyddiaeth ag eraill, i rannu gofodau? I berthyn?

P'run bynnag, yn fy marn i, os am ddechrau dod i adnabod rhywle, y ffordd orau o fynd ati ydy ar gefn beic. Mi gewch chi fynd ar gyflymdra mwy hamddenol nag mewn car neu fodur cyffelyb; mi gewch chi anadlu aer y lle, gwrando ar gyfeiliant ei ddyddiau. Mi gewch chi fynd yn gynt ac yn bellach nag ar ddwy droed; mi gewch chi syniad go lew o hyd a lled bro, mi gewch chi hedyn stori.

O anadlu, o wrando, o fod yn chwilfrydig, mae ymweld â rhywle newydd ar feic, i mi, yn cynnig ffordd well o ymberthyn â'r rhywle newydd hwnnw.

Ond wrth gwrs, dydy hi ddim cweit mor syml â hynny chwaith. Ar daith anghyfarwydd ar feic, mae rhywun yn dod i ddysgu rhagor am lefydd newydd, ydy, a dod i adnabod llefydd newydd. Ond mae hefyd yn dod i ddysgu fod nifer dirifedi o lwybrau eraill i'w dilyn, rhagor eto o lefydd i ddod i'w hadnabod.

Po fwyaf y gwyddom, po leiaf y gwyddom.

Ond mae cydnabod hynny, os rywbeth, yn dod â rhyw wyleidd-dra. Alla' i ddim honni dod i adnabod unlle'n iawn ar sail un daith ar feic.

Dim ond derbyn y gwahoddiad i ddechrau adnabod.

A derbyn y gwahoddiad i ddilyn llwybr y *Radnor Ring*, neu Gylch Maesyfed (cyfieithiad gwan ar y we sydd heb obaith o gydio), wnes i ar fore di-nod o Fehefin. Yn aml, dwi'n fodlon rhoi ffydd ynof i'n hun i dynnu llinellau ar fap wrth gynllunio taith, hyd yn oed mewn llefydd anghyfarwydd, yng ngwlad yr anwybodaeth. Mae meddalwedd gyfoes yn hwyluso hynny, wrth i seiclwyr eraill amlygu llefydd sydd werth eu gweld a'u llwybro. Dwi'n hoff o feddwl fod gen i grap lled-ddigonol ar hanes a diwylliant gwahanol rannau o Gymru i'm helpu fi i wau edau rhwng pwyntiau.

Ond nid felly hen diriogaeth Maesyfed. Ac yn wir, efallai fod hynny'n dal drych i'm hanallu i ymgodymu â'r anwybod. Hwyrach ei bod hi'n duedd ynof, fel rhywun wedi'i fagu yn 'y Fro Gymraeg',* i fod yn gyndyn i ymestyn fy ngororau tuag at y Gororau, a chydnabod a dathlu Cymreictod hyd ei eithafion. Nid fi yw'r unig un sydd efallai'n llai tebygol o roi sylw teilwng i sir Faesyfed: mae'n dalp o dir rhy anghysbell i'r Sais, ac yn rhy Seisnig i'r Cymro ys dywed hen rigwm y siroedd:

> Ond wfft i sir Faesyfed,
> Hen Saesnes ronc yw hi.[1]

O fyw ar ffin, mae gwrthdaro rhwng perthyn i ddau le a pherthyn i neb – ond hwyrach mai dyna sy'n rhoi iddi ei hud. Gyda hynny, mae ysgogiad pellach i grwydro.

Yn Rhaeadr Gwy y mae dechrau a diwedd y *Radnor Ring*, yn gylchdaith 80 milltir yn cwmpasu cymalau ar darmac ac oddi ar y tarmac. O gofio mai teiars tenau, llyfn oedd yn fy nghario i, fe wnes i fân addasiadau i gynllun y daith i osgoi mynd dros raean neu dalpiau garw o lôn. Ond

---

* Gweler ysgrif sir Benfro am ddiffiniad a thrafodaeth.

fe fyddai'r cylch hwn yn dal i fod yn angor, yn arweiniad.

Fel y daith arfaethedig â'i rhannau llyfn a rhannau garw, mae rhannau llyfn a garw, fel ei gilydd, yn perthyn i stori'r daith, i stori'r fro yr â rhywun drwyddi.

*

Yn hytrach na dilyn y ffordd gefn ar y *Radnor Ring*, cychwyn arni ar yr A470 wnes i: nid am 'mod i'n meddwl 'mod i'n gwybod yn well, ond mae'n siŵr am 'mod i ofn yr anwybod oedd ynghlwm â garwedd y ffordd. P'run bynnag, roedd dechrau cyflym i'r daith ar y briffordd, hyd yn oed os nad ydy cael eich goddiweddyd gan lori ar ran gulach, dywyllach o'r ffordd yn llawer o hwyl. Ro'n i arni am ryw ugain munud, cyn troi i'r chwith nepell o'r Bontnewydd ar Wy. Lwmpyn oedd rhyngof i a Llandrindod wedyn – ar y pwynt yma y ces i fy argraff gyntaf o natur tirwedd yr ardal hon, wrth i mi esgyn uwchlaw'r gwyrddni; gwyrddni sy'n fwy eang, dwi'n teimlo, na sir Drefaldwyn ychydig i'r gogledd, a'r dolydd yn llai clòs at ei gilydd, rywsut. Mi sylwch chi hynny wrth ddod i lawr am Aberhonddu o gyfeiriad y de ar yr A470 hefyd.

Ac efallai fod hynny'n atgyfnerthu'r cysyniad fod Maesyfed yn rhyw dir neb rhwng gwahanol lefydd. Nid yn unig rhwng Cymru a Lloegr, ond o fewn Cymru hefyd; yn wastatir (cymharol) rhwng sir Drefaldwyn a'r Bannau. "Yr anialwch gwyrdd" fel y'i gelwir – yr argraff yw fod hynny'n wir y tu hwnt i'r olwg gyntaf hefyd: "anialwch heb iddi na hanes na moes nac unrhyw ragoriaeth;"[2] "milltiroedd ar filltiroedd o ddiawl o ddim."[3]

Ond, fel y rhybuddiodd Ffransis G. Payne yn *Crwydro Maesyfed*, a gyhoeddwyd ym 1966, mae'n ddyletswydd arnom i gydnabod hanes a daearyddiaeth bro o'r fath, er iddi ymddangos fel diffeithwch llwyr:

> ...[O]es ydyw hon sydd heb lawer o wir gydymdeimlad â na hanes na daearyddiaeth. Oes glaf. Oes na wêl ddim o'i le mewn clymu darnau o fröydd [sic] amrywiol ac anghydnaws wrth ei gilydd a galw'r clytwaith yn 'Mid Wales'. Heddiw gall y neb sydd a chanddo fap a gradd a thipyn o haerllugrwydd fynd ati i droi'n treftadaeth ni yn goedwig neu'n anialwch neu'n dref newydd neu'n unrhyw beth dieisiau arall a ddigwyddo fynd i'w ben.[4]

*

Mae'n lled arwyddocaol, neu gyfleus o leiaf, fod fy nhaith wedi cychwyn ar y trywydd yma, am Landrindod. Hynny am mai i'r parthau yma (i Lanbadarn Fawr yn benodol) y daeth Gerallt Gymro (1146-1220) yn haf 1176 i (geisio) annerch torf, cyn dechrau ar ei daith yntau drwy Gymru. Chafodd o ddim croeso – i'r gwrthwyneb, fe'i cyfarfuwyd gan wŷr â phicelli a saethau. Mae'n deg dweud i mi gael croeso llai milwriaethus yma.

Ei waith – *Hanes y Daith Drwy Gymru* a *Disgrifiad o Gymru* yn enwedig – sy'n cael ei ystyried y mwyaf arwyddocaol o'r ysgrifennu ar Gymru yn ei oes, ac fe'i dyfynnir yn helaeth hyd heddiw. Ysgrifennai mewn cyfnod lle ystyrid y Cymry, o fod yn bobl ar ymylon yr Ewrop Ladin, yn "[f]arbariaid", neu "[b]obl wyllt [...] nad oes modd eu dofi".[5] Roedd hi'n haws iddo yntau, bron i fileniwm yn ôl, i gyffredinoli'r Cymry: wedi'r cyfan, dim ond cwta 100,000 ohonom ni fyddai wedi bod. Ymysg ei ddatganiadau mwyaf cofiadwy, mae pethau fel "chewch chi neb gwaeth na Chymro gwael, a neb gwell na Chymro da"; dywed fod hyfdra a hyder i'n sgwrs a'n hateb, defosiwn i'n hamddiffyniad o'n gwlad a'n rhyddid; rydym yn "anghymhedrol yn ein hoffter o'r ddiod feddwol", yn rhoi blaenoriaeth i haelioni a lletygarwch, ac yn barsial at losgach.[6]

O hanu o linach Normanaidd yn ogystal â Chymreig, roedd Gerallt rywsut yn ymgorffori'r ffin yma rhwng perthyn i ddau le a pherthyn i nunlle: "cwynai nad oedd yn ddigon o Gymro i'r Cymry nac yn ddigon o Ffrancwr i'r Normaniaid."[7] O simsanu ar y ffin hon, a chael talp o safbwynt allanol, honnir iddo fod mewn lle delfrydol, felly, i wir ddirnad arwahanrwydd y genedl hon.

Yn fy oes i, erys Maesyfed yn fan delfrydol i asesu'r hyn sy'n greiddiol i Gymreictod; beth sy'n fy ngwneud i'n Gymro, beth sy'n ein gwneud ni'n Gymry? Hynny oherwydd y gwrthdaro hwnnw sydd rhwng pa mor annelwig yw'r ffin rhwng Cymru a Lloegr weithiau, ond bod croesi'r ffin honno i mewn i Gymru megis mentro i 'fyd arall'.

Mae rhamantu am y 'byd arall' hwnnw o'r tu draw i'r ffin, a dod yma ar drywydd byd arall, *amgen*, yn hen arfer – yn arfer "Ramantaidd, wladychol" ymhlith y Saeson, medd Peter J. Conradi, ysgrifydd cyfoes hybarch ar Faesyfed.[8] Daw teitl ei gyfrol, *At the Bright Hem of God*, o gyfieithiad R.S. Thomas o'r gerdd fach (anhysbys, hyd y gwn i) ganlynol:

> I'r estron, os myn,
> Boed hawl tros y glyn;
> I ninnau boed byw
> Yn ymyl gwisg Duw
> Yn y grug, yn y grug.[9]

Mae yma'r cyferbynnu rhwng y 'ni', a'r rhai o'r tu 'arall' ddaw i gyrchu'r fro. Ond y 'ni' sydd â'r fraint, o *fyw* yma; yn agos at Dduw, at y nefoedd, yn y grug.

Un enghraifft o'r 'nhw' ar drywydd 'byd arall' y cyfeirir atynt yw'r hipis sydd, ers y 1970au, wedi ymsefydlu yn Llandrindod, y dref fawr gyntaf i mi ei chyrraedd ar daith y dydd. Er mai dyma dref fwyaf sir Faesyfed heddiw, mae ei galw hi'n dref *fawr* yn gamarweiniol efallai; doedd dim tref yng nghanolbarth Maesyfed nes y'i datblygwyd yn dref ffynhonnau (*The Wells*). Ymneilltuo i Bencerrig o "[f]iri afreolus"[10] y ffynhonnau oedd dyhead yr arlunydd enwog Thomas Jones (1742-1803) pan ddychwelodd o'i gyfnod yn peintio yn yr Eidal. Ei ddarlun 'Y Bardd' yw un o fy hoff baentiadau: darlun stormus, a bardd â thelyn fechan dan ei gesail yn sefyll ar ddibyn, gyda'r gwynt yn hyrddio o dde i chwith y llun. Mae'r golau draw yng nghornel chwith ucha'r llun yn bell, a'r bardd yn simsanu ar ymyl y tywyllwch du. Mae wedi'i seilio ar gerdd Thomas Gray o 1757, a edrydd y chwedl am Edward I yn lladd 500 o feirdd Cymru wedi'r goresgyniad – chwedl sydd, digwydd bod, yn hysbys i holl blant Hẃngari, am mai dyma destun y gerdd 'A walesi bárdok' ('Beirdd Cymru') o waith János Arany, sy'n cael ei dysgu iddynt pan maen nhw oddeutu deuddeg oed. Fe'i cyfansoddwyd gan Arany fel protest yn erbyn yr Emerawdwr Awstriaidd Franz Joseph, wedi'r Chwyldro Hwngaraidd a fethodd ym 1848.

Mae'r darlun, fel y gerdd, yn rhan o drobwynt yn y meddylfryd ar Gymru. Ddechrau'r ddeunawfed ganrif, doedd y gwylltineb anial yn dda i ddim i neb; erbyn yr ail hanner, fe ddaeth yn beth i'w glodfori a'i fawrygu,[11] a hynny dan ddylanwad y mudiad Rhamantaidd – "*barbarity – renamed as 'sublime' and 'picturesque'*."[12] Bu prif ffigwr y mudiad, Jean-Jacques Rousseau, yn aros ym Maesyfed dan drefniant un o'i edmygwyr, yr AS Torïaidd Chase Price – roedd yr unigedd a'r gwylltineb yn apelio at ei athroniaeth.[13]

Fel y rheiny o 'mlaen, fe ddaeth hi'n bryd i minnau geisio canfod prydferthwch yn y cyntefig, unig, gwyllt.

*

Cyn hynny, ni fu i mi stopio am ennyd i bori yn yr Amgueddfa Seiclo Genedlaethol, sydd i'w chanfod yn Llandrindod. Tom Norton (1870-1955) sy'n gyfrifol am y cysylltiad rhyfeddol rhwng y dref a byd y beics. Mi fyddai Norton yn seiclo'r 27 milltir yma o'i gartref yn y Drenewydd, a'r dref ffasiynol yn apelio ato.[14] Yma felly y sefydlodd ei gwmni ym 1898: 'Tom Norton's Cycle Depot' oedd ar dalcen y siop ym 1899, a slogan mawr yn datgan *"Ride Raleighs"* – roedd Norton yn arloeswr, ac ef oedd un o'r cyntaf i werthu beics Raleigh.[15] Y siop yma oedd prynwr beics mwyaf Prydain erbyn 1910.[16] Erbyn yr 20au a'r 30au, roedd wedi cyfarfod a chydweithio â Henry Ford, ac fe drodd y siop feics yn Automobile Palace, nid anenwog, lle byddai'n gwerthu moduron ac hyd yn oed awyrennau ysgafn. Ni phylodd diddordeb Norton yn y beic, serch hynny; erbyn y 50au, fe ddaeth yn Llywydd ar y *National Association of Old Time Cyclists*, oedd yn cyfyngu aelodaeth i rai a oedd wedi eu geni cyn 1873 ac a oedd wedi reidio hen feic peni ffardding cyn troi'n 17 oed.[17] Mae'r hen adeilad yn gartref i'r amgueddfa ers 1997.

Parhau ar drywydd y *Radnor Ring* wnes i, yn hytrach; yn fodlon rhoi fy ffydd yn ddall, ddi-ddeall, yn yr arwyddion bychain gleision â'r rhif 825 arnynt. Fe ddois i ar draws digwyddiad moto-beics i dorri ar deimlad tawel, anghysbell, cyntefig y dirwedd. Y ffyrdd yn gul ac uchel; Afon Ithon yn ystumio i lawr ar fy chwith, tuag at y bryniau a ddechreuai glosio. Dros ehangder y copa ac i lawr wedyn i Hundred House – daw'r enw o Tŷ'r Cantref, cynullfa hen gantref Colwyn – cyn codi drachefn. Roedd coblyn o ddisgyniad wedyn at annedd bychan lle â'r bont dros afon Edwy, a hynny ar ôl cymryd y chwith wrth i'r ffordd fforchio (gyda'r ffordd tua'r dde'n mynd am Gregrina).

Cryn ddringo serth a ddilynodd ar ôl pentref Glasgwm (weithiau Glascwm), sy'n disgleirio'n y cof fel man bach delfrydol. Mae'n lle sy'n disgleirio i lawer un arall hefyd: mae'n debyg i Ddewi Sant ei hun sefydlu'r clas yma; soniodd Gerallt Gymro am lawgloch wyrthiol, Bangu, yn ei oes o; a haerai Payne na wyddai am le mwy dymunol i godi eglwys.[18] Yn gyferbyniad llwyr i ddychan y moto-beics a'u *wheelies*, taflu 'mhwysau tua blaen y beic oeddwn i, ond er mwyn cadw'r olwyn ar y tarmac. Hynny wrth i berthi'r gorthyfail – uchafbwynt i'm haf bob blwyddyn – ferwi'n iach ar wefus y lôn.

Daeth rhyw newid i'r daith wedyn, o ddisgyn i lawr o'r uchelfan uwch Glasgwm, a'r ffordd yn ystumio i'r chwith a'r dde fel y mynnai, wrth nesu at y ffin. Wrth gwrs, mae dod i ddathlu'r cyntefig yn golygu mynd drwy lefydd geirwon, ac iddynt lonydd toredig, sy'n go gyntefig eu hunain, a'u tyllau'n ysgwyd drwydda' i.

Gan adael y rheiny, deuthum at ffordd go safonol ac iddi ddwy lôn. O droi i'r chwith arni, fe drodd pethau'n fwy coediog a thywyll ar drywydd pentref Gladestry, a throdd drysfa'r ffyrdd yn ddrysfa'r ffin.

*

Mae i'r Gororau "wleidyddiaeth sydd mor annelwig â'r ffin ei hun" – disgrifiad cofiadwy Mike Parker yn *All The Wide Border*.[19] Felly efallai na ddylai hi wedi bod yn syndod i mi weld enw'r un ymgeisydd o'r Blaid Werdd ar y placardiau ar ddwy ochr y ffin yng nghyffiniau Ceintun (Kington).[†] Siawns nad oedd rhai o'r preswylwyr hynny am fynd i'r blwch pleidleisio a gweld enw anghyfarwydd ar y papur? Wrth gwrs, mae'r union ffin yn anodd i'w dirnad i'r seiclwr fel fi –

† Sedd Gogledd Swydd Henffordd oedd hi, ac enw Ellie Chowns o'r Blaid Werdd oedd ar y placardiau. Hi enillodd y sedd yn y pen draw.

yr unig arwydd gwirioneddol a geir o hynny yw'r newid yn y terfyn cyflymder o 20mya i 30mya drwy anheddau poblog.

Mae Ceintun ei hun yn swydd Henffordd; nepell ohono mae Cefn Hergest, y bryniau sy'n rhoi enw i bentrefi lleol ac i blasty Hergest. Roedd perchnogion y plasty, sydd yn Lloegr ein dyddiau ni, yn noddwyr mawr ar lenyddiaeth Gymraeg yn y Canol Oesoedd – mae Llyfr Coch Hergest yn un o'n llawysgrifau pwysicaf o'r cyfnod, yn cynnwys Pedair Cainc y Mabinogi. Roedd un arall o'r llawysgrifau mawr, Llyfr Taliesin – ac ynddo rai o'r gweithiau Cymraeg hynaf sydd wedi goroesi – hefyd ym Maesyfed am gyfnod hir.

Daw aneglurder i'r ffin genedlaethol, felly; ac aneglurder sydd i'r ymberthnasu hefyd. Mae Parker yn dyfynnu o lansiad llyfr adeg refferendwm datganoli: doedd y bobl yno ddim eisiau Senedd i Gymru; roedden nhw eisiau cynulliad i Faesyfed, Maldwyn, Brycheiniog, a swyddi Amwythig a Henffordd, am mai i'r talp hwnnw o dir yr ymberthynent.[20] Mewn modd cymhleth a dirgel, mae Maesyfed yn efaill "od ond serchog"[21] i swydd Henffordd, ond eto'n ganol, yn graidd i Gymru a Chymreictod.

Yn yr un modd, yn ôl George Borrow, yn ei ysgrif daith o'r 19eg ganrif *Wild Wales*, ni pherthyn Llanandras, y dref nesaf ar y daith, i Gymru na Lloegr; yn hytrach, fe berthyn i Faesyfed.[22] Gyda deddfau Cymru ym 1536 ac 1542, fe ddaeth Llanandras yn fwrdeistref sir Faesyfed; yr adeilad oedd gynt yn Neuadd y Sir yw'r adeilad mwyaf trawiadol yma, a elwir yn Llety'r Barnwr. O ddiddordeb i ni'r seiclwyr, yn Llanandras y cynhaliwyd y digwyddiad cystadleuol cyntaf un i feics trydan, y 'Tour de Presteigne' yn 2007. Nid ras oedd hi cweit; yn hytrach, yr enillydd oedd yr un allai gadw'r batri i bara hwyaf.[23]

O Lanandras, bu i mi droi oddi ar y ffordd sy'n mynd i

gyfeiriad Norton, ac felly'n mynd am Stonewall Hill. Am ran helaeth ohoni, y ffordd yw'r union ffin rhwng sir Faesyfed a swydd Henffordd, rhwng Cymru a Lloegr. Mae'n llecyn gwirioneddol hyfryd ar feic; ffordd fynydd nodweddiadol drwy dirwedd eang, werdd, gan gynnig golygfeydd am bellafoedd mawr. Yn wobr am waith dringo oddeutu tair neu bedair milltir, roedd disgyniad gyda'r melysaf drwy'r daith i lawr i Drefyclo – Tref y Clawdd, Tref y Cinio i mi. Roedd y dref, yr unig un sy'n sefyll yn union ar Glawdd Offa, yn ymddangos yn ddigon byrlymus a phrysur ar ddiwrnod canol wythnos di-nod.

Cnwclas oedd y pentref cyntaf ar ôl Trefyclo, rhyw ddwy neu dair milltir i ffwrdd. Credir i'r Brenin Arthur fyw yno, mewn castell – ar ben y cnwc‡ glas – a ddinistriwyd ym 1262. Ar ôl mynd o dan ei thraphont Fictoriannaidd neo-Gothig, yr eir drosti ar reilffordd Canol Cymru, fe drodd y daith yn fwyfwy llafurus, yn bennaf oherwydd lonydd toredig, ponciog, cul, a hynny dan fyrdwn llwydni'r awyr, ac arwydd o smwclaw.

*

A dyna roes gychwyn ar batrwm a barodd weddill y daith; cyfres o lonydd toredig, gwledig, cul, lle roedd y dringo'n anodd, a'r disgyn yn anos byth, os rywbeth. Wele anfantais ildio'n ddall i gyfarwyddiadau sefydledig y *Radnor Ring*; fe'i cynlluniwyd ar gyfer seiclwyr mwy 'hamddenol' na fi efallai, ar feiciau hybrid a'u tebyg, sydd â theiars mwy llydan, a ffrâm sy'n galluogi i chi eistedd fwy neu lai'n gefnsyth i edmygu'r byd a'i bethau. Gogwydd ar i fyny cyffredinol oedd i'w gael, er ambell i ddisgyniad yn ysbaid, a hynny nes cyrraedd y pwynt uchaf yn Llanbister.

‡ Bryncyn, twmp, tomen, poncen, crug ('hillock' yn Saesneg).

Wedi hynny, roedd y gogwydd yn gyffredinol ffafriol – ac eithrio un hergwd gas ar ôl troi oddi ar y briffordd i gyfeiriad Bwlch y Sarnau. Cyn cyrraedd y pentrefan uchel hwnnw, serch hynny, bu i mi droi ar i lawr am Abaty Cwm Hir. Yn y fan honno, mae bwrdd gwybodaeth ynghylch Llwybr Glyndŵr, llwybr cerdded cenedlaethol: bu i luoedd Owain Glyndŵr ddinistrio rhan fawr o'r abaty yma ym 1402. Mae ei olion nepell o'r lôn, ac mae'n fangre o bwys cenedlaethol, gan mai yma y gorwedd corff Llywelyn ap Gruffydd, Llywelyn Ein Llyw Olaf; fe'i claddwyd yma gan y mynachod wedi ei farwolaeth yng Nghilmeri ym 1282. Deuai hynny ag ing i'r tawelwch yma; a nodyn atgoffa pellach o greiddioldeb sir Faesyfed i genedl y Cymry.

O'r fangre honno, roedd dringfa go egr – un olaf y dydd. Dychwelodd y beiciau modur yn drybestod dros y tawelwch, a gorfu i mi stopio sawl tro ar y ffordd i fyny er mwyn gadael iddyn nhw basio. Roedd llaca'n drwch dros y lôn, ond nid oedd hynny'n amharu'n ormodol ar y gwaith dringo. Ro'n i wedi ymbaratoi am orig go heriol, ond doedd y serthedd ddim cynddrwg ag oeddwn i wedi'i ofni.

O'r copa, pwynt uchaf taith y dydd dros 400m uwchlaw'r môr, gellid edrych draw am Gwm Elan, a'r Elenydd yn gefnlen iddo. Fel sawl un arall, fe adeiladwyd y gronfa ddŵr yma i gyflenwi dŵr i un o'r dinasoedd mawr dros y ffin – Birmingham yn yr achos hwn. Roedd yn rhaid i oddeutu cant o drigolion symud, gyda thri phlasty, deunaw fferm, ysgol, ac eglwys oll dan ddŵr.[24]

Ceid arwydd yn rhybuddio am raddiant o 14% ar y ffordd i lawr o ben y bryn, felly diolchais mai ar i waered oedd fy nhrywydd. Parodd felly nes cloi'r cylch yn ôl yn Rhaeadr Gwy.

*

I gloi, hoffwn i ddychwelyd at yr 'wfft i sir Faesyfed, hen Saesnes ronc yw hi', ac at fy adduned i "gydnabod a dathlu Cymreictod hyd ei eithafion". Hyd yn oed os ydy'r Gymraeg wedi pylu yma dros amser, a chenedligrwydd 'Prydeinig' (yn hytrach na Chymreig yn unig) yn gryfach yma nag ymhellach i'r gorllewin,[25] gwae ni os y diystyrrwn ni Gymreictod sir Faesyfed, o gofio'r holl lecynnau hanesyddol bwysig yr ymwelais â hwy. Ble byddem ni Gymry hebddi? Pwy fyddem ni hebddi?

Efallai fod pwynt ehangach yma am bwy, beth sy'n cael ei gyfri'n Gymraeg, yn Gymreig. Wrth drafod y Cymry yn ei oes o, rhoddodd Gerallt Gymro ei hun ddiffiniad cynnar i ni, a hynny ar sail hiliol, diwylliannol, a chymdeithasol.[26] Dros y canrifoedd a'i dilynodd, taflwyd iaith, crefydd a gwleidyddiaeth i'r potes. Mae ffin rhwng y croesawu a'r gwthio i ffwrdd – rhwng y 'ni' a ddefnyddiais mor aml yn yr ysgrif hon a'r 'nhw', yr 'arall'. Mae ffin annelwig.

Nid ydy llwybro a chanfod cenedl yn esmwyth i gyd, felly; fe ddaw ffyrdd troellog, cul, garw ar y *daith drwy Gymru*.

Cychwyn: Rhaeadr Gwy

Gorffen: Rhaeadr Gwy

Pellter: 124km (77 milltir)

Dringo: 1,900m (6,230tr)

Amser gymerodd i mi, heb gynnwys egwyl: 5 awr, 56 munud

yng Ngwent

Mawrhad

Dydd Llun, 19eg o Awst, 2024

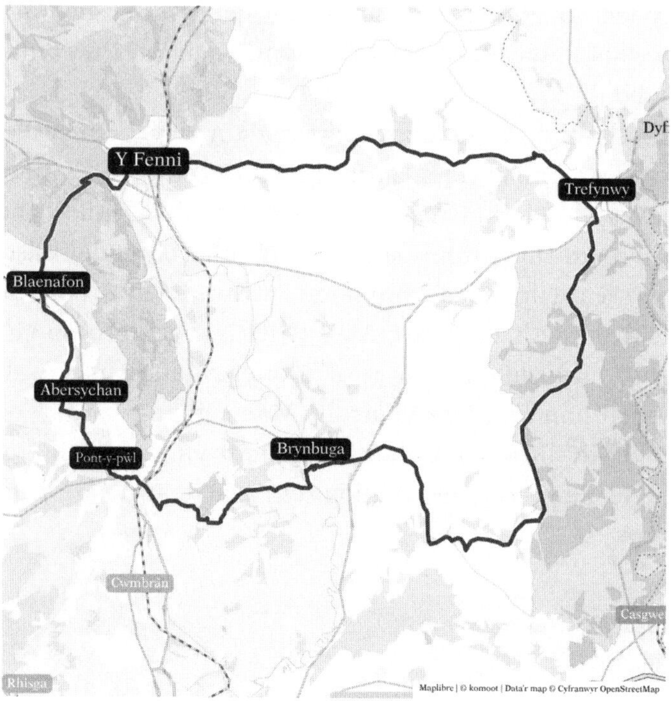

Maen nhw'n dweud wrthoch chi am beidio â chwrdd â'ch arwyr. Felly, dwi'm yn siŵr p'un ai ffodus neu anffodus oeddwn i wrth dyfu 'fyny, yn cael cwrdd â rhai o'm harwyr pennaf ar gyrsiau rygbi yn ystod gwyliau ysgol. Un tro, fy arwr mawr i gerddodd drwy'r drws – Stephen Jones. Pam oedd *Stephen* gymaint arwr i mi, tybed? Maswr oedd o, maswr oeddwn i (...eisiau bod); ar y pryd, fo oedd â'r nifer fwyaf o gapiau dros Gymru. Dydw i ddim yn cofio'i wylio fo'n chwarae ryw lawer, ond roedd 'na ryw apêl, ryw hud, i mi. Ei ddealltwriaeth a'i reolaeth o'r gêm efallai, fel petai o'n ei darllen; y cicio cywir, y Cymraeg glân gloyw. Ro'n i wedi ysgrifennu portread ohono yn dwyn y teitl 'Fy Arwr', ei argraffu ar dudalen A4, ac wedi gadael blwch gyda phennawd bychan, 'Llofnoda fan hyn plîs…'. Ac mi wnaeth. Mae'r darn papur hwnnw'n dal gen i.

Wedyn rywdro yn fy machgendod fe ddaeth y ddwy olwyn i gymryd lle'r bêl hirgron ar foreau Sul. Doedd dim angen chwilio ymhell am arwr bryd hynny chwaith; roedd 'na un tîm, Team Sky, yn meddiannu popeth ar y pryd, ac ambell Gymro yn eu plith. Ond y llewyrch o gylch Chris Froome fynnai fy sylw; mae'n siŵr am mai fo oedd yn ennill o hyd. Doedd o byth yn boblogaidd, wir, rhwng ei arddull peirianyddol a'r stori salbutamol; ond roedd o'n annwyl o'n i'n meddwl. Alla' i ddim cweit â honni 'mod i wedi cwrdd â Froome, er i mi'i basio fo ar y beic yng nghyffiniau Monaco un tro. Mi wnaeth o godi'i law arna' i. Am yr un rheswm, alla' i ddim chwaith â honni bod wedi cwrdd â Tadej Pogačar, seiclwr 'mawr' yr oes ohoni (ond dwi wedi'i basio fo *ddwy* waith).

Erbyn hyn, a phlentyndod namyn atgof, does gen i ddim 'arwyr' – dim yn yr un modd ag y rhamantwn i am Stephen Jones, a Froome i raddfa lai, beth bynnag. Ar lefel sylfaenol, mae'r arwyr yma'n bobl y dymunwn eu hefelychu: boed hynny am eu dawn, am eu llwyddiant, eu hanwyldeb, eu didwylledd… hwyrach fod cryfder y dymuniad hwnnw'n pylu gydag oed. Mae'r cysyniad o 'arwr' yn un sy'n codi'i ben yn aml yn ystod plentyndod: y modd y dysgwn ni am hanes yn yr ysgol er enghraifft. Fel awgrymodd John Ruskin, bwriad dysg yw "arwain eneidiau dynol at yr hyn sydd orau…": felly y mae'r mawrion yn ein dysgu am y da a'r drwg.[1]

Perthyn hynny i draddodiad o fewn hanesyddiaeth sy'n rhoi bri ar fawrhau unigolion 'mawr' – *the Great Man Theory* – wedi'i grynhoi gan ddarlithoedd Thomas Carlyle ar arwriaeth (1840), a'i sylw enwog, "dydy Hanes y byd yn ddim ond bywgraffiad gwŷr mawr."[2] Er anodd dirnad p'un ai 'gwryw' neu 'person' (fel *dyn*olryw) yw'r 'gwŷr' wrth wraidd y ddamcaniaeth, mae'r cysyniad ar sgiw tuag at wrywod o'r dechrau un – Alecsander Fawr, Iesu Grist... yr unig wrth-enghraifft ar fy meddwl i fyddai'r frenhines Geltaidd, Buddug (Boudicaea).

Wrth gwrs, mae meini tramgwydd ar hyd y daith o adrodd hanes ar sail unigolion dylanwadol – ond eto, mae'n gyfleus, yn hwylus, wrth lwybro Cymru, i ddechrau dysgu rhagor am y darlun mawr wrth godi llaw ar gerflun neu gymryd cip ar stori rhywun 'mawr', rhyw arwr.

Ond beth sy'n gwneud rhywun yn 'fawr', yn arwr?

*

Dyma fi yn Y Fenni; tref ddymunol wedi'i nythu rhwng y Mynyddoedd Duon. Ysgyryd Fawr a'r criw'n cofleidio'u croeso cynnes, wrth i dreigl y bryniau a'u tyndra newid yr awyrgylch wrth gyrraedd yma o ba gyfeiriad bynnag. Dwi'n cychwyn o du cefn y dref, ar hyd Tudor Street nes cyrraedd dwy neu dair cylchfan. Wn i ddim p'un a ydy'r tagfeydd fan yma'n beth cyffredin, neu a ydy briwsion Gŵyl y Dyn Gwyrdd drannoeth ei diwedd yn prysuro pethau. Wrth lwc, mae modd i ni ar ddwy olwyn gymryd mymryn o lwybr tarw ar hyd y llwybr aml-ddefnydd – sydd fawr fwy na phalmant – a gwibio heibio'r rhesi o geir am Lanffwyst, neu Llanfoist fel y'i haedwaenir yn amlach. Yn y fan honno, ar gylchfan go fawr wrth archfarchnad go fawr, mae'r llwybr yn dilyn trywydd tarw eto o dan y briffordd.

Mae pethau'n dechrau setlo, a'r coesau'n dechrau ysgwyd eu ffordd allan o bydew disymudedd y daith cyn y daith, wrth i mi gyrraedd y goleuni y tu hwnt i gysgod y bont. O 'mlaen, mae dwy res o dai teras o graig sydd wedi cwtsho'n agos at ei gilydd, a rhyngddyn nhw mae'r Blorens, y bryn o hen enw Sacsonaidd am wynt, yn ymddangos fel rhagrybudd o'r dringo a geir ar ddechrau'r dydd i ben y Tymbl.

I raddau helaeth, mae'n ddringfa sy'n nodweddiadol o'r deheubarth, neu efallai'n fwy penodol, y stribyn lletraws sy'n cwmpasu'r Bannau. Mae'n agored, wedi'i hamgylchynu gan rostir neu dir comin, ac yn esgyn allan o gwm. Mae'n ddringfa o gwta dair milltir, a'r graddiant cyfartalog yn hofran o gwmpas yr 8%, heb fynd lawer serthach na 12%. Dyma un o'r lonydd hynny sy'n galw arnoch chi i roi hwb ychwanegol ac i fynd amdani, yn eich annog i deimlo fel archarwr. Y math o ddringfa sy'n berffaith ar gyfer ras yn erbyn y cloc ar ddringfa; cynhelir pencampwriaethau cenedlaethol Cymru ar gyfer y gystadleuaeth honno ar y Tymbl ers rhai blynyddoedd bellach. Mae'n debyg fod hyn oll yn rhan o apêl y Tymbl i seiclwyr sy'n mwynhau adrenalin y dringo; pan ysgrifennais i erthygl i'r Ddwy Olwyn ddiwedd 2021 yn olrhain y dringfeydd yng Nghymru sydd wedi'u taclo gan y nifer fwyaf o bobl, y Tymbl oedd ar y brig.

Mae arwydd dwyieithog yn dynodi copa'r ddringfa – peth prin iawn yng Nghymru – gan nodi'r uchder o 512 metr uwchlaw lefel y môr (ychydig yn hael yn ôl ffynonellau eraill), a bras ystadegau'r dringo. Ac yng ngwir ysbryd arwyddion cyffelyb a geir dramor, mae 'na orchudd o sticeri wedi'u glynu drosto blith draphlith. Mae yma hefyd faes parcio ar lannau Keeper's Pond, neu bwllyn Pen-ffordd-goch, grëwyd ddechrau'r 19eg ganrif i ddarparu dŵr i Efail Garnddyrys, gan wneud hynny tan iddi gau yn y 1860au. Mae'n atyniad ynddo'i hun erbyn hyn, ac yn fan cychwyn i'r rhai ar ddwy droed sydd am fentro'n uwch na nyni ddeurodwyr.

Wrth bedalu dros y grib a dechrau ar y goriwaered am Flaenafon, dwi'n croesi o sir Fynwy i Dorfaen. Daw hyn i amlygu'r gwahaniaeth, nid amlwg wrth edrych o bell ar fap, rhwng 'sir Fynwy' a 'Gwent'. Cymhlethir hynny ymhellach gan i'r *hen* sir Fynwy (cyn 1972) ymdebygu'n fwy o ran ei hyd a lled i Went ein dyddiau ni. Roedd y talp yma o dir yn aml yn destun ffrae rhwng y rhai a gredai ei bod yn rhan o Gymru, a'r rhai a gredai ei bod yn rhan o Loegr byth ers i Harri VIII ei hawlio i diriogaeth Lloegr ym 1536.

O ddeutu tro'r 20fed ganrif, yn swyddogol, roedd hi'n cael ei thrin fel endid annibynnol, bron. Roedd Cyfrifiad 1861, er enghraifft, yn dyrannu Cymru'n dair: Gogledd Cymru, De Cymru, a Sir Fynwy. O simsanu ar y ffin, roedd yn aml wrth ganol pynciau llosg yr oes fel hunanlywodraeth i Gymru neu ddatgysylltiad o Eglwys Loegr. Wrth gwrs, mae rhai'n ei gweld fel pont rhwng y ddwy genedl, neu fel canol diagram Venn; amlygir hynny gan hen arfbais Cyngor Sir Fynwy, sydd â'r ddraig Gymreig a'r llew Seisnig, a'r arwyddair Lladin 'Utrique Fidelis' – yn ffyddlon i'r ddau.

Ond ers 1972, mae'r talp hwn o dir yn swyddogol yn rhan o Gymru, ac wedi'i ailenwi'n 'Gwent' – dyna'r enw ar yr hen diriogaeth ganolesol, ac uno teyrnasoedd Gwent Uwch-coed a Gwent Is-coed i greu Mynwy wnaeth Harri VIII. Wedyn ym 1996, rhannwyd Gwent yn bedwar awdurdod lleol: sir Fynwy (fel ag y mae heddiw), Blaenau Gwent, Torfaen, a Chasnewydd. Ac ers 2003, mae Gwent wedi'i dynodi yn un o'r wyth 'sir gadwedig' (yn fras yn dilyn awdurdodau lleol 1972-96), ac yn ychwanegol i'r pedwar awdurdod lleol yma, hefyd yn cynnwys Caerffili.

Maddeuwch i mi am deimlo ychydig ar goll.

*

Dydy'r cymylau ddim yn cael cystal hwyl ar ddal y glaw erbyn hyn, ac er mai mân iawn ydy o, mae 'na rywbeth yn y gwynt sy'n peri i'r diferion bigo 'mochau. Dydy'r goriwaered i lawr o'r Tymbl ddim yn para'n hir iawn, a chyn pen dim dwi'n cyrraedd Blaenafon, sy'n gwisgo'i hanes a'i threftadaeth â balchder.

Honnir i Flaenafon newid y byd: ar y lleiaf, roedd yn ganolbwynt y Chwyldro Diwydiannol ym Mhrydain. Mae'n eistedd ar ben dwyreiniol maes glo'r de, ond y gwaith haearn a roes gychwyn ar y diwydiant yma, pan yr oedd ym 1789 ar flaen y gad wrth ddefnyddio stêm i bweru'r ffwrneisi chwyth; Blaenafon oedd un o'r olaf i gau, a hynny ym 1922. Ym mis Tachwedd 1936, ymgynullodd torf fawr tu allan i Neuadd y Gweithwyr ym Mlaenafon, sydd ar y chwith imi wrth fynd drwy'r pentref, i wrando ar anerchiad y Brenin Edward VIII, oedd ar daith o gwmpas yr ardaloedd wedi'u cyffwrdd fwyaf gan y Dirwasgiad. *"Something must be done,"* meddai.[3]

Mae un o lyfrynnau Cadw ar arwyr ac arwresau Cymru yn ein gwahodd i ddilyn ôl troed Sidney Gilchrist Thomas (1850-1885) yma;[4] arloeswr mawr yn y diwydiant haearn a dur. O 1876, bu yntau, a'i gefnder Percy Carlyle Gilchrist (1851-1935), yn arbrofi yng ngwaith Blaenafon, ac erbyn 1879, roedden nhw wedi dyfeisio leinin oedd yn gallu amsugno ffosfforws o haearn crai er mwyn cynhyrchu dur ohono – cyn hynny, roedd haearn di-ffosfforws yn beth drud iawn. Ymledodd eu harloesedd ar draws y byd erbyn 1882, gan chwyldroi'r diwydiant i'r fath fodd nes datganodd y teicŵn dur o'r Unol Daleithiau, Andrew Carnegie, fod "Thomas a Gilchrist Blaenafon wedi gwneud mwy i fawredd Prydain na'i holl Frenhinoedd a Breninesau."[5] Sgil-effaith anffodus o'u darganfyddiadau oedd fod y dulliau mor bellgyrhaeddol a llwyddiannus nes lleihau'r galw am ddur Blaenafon, ac felly rhoi dechrau ar ddirywiad ei ddylanwad. Erbyn 1885, roedd Thomas wedi marw o ganlyniad i'r niwed a wnaed i'w ysgyfaint o'r arbrofion, ac yntau ond 35 oed.

Mae cofeb i Thomas a'i gefnder yn y Ganolfan Treftadaeth y Byd UNESCO yma, sy'n cydnabod arbenigrwydd tirwedd ddiwydiannol y cylch, a rhan greiddiol cymoedd diwydiannol y De yn y Chwyldro Diwydiannol. Dwi'n pasio'r ganolfan (amgueddfa o beth) yng nghanol y dref, ac i fyny i'r dde imi mae'r Amgueddfa Lofaol yn lle'r oedd y Pwll Mawr *(Big Pit)* lle bu gwaith o 1880 i 1980, ac felly'r pwll glo mwyaf hirhoedlog yng Nghymru.

*

Wrth basio drwy un o gadarnleoedd y bröydd diwydiannol, mae'n anodd peidio â sôn am y diwylliant gwleidyddol a gododd ohono, yn enwedig yng nghyd-destun arwyr. Yn 2003-4, fe gynhaliwyd pôl piniwn er mwyn cyrchu '100 Arwr Cymru', wedi'i gynnal gan y Llyfrgell Genedlaethol, gan ddenu dros 80,000 o enwebiadau.[6] Y sawl ddaeth i'r brig oedd un o fawrion y Blaid Lafur, Aneurin Bevan (1897-1960), gan guro neb llai nag Owain Glyndŵr i'r ail safle. Dyn (yr hen) Sir Fynwy oedd Bevan, ac yntau'n hanu o'r pen gorllewinol yn Nhredegar, ddau ddyffryn i'r gorllewin o Flaenafon. Hyrwyddodd le Sir Fynwy yng Nghymru, yn groes i'r categori *Wales and Monmouthshire* oedd fwyaf cyffredin ar y pryd.

Honnir bod arwyr yn ymgorfffori cyfnod neu gysyniad. Honnir i Bevan ymgorffori'r dosbarth gweithiol diwydiannol, wedi'i fagu mewn cyd-destun o dlodi, ac wedi gweithio yn y pyllau glo – rhoes y profiadau hynny ddilysrwydd a hygrededd i'w wleidyddiaeth, a rhoes anghyfiawnder dân yn ei fol (fel sy'n wir am lawer arwr). Roedd dechreuadau ei yrfa wleidyddol yn cyfoesi â thwf sydyn y Blaid Lafur – yn Etholiad Cyffredinol 1922, Llafur oedd y blaid fwyaf yng Nghymru, ac mae wedi parhau felly am dros gan mlynedd, gan roi iddi deitl y blaid wleidyddol fwyaf llwyddiannus yn y byd democrataidd.[7]

Petaech chi wedi dweud wrtha i ddiwrnod fy nhaith yng Ngwent y byddwn i, yn yr ysgrif amdani, yn ysgrifennu am ddiwedd goruchafiaeth Llafur yng Nghymru, dydw i ddim yn meddwl y byddwn i wedi'ch credu chi. Wedi'r cyfan, roedd y Blaid wedi ennill 27 o 32 sedd yng Nghymru yn yr Etholiad Cyffredinol ychydig dros fis ynghynt. Iawn, fe wnaethon nhw hynny ar gyfran o'r bleidlais gyhoeddus (37%) oedd yn is nag a gawson nhw yn 2019 (40.9%) a 2017 (48.9%), ac ymhell o'r 54.7% enillwyd ar achlysur ethol Tony Blair yn Brif Weinidog ym 1997 – y diwethaf o'r naw achlysur iddyn nhw ennill mwyafrif o'r pleidleisiau yma.

Beth bynnag fyddo maintioli'r cwymp, mae dim ond y syniad nad Llafur yw'r blaid fwyaf yng Nghymru yn groes i'r hyn yr ydym wedi'i gredu'n wir am wleidyddiaeth Cymru ers dros gan mlynedd. Fel sy'n gwneud synnwyr mathemategol, mae'r blaid wedi llwyddo i apelio at y carfannau mwyaf. Wedi'i phlannu'n ddwfn yn y meysydd diwydiannol, lle mae'r dwysedd poblogaeth uchaf; yn apelio at y rhai sy'n galw hunain yn Gymry ac sy'n uniaethu rhywfaint â'r diwylliant; yn flaengar; yn 'genedlaetholwyr meddal' a gwladgarwyr. Yn addasu i hinsawdd gwleidyddol newidiol hefyd; er enghraifft, yn arddel 'dŵr coch clir' rhwng y blaid ar lefel Gymreig a'r blaid ar lefel Brydeinig wedi datganoli. Mae rhai gwybodusion hefyd yn honni fod 'cyfnodau arwrol' yn allweddol i lwyddiant pleidiau goruchafol (fel Llafur yng Nghymru).[8]

Ond byddwn i'n dadlau, os oes a wnelo llwyddiant Llafur unrhyw beth ag arwriaeth, ei fod a wnelo'n fwy ag unigolyn neu unigolion arwrol na chyfnod arwrol. Mae dyrchafiad Bevan i frig rhestr Arwyr Cymru'n brawf o hynny – fel y mae Graham Seal yn ei ddadlau, mae arwyr yn ymgorffori gobeithion a gwerthoedd eu dilynwyr, yn effeithio ar sut y mae pobl yn gweithredu, yn meddwl, yn ymberthyn.[9] Fe'i cofir yn bennaf am ei ran yn sefydlu'r Gwasanaeth Iechyd Gwladol: prosiect oedd i'w weld yn crisialu ei athroniaeth wleidyddol. Gyda'r Gwasanaeth Iechyd yn agos at galon cynifer, mae cysylltiad y blaid â hi (diolch i Bevan) wedi bod o beth budd etholiadol i Lafur, ac wedi gorfodi'r Ceidwadwyr i brofi droeon a thro y gellid ymddiried ynddynt ar y mater.*

Ac felly er i feibion eraill Mynwy gyrraedd rolau mwy eu bri na'r rhai gafodd Bevan – Neil Kinnock (hefyd o Dredegar) yn arweinydd rhwng 1983 a 1992,† Roy Jenkins (o Abersychan) yn ganghellor ac ysgrifennydd cartref yn llywodraethau Wilson a Callaghan – mae'r arwriaeth a gysylltir â champ Bevan yn dyst i greiddioldeb y sefydliad i wleidyddiaeth Llafur ac yn wir i hunaniaeth Prydain.

*

* I'r Llafurwyr mwyaf rhonc, mae Bevan hefyd yn arwr am iddo alw'r Torïaid yn faw isa'r domen – *"lower than vermin"* – a hynny'n ei droi'n ddihiryn o 'wrtharwr' i'r Ceidwadwyr yn Etholiad 1950.

† Ac yn rhif 58 ar y rhestr o 100 o arwyr.

Ar fy nringfa serth allan o Flaenafon ar ffordd Y Farteg, dwi'n pasio bwa o haearn ar y dde ar riniog pentref Ger yr Efail (*Forgeside* sydd ar yr arwydd), cyn croesi grid gwartheg i gyrraedd llwyfandir uwchlaw'r cwm. Mae'n ffordd uchel, agored, gyda llwybrau'r diwydiant ar lawr y cwm o'r golwg. Serch hynny, mae'n brysurach nag y byddwn i wedi'i ddisgwyl; fwy na thebyg oherwydd fod y ffordd yn gwasanaethu cyrion uchaf Abersychan yn ogystal â phentref Y Farteg. Y Saesneg *Varteg* yw'r enw swyddogol ar y pentref, wedi i'r gymuned leol wrthod argymhelliad Comisiynydd y Gymraeg i fabwysiadu 'Y Farteg' (cywasgiad o 'Y Farchnad Deg') yn 2013, yn bennaf oherwydd y posiblrwydd o ddychanu'r ynganiad Saesneg *fart egg*.[10] P'run bynnag, mae yma un o'r tri darparwr addysg gynradd cyfrwng Cymraeg yn Nhorfaen, sef Ysgol Bryn Onnen, sydd ag oddeutu 150-200 o ddisgyblion.

Wedi'r Farteg, mae'r ffordd yn fwyfwy trefol wrth i'r disgyniad fy arwain i'n ôl i lawr am y cwm. Dwi'n pasio trwy Dalywaun, lle ganwyd un fyddai sawl un yn ei hystyried yn arwres, sef Pamela Shepherd (1836-1930), neu 'Mother Shepherd'. Ar ôl cyfnod yn byw yn Llundain, lle symudodd ei theulu, fe'i 'hachubwyd' gan y cenhadwyr Cristnogol William a Catherine Booth, a aeth ymlaen i sefydlu Byddin yr Iachawdwriaeth. Fe'i hanfonwyd wedyn i genhadu yn Aberdâr, a sefydlu'r Fyddin yn fanno, lle bu iddi bregethu'n boblogaidd yn Gymraeg, cefnogi diffynyddion yn y llys, sefydlu banc bwyd, a chynnig lle yn ei chartref i'r digartref.

I lawr â fi drwy Abersychan wedyn, a buan ydw i'n cyrraedd i lawr at y briffordd, gan geisio mynd rownd y cefn er mwyn osgoi bod arni. Mae hynny'n golygu dilyn ffordd y tu draw i afon Llwyd, nes ailymuno â'r briffordd dros y ffordd i Gapel y Bedyddwyr ym Mhontnewynydd. Mae'n rheidrwydd annymunol aros arni am sbel wedyn, gyda phrysurdeb y bore'n byrlymu o'm cwmpas wrth nesáu am Bont-y-pŵl – *up and under, here we go*, ys dywed y gân am y *Pontypool Front Row*. Erbyn y gylchfan ac arni oleudwr mewn siâp croes Geltaidd o ithfaen du a gwyn, dwi'n cael troi i'r chwith am ganol y dref. Ac megis goleudwr i'r Gymraeg yn y de-ddwyrain yr agorwyd Ysgol Gyfun Gwynllyw ym 1988, yr ysgol uwchradd cyfrwng Cymraeg gyntaf yng Ngwent.‡ Ers agor yr ysgol, ymddengys fod y galw am adddysg Gymraeg wedi cynyddu i'r fath raddau nes bo angen ymestyn darpariaeth Gwynllyw i'r rhai o oedran meithrin a chynradd (ac felly newid yr enw i Ysgol Gymraeg Gwynllyw), ac agor ysgol uwchradd cyfrwng Cymraeg arall yng Nghasnewydd, sef Ysgol Gyfun Gwent Is Coed.

Wedi gweld, petawn i wedi cadw'n dynn at lannau'r afon, byddwn i wedi gallu cadw draw o'r prysurdeb a chyrraedd rhan nesa'r daith yn haws, gan i mi ddod i gwrdd â'i glannau eto nepell o'r Parc (dwi hefyd yn dod i ddeall wedyn bod llwybr beics di-draffig delfrydol ar yr hen reilffordd am naw milltir rhwng Blaenafon a Phont-y-pŵl). Dwi'n gweithio'm ffordd ymlaen wedyn am y Dafarn Newydd, ar hyd yr *Highway* (yr hen briffordd rhwng Pont-y-pŵl a Chasnewydd), cyn gadael y trefol y tu cefn i mi a bwrw trwyn y beic am y topiau drachefn.

*

Dynodir newid sylweddol yn natur y daith gan arwydd glas cyfarwydd sy'n datgan nad ydy'r lôn yn addas i gerbydau nwyddau trwm; amser ymbaratoi am ddringfa, felly. Mynd i gyfeiriad y dwyrain ydw i erbyn hyn, a'm cwrs i am gronfa ddŵr Llandegfedd. Ar ôl ymgyfarwyddo rhyw fymryn â

‡ Cyn fy nyfodiad i, roedd fy Mam yn athrawes yn yr ysgol.

chulni a gogwydd gwrthun y lôn, mae cyfle i hwylio'n sydyn i lawr am yr argae, a agorwyd ym 1965. Draw ar y dŵr, fe ddaw'n amlwg fod hwn yn fangre boblogaidd ymysg pysgotwyr; mae bri mawr yn cael ei roi ar gadwraeth yma hefyd, a'r llyn a'i lannau'n ardal o ddiddordeb gwyddonol arbennig. Mae'n gorwedd mewn gwyrddni tonnog, rhyfeddol o ystyried cyn lleied o amser gymerodd hi i gyrraedd yma o'r hen feysydd diwydiannol. Os ydy'r aer yn deneuach ac iachach i fyny'n fan hyn, mae angen llyncu tipyn ohono wrth gefnu ar y llyn, gan fod y gornel gyntaf ar i fyny'n serth ar y naw. Pery felly nes cyrraedd pentref bychan Coed-y-paen, lle dwi'n troi i'r chwith ger y blwch ffôn ar lôn sy'n cyfochri â glan ddwyreiniol y llyn. Ped elwn i'n syth ymlaen, byddwn i'n mynd am y plwyf, Llangybi; ond y llwybr tarw am Frynbuga sy'n mynd â 'mryd i. O wneud hyn, mae ychydig o allt i ymgymryd â hi, gan alluogi i mi chwarae mig â'r llyn, a mwynhau haeddiant y goriwaered i lawr am Lanbadog.

Yn Llanbadog y ganwyd Alfred Russel Wallace (1823-1913). Er mai Charles Darwin sy'n cael ei ystyried yn arwr mawr bioleg esblygiad, yn bensaer un o'r damcaniaethau mwyaf arwyddocaol yn hanes y ddynol natur, fe allai Wallace deimlo dan beth anlwc nad fo gafodd ei glodfori. Tua'r un cyfnod, fe ddatblygodd yntau ddamcaniaeth am ddetholiad naturiol yn gwbl annibynnol o Darwin, ac fe gyhoeddon nhw'r papur gwreiddiol ar ddetholiad naturiol ar y cyd.

Pam, felly, y dyrchefir Darwin yn arwr, ac nid Wallace? Wel, mae dyddiaduron Darwin yn awgrymu iddo gyrraedd ei gasgliadau ugain mlynedd cyn Wallace, ac mi'r oedd gan Wallace rai credoau oedd ychydig yn rhy od i'r prif lif gwyddonol; bu'n ymgyrchu'n erbyn brechlyn y frech wen, er enghraifft. Yn ogystal, mae a wnelo arwriaeth yn aml â haeriadau gwrth-ffeithiol[§] fel "heb yr arwr yma, byddai

§ *Counter-factuals* yn Saesneg. Does dim cyfieithiad Cymraeg wedi'i gofnodi yn y geiriaduron, felly dyma roi tro arni.

x heb ddigwydd." Ond mae hanes Darwin/Wallace yn cynnig gwrth-ddadl i hynny: pe na byddai Darwin wedi'i ddyrchafu'n arwr am ei ganfyddiad, a phe byddai credoau Wallace yn fwy derbyniol yn y maes, yna mae'n bosib y byddai Wallace wedi'i ddyrchafu'n arwr yn ei le (ond wrth gwrs, haeriadau gwrth-ffeithiol yw'r rhain hefyd). Fel sy'n aml yn wir, mae arwriaeth Darwin yn manteisio ar fod ar 'ochr iawn' hanes.

*

Mae cyrraedd Llanbadog yn newid synhwyrus wrth ymuno â phriffordd, ac yna dod i gyfwr â phrysurdeb cymharol Brynbuga yn ei blodau – mae wedi ennill gwobr aur yng nghystadleuaeth flynyddol *Wales in Bloom* 39 gwaith rhwng 1981 a 2022. Efallai oherwydd bywiogrwydd y lliw a'r llun, dwi'n penderfynu fod y sgwâr (sgwâr Twyn), sydd â'r tŵr cloc Fictorianaidd yn ganolbwynt iddo, yn llecyn da i oedi am ginio, er y glaw mân.

Gyda gwynt o'r newydd yn fy hwyliau, dwi'n gadael ar ffordd Cas-gwent, yn y bwriad o gyrraedd Llangwm (un o dri, gydag un yn sir Conwy a'r llall yn sir Benfro). Mae'r newid yn yr awyrgylch yn eithaf trawiadol; wedi orig ar y mynydd, orig ar y maes diwydiannol, orig yn llonyddwch Llandegfedd, mae pennod nesaf y daith yn un sy'n nodweddiadol o seiclo'r Gororau; ehangder o ryw wyrdd plŷsh, heb fod yn rhy fryniog. Mae'n dechrau gyda mymryn o ddringo i aildwymo'r coesau, ond mae pethau'n difrifoli cryn dipyn wedi bod drwy Langwm. Mae'r ddwy lôn yn rhoi rhywfaint o gadernid a chyfeiriad, ond mae'r graddiant yn serthach nag y byddwn i wedi'i ddisgwyl, gan gyrraedd y ffigyrau dwbl mewn mannau.

Wedi cwta dair milltir o ddringo cyson, mae'r ffordd

yn crymu, ac yna mae croesffordd ddigon di-nod, lle mae'r cyfrifiadur bach yn cyhoeddi fod angen i mi droi i'r chwith. Dwi'n gresynu braidd o orfod gadael y ffordd ddwylon, gysurlon, yn enwedig er mwyn troi ar racsen gul o ffordd sy'n gwyro ar i fyny'n serth. Ond dyna ni, dwi'n dilyn cyfarwyddiadau'r map (y gwnes i fy hun, cofier, ei gynllunio), ac yn ymbalfalu drwy'r tyllau ac yn erbyn y serthedd. Dwi'n teimlo ychydig yn glawstroffobig wrth i'r perthi llawnion wasgu arna' i o bob tu, ac yn diawlio 'mod i wedi rhoi fy hun ar ffyrdd ganol-unlle fel hyn. Wrth lwc, dydy'r serthedd gwirion ddim yn para'n hir, ac mae mymryn o oriwaered i gyrraedd croesffordd ac arni fwthyn dymunol yr olwg, lle dwi'n troi i'r chwith am y Dyfawden a Threfynwy ar lain llawer esmwythach o darmac.

Mae tair milltir oddi yma at y Dyfawden, cyhoeddir ar yr arwydd: dwi'n cael trafferth dirnad ystyr yr enw o edrych arno'n hir, ac yn canfod wedyn nad oes consensws. Yn syml, mae yma'r ffurf ganoloesol ar 'defod' a'r ddiweddeb '-en', ond does fawr ddim syniad o'i berthnasedd i'r lle. Mae'n wyddys hefyd i'r Ffrancwyr allu ei ddehongli fel 'de Vauden' tua diwedd y 13eg ganrif, ac i'r Saeson ei ddehongli fel 'the Vawden' yn yr 16eg.

P'run bynnag, ar y chwith imi yn y pentref mae gwerddon fach, ac arni benddelw i John Wesley o bawb; arweinydd mawr diwygiad Methodistaidd y 18fed ganrif yn Lloegr. 'Arwr' mor fawr, os mynnwch chi, nes bo rhai pobl (Wesleaid) yn dal i ddilyn ei syniadaeth hyd heddiw. Mae'n debyg mai ar y werddon fach yma yn y Dyfawden, ar y 15fed o Hydref 1739, y pregethodd yng Nghymru gyntaf; ond fuodd o ddim mor llwyddiannus â hynny yma. Roedd gan y diwygwyr Cymreig – Daniel Rowland, Williams Pantycelyn, a Howell Harris – berthynas agosach at George Whitefield, a ddechreuodd ymbellhau oddi wrth Wesley. Roedd Whitefield yn credu mai dim ond yr etholedig rai fyddai'n cael bywyd tragwyddol – yn nes felly at y Galfiniaeth oedd ac sydd yn rhoi rhin Gymreig ar Fethodistiaeth y Cymry – tra bo Wesley, yr oedd y Gymraeg yn wrthun iddo, yn credu fod gras ar gael i bawb a'i cyrchai. Er i rai cymdeithasau Wesleaidd ymsefydlu mewn rhai rhannau Seisnigedig o Gymru, dim ond ar dro'r 19eg ganrif y daeth Wesleaeth yn fudiad o bwys ymysg Cymry Cymraeg, a hynny gyda gwaith Edward Jones, Bathafarn, dyffryn Clwyd. Ond yn gyffredinol, bod yn y lleiafrif fu hanes y Wesleaid yng Nghymru.

*

Mae naw milltir eto nes cyrraedd Trefynwy, ac ers y ddringfa ddiwethaf, dydw i ddim wir wedi cael unrhyw oriwaered o werth yn wobr amdani; dwi wedi hofran ar uchder o tua 200 i 250 metr ers tro. Ac mae'n parhau felly, wrth i mi aros ar gadernid y ffordd ddwylon drwy'r Dafarn Newydd (yr ail un heddiw), ac yna i Dryleg – pentref bychan, di-nod heddiw, ond un o faintioli sylweddol yn y 13eg ganrif, mae'n debyg. Un o feibion enwocaf Tryleg oedd yr athronydd Bertrand Russell (1872-1970), enillodd Wobr Nobel Lenyddol am ei waith yn hyrwyddo delfrydau dyngarol a rhyddid meddwl, ac a ddaeth yn 12fed ar y rhestr honno o 100 o arwyr Cymru. Er cael ei fagu i deulu aristocrataidd yn Nhryleg, a marw yn ei gartref ym Mhenrhyndeudraeth, ystyriai ei hun yn Sais.

Dim ond yn Nhryleg yr ydw i, o'r diwedd, yn cael cychwyn ar i lawr go iawn yn ddymunol a didrafferth, diolch i esmwythder a lled y ffordd, wrth i drum y bryniau dorri llwybr drwy'r cymylau draw. Ymhen dim wedyn, dwi yn Nhrefynwy. Cadw at ei hymyl gorllewinol ydw i, ac felly dydw i ddim ond yn codi llaw ar y bont gaerog, yr unig un ym Mhrydain sydd wedi goroesi. Yn y Priordy yn Nhrefynwy yr ysgrifennodd Sieffre o Fynwy ei gronicl llawn myth ac anwireddau bwriadol ar hanes Prydain er mwyn gwenieithu i'r Normaniaid; er ei ddylanwad ar feddylfryd Cymru'r Canol Oesoedd, dwi'm yn siŵr y gallwn ni ddyrchafu llên-leidr a chwedl-grëwr i statws arwr.

Ond yn fwy cyffredinol, ystyrir Trefynwy yn gartref arwyr:

> *Claiming Henry Vth as a son, Monmouth took a proprietary interest in Heroes and had elected Nelson a Burgess in the previous February.* [11]

Yn wir, roedd Harri V yn fab i Fynwy – fe'i hadawenir weithiau yn Harri o Fynwy – gan y'i ganwyd yma ym 1386. Fe'i cofir yn bennaf gan y Cymry efallai gan iddo arwain byddin gyda'i dad yn erbyn gwrthryfel Glyndŵr. A'r Nelson dan sylw yw'r Arglwydd Horatio Nelson, arwr mawr morwriaeth Prydain; ei or-or-wyres, Horatia Durant, ysgrifennodd yr uchod wrth ddisgrifio ymweliadau Nelson â'r dref ym 1802.

Mae yn Nhrefynwy Erddi Nelson, Ystafelloedd Nelson, a chyn y pandemig, roedd yma hefyd Amgueddfa Mynwy a elwid gynt yn Amgueddfa Nelson (nid ailagorodd wedi'r clo, ond mae amgueddfa newydd yn cael ei datblygu). Fe'i croesawyd i'r dref yn arwr, wedi'i fuddugoliaeth ym Mrwydr y Nîl ym 1798, a chynhaliwyd parti ar erwau tŷ crwn Sioraidd Cae-y-maen (*Kymin*), y gwnaeth Nelson ei alw'n un o'r llefydd hyfrytaf a welodd erioed.[12] Bu farw yn y fuddugoliaeth ym Mrwydr Trafalgar 1805, a'r syniad hwnnw o ferthyrdod yn rhoi arwriaeth dragwyddol iddo (gan anwybyddu, neu ramantu, er enghraifft, ei egotistiaeth ronc, a'i odineb gyhoeddus gydag Emma Hamilton).

Ar ôl gadael, dwi'n pasio heibio Rockfield (oedd yn

eiddo'r teulu Rolls, Arglwydd Llangatwg). Mae Rockfield enwocaf am ei stiwdios recordio masnachol (y rhai cyntaf yn y byd lle'r oedd modd aros dros nos), sydd wedi croesawu sawl arwr cerddorol ers agor ym 1961 – Black Sabbath, David Bowie, Queen, Stone Roses, Oasis, Coldplay... a'r Cymry wrth gwrs: y Manics, Super Furries, Catatonia, Stereophonics; a chyn dyfodiad Sain, i artistiaid Cymraeg eu hiaith fel Tebot Piws a Heather Jones.

Yr enwocaf o'r teulu Rolls hwnnw fyddai cyd-sylfaenydd Rolls-Royce, yr arloeswr moduron ac awyrennau (a seiclwr brwd, mae'n debyg), Charles Stewart Rolls; dwi'n pasio'r cartref teuluol, plasty'r Hendre, ychydig ar ôl Rockfield. Daeth diwedd trist i'w stori, serch hynny; fo oedd y peilot o Brydeiniwr cyntaf i gael ei ladd mewn damwain awyrennol, a hynny pan oedd ond yn 32 oed.

Mae'r llwybr yn ôl am y Fenni'n ddigon didrafferth oddi yma, gan ddilyn y B4233 yr holl ffordd am y ddeuddeng milltir olaf. Mae mân anheddau'n britho'i thrywydd: Tal y Coed yw'r cyntaf, ac ychydig oddi wrth y lôn mae Plas Tal y Coed, tŷ gwledig Fictorianaidd Gradd II* yn arddull y Frenhines Anne; hanner ffordd mae Llandeilo Gresynni; a bum milltir o'r Fenni, mae Llanfable. Mae tipyn o ddringo blinderus arni, tan y tair milltir olaf un, a dim ond wedyn ydw i'n cael mwynhau hwylio i lawr yn ôl am y Fenni, lle mae'r cylch yn gyflawn.

*

O'r rhestr honno o 100 o arwyr Cymru o ddechrau'r ganrif hon, dim ond 9 menyw oedd arni. Nid oedd Augusta Hall, Arglwyddes Llanofer – a adwaenir fynychaf yn ôl ei henw barddol, Gwenynen Gwent – ar y rhestr. Ond mae rhaid bod rhyw fawredd yn perthyn iddi, o leiaf ym meddylfryd Cymry'r parthau hyn, gan fod yma 'Gymdeithas Gwenynen Gwent', ac mai 'Eisteddfod yr Urdd Bro'r Wenynen' a gynhelir yng Nghasnewydd yn 2027. Roedd hi'n un o noddwyr gwreiddiol Cymreigyddion Y Fenni – cymdeithas Gymraeg sefydlwyd yma ym 1833, ac sy'n ffynnu hyd heddiw.

Bu iddi ennill clod y beirdd, a hwythau'n mawrhau ei chyfraniad at fywyd diwylliannol Cymreig a Chymraeg – yn trefnu a noddi eisteddfodau tra llwyddiannus yn y cylch – rhai ohonyn nhw'n gwahodd artistiaid o Lydaw, er enghraifft, a hynny'n rhoi cychwyn ar y mudiad Pan-Geltaidd yng Nghymru; hyrwyddo traddodiadau 'cynhenid' Cymreig fel y Plygain a'r Fari Lwyd; a hyrwyddo'r delyn deires fel offeryn cenedlaethol Cymru. Fe'i cofir yn bennaf, serch hynny, am iddi ffurfioli dyluniad y 'wisg draddodiadol Gymreig', a hyrwyddodd yn ei hysgrif, *The Advantages resulting from the Preservation of the Welsh Language and National Costumes of Wales*. I ddychwelyd at y pwynt am haeriadau gwrth-ffeithiol, gellid honni na fyddai'r wisg Gymreig draddodiadol mor amlwg ar Ŵyl Ddewi heblaw am y Wenynen. Ond, wrth gwrs, mae'n rhaid cydnabod ei bod hi'n uchelwraig, ac felly bod ei mawredd yn anorfod gysylltiedig â'i chyfoeth a'i statws cymdeithasol.[13]

I ddychwelyd at bensaer damcaniaeth y Gŵr Mawr, Carlyle, ei gasgliad o oedd fod gennym ni i gyd y gallu i fod yn arwyr, ac y dylem ni anelu at 'fyd o arwyr'.[14] Er bod anhawster o geisio diffinio 'arwr', a bod 'mawredd' yn gysylltiedig â'r gorau a'r gwaethaf o'r ddynol natur, mae peth gwirionedd yn ei gasgliad, dwi'n credu.

Yr eironi mawr dwi'n ei ganfod yn y ddamcaniaeth 'Gŵr Mawr' yma, ar lefel bersonol o leiaf, ydy cyn lleied o ddynion *da* sydd yna i geisio'u hefelychu o ddydd i ddydd yn ein cymdeithas heddiw. Fe bortreadwyd hyn yn gaboledig yn y gyfres deledu *Adolescence*, lle mae ymddygiad bachgen ifanc yn mynd ar gyfeiliorn oherwydd absenoldeb ei dad a dylanwadau ar-lein gan 'ddylanwadwyr' o ddynion. Mae diddordeb cynyddol wedi bod cyn ac ar ôl darlledu'r gyfres yn y graddfeydd y mae'r diffyg modelau rôl *da* o ddynion yn effeithio ar broblemau bechgyn yr oes o ran iechyd meddwl, llwyddiannau addysgol, ymddygiad gwrth-gymdeithasol a threisgar ac yn y blaen (a ph'un a oes a wnelo fo unrhyw beth â rhywedd o gwbl).

Er i *Adolescence* ysgogi teimladau cryfion ynof i am fy magwraeth lle'r oedd diffyg arwyr o rai mathau, dwi'n meddwl 'mod i'n ffodus mai anwiredd fyddai dweud nad oes gen i arwyr o gwbl. Dydy fy arwyr ddim yn 'fawr' yn yr ystyr draddodiadol, ddim yn enwogion, ddim yn chwedlonol – a dydyn nhw ddim o reidrwydd yn adnabod hyd a lled eu harwriaeth yn fy llygaid i. Mae'n apelio at yr un reddf gynhenid honno o gyrchu arwyr, ond 'mod i rŵan yn eu cyrchu nhw yn nes ata' i: hwyrach ei bod hi'n hwyr glas rhoi oes arwyr mawr hanes y tu cefn i ni. Ac yn hynny o beth, efallai nad ydy casgliad Carlyle am greu byd o arwyr yn rhy annhebyg i gri Waldo... *daw dydd y bydd mawr y rhai bychain, daw dydd ni bydd mwy y rhai mawr.*

Dwi'n ddigon ffodus fod y rhai 'bychain' sy'n ennyn arwr-addoliad gen i, am eu mawredd mewn amryfal ffyrdd, o 'nghwmpas i. Maen nhw'n nes at ganol fy nghylch, nid dim ond myth ar orwel annelwig, pell.

Dwi'n cwrdd â'm harwyr o ddydd i ddydd.

Cychwyn: Y Fenni

Gorffen: Y Fenni

Pellter: 93km (58 milltir)

Dringo: 1,440m (4,725tr)

Amser gymerodd i mi, heb gynnwys egwyl: 4 awr, 27 munud

yn sir Benfro

Un drofa fer ar yrfa faith

Dydd Mercher, 30ain o Orffennaf, 2025

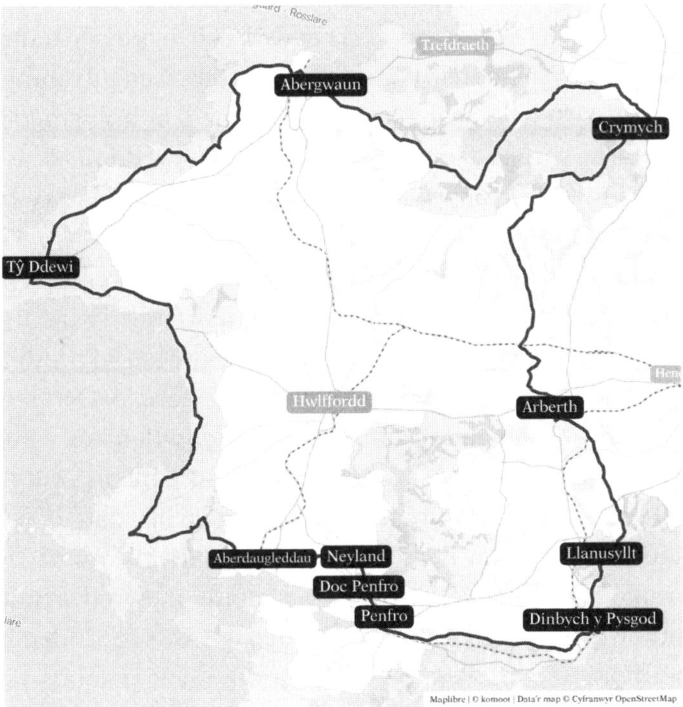

“Perl yr anfeidrol awr yn wystl gan amser,
Gobaith yr yrfa faith ar y drofa fer.”

o ‘Preseli’, Waldo Williams

“Gobaith fo’n meistr; rhoed amser inni’n was.”

o ‘Cymru’n Un’, Waldo Williams

Mae'r ceiliog wedi hen ddechrau ar ei siwrnai hir yn ôl i'w gwt, ar drywydd y gaeaf drachefn. Mae 'na wastad ryw anghrediniaeth, pryder hyd yn oed, fod yr haf yn dirwyn i ben mor gyflym; rhyw sylweddoliad fod angen gwneud y gorau o bob diwrnod braf sy'n weddill. Fe ddaw amser yn 'was' i'r seiclwr hafaidd sydd â rhagor eto i'w gyflawni, ac yntau hefyd yn wystl gan amser prin.

Yn yr ysbryd pryderus, llawn bywyd hwnnw yr ydw i'n mynd am sir Benfro, ac am ei phen gogleddol yng Nghrymych. Dwi'n synnu cyrraedd o fewn dwy awr a hanner yn eithaf cyfforddus, a minnau wastad wedi dychmygu sir Benfro fel lle pellennig, y tu hwnt i bob cyrraedd – cyfeiliornus oedd y gred honno, dwi'n sylweddoli. A dyna bwynt ymdeithio ac ysgrifo; dod i 'nabod fy ngwlad fy hun yn well.

Er bod mil o blant a phobl ifanc yn mynychu'r ysgol gydol oes yma, does dim cymaint â hynny i'r pentref, heblaw am ambell siop a chaffi a garej. Mae hi'n ddigon cysglyd am hanner awr wedi wyth ar fore o Orffennaf hwyr; ond mae dyledus ganmoliaeth am gyfleuster y maes parcio di-dâl ac i staff y caffi am hwylio paned i Dad cyn iddyn nhw agor. Mi ffeindion nhw gysylltiadau o fewn eiliadau, 'mwn, tra gadawyd fi i fwrw ati gyda 'nhaith o gwmpas y sir: "Wneith e byth mo hynny mewn d'wrnod!" oedd eu proffwydoliaeth, mae'n debyg. Amser a ddengys, gyfeillion.

Rheol y seiclwr yw gwisgo ar gyfer yr ail filltir, neu wisgo ar gyfer yr allt gyntaf – mae'n angenrheidiol teimlo rhyw ychydig o ias i ddechrau, rhag gresynu gwisgo gormod maes o law. Yr hen ddull o gadw'r frest yn gynnes ar achlysuron fel hyn fyddai stwffio papur newydd o dan y crys – hwyrach y byddai'r papur bro lleol, *Clebran*, yn ddewis addas. Mae argoel o angen am hynny; mae niwl dros fynyddoedd y Preseli, a gan fod Crymych yn sefyll ar godiad tir rhwng y Frenni Fawr a Foel Drigarn, mae'r daith yn cychwyn ar i waered tuag Eglwys Wen a Ffynnongroes. Mae'r ffordd yn nodweddiadol o ardaloedd fel hyn, ar odreon y bryniau – arwyneb go lew, perthi talon naill ochr, yn llydan nes mynd yn gul dros ryw bont ar ryw bwynt. Rywle ar y ffordd yma, mae'r cyfrifiadur bach yn cyhoeddi bod 44 – ie, 44 – o elltydd o werth ar fy nhaith heddiw. Dydy'r gyntaf ohonynt yn ddim ond ploryn, wrth lwc; cyfle i gynhesu'r coesau rywfaint, yn cyfiawnhau'r dewis dillad.

Dydw i ddim am eich diflasu drwy sôn am bob un o'r pedair a deugain, ond mae'r ail un yma'n werth sôn amdani. Cadw ar y lonydd cefn yw'r bwriad yma; troi am i mewn, yn hytrach na pharhau am y môr y tu draw i Garn Ingli am Drefdraeth – Tudrath ar lafar – a hynny'n bechod braidd. Mae sôn ei fod yn lle braf ar y naw, a morwriaeth yn rhan fawr o'i hunaniaeth. Gyda hynny, mae apêl i bobl o draw, ac yn y parthau yma, y Parrog – lleoliad yr hen borthladd yn y dref – yw canolbwynt yr argyfwng tai.*

Troi i'r chwith dwi'n ei wneud felly, a mynd am fynyddoedd y Preseli, neu'r Preselau (dwi'n cymryd fod y rhain yn gyfystyr â'i gilydd), a'r rheiny'n niwlo o'r golwg. Ar grwydr rywle i'r dde imi mae safle megalithig Waun Mawn a'i meini hirion – un o ddeg ar hugain o gromlechi a meini o'r fath yn y sir (y fwyaf adnabyddus ohonynt fyddai Pentre Ifan, ychydig ymhellach i'r gogledd). Bu i astudiaeth yn y 1920au honni fod y garreg las yng Nghôr y Cewri (*Stonehenge*) wedi ei chloddio rywle ar y Preseli, ac mae diddordeb cynyddol wedi bod dros y blynyddoedd diweddar i union darddiad y cerrig hyn. Awgrymodd un tîm o ymchwilwyr archaeolegol yn 2015 fod strwythur

* Yn y fan honno y cynhaliwyd un o ralïau 'Nid yw Cymru ar werth' yn 2021.

cylch Waun Mawn mor debyg i Gôr y Cewri y gellid credu bod peth gwirionedd i'r hen, hen chwedl fod cylch cerrig coll yma wedi ei ddatgymalu a'i gario yno (gan Myrddin ei hun, chwedl Gerallt Gymro).[1†] Ers hynny, mae astudiaethau pellach wedi beirniadu hygrededd yr honiadau hynny, gan ddatgan mai drwy symudiadau rhewlifol y bu i'r cerrig gyrraedd de orllewin Lloegr.[2]

Beth bynnag, mae hi'n ddringfa hynod ddymunol a graddol o dair milltir. Yn y cyfrolau seiclo, cyfeirir ati fel 'Mynydd Preseli' (neu ei gyfieithiad yn amlach na pheidio), ond am wn i fod hynny'n rhy annelwig. Bylchu rhwng Foel Eryr a Foel Cwmcerwyn wna'r ffordd, ac mae gen i ddwy ffynhonnell wahanol yn ei galw'n Bwlch-gwynt.[‡] Wedi cychwyn dringo go iawn yng nghyffiniau Brynberian, mae'r ffordd ar yr ochr dde, fel petai, ac esgeiriau'r mynydd i'r chwith imi.

Gyda'r dringo, nesáu mae'r cawl pys o dywydd, a'r plorod lleiaf o law'n glanio'n dwt ar y bar rhwng fy nwylo. Yn raddol, daw'r lôn a'r esgeiriau i gyfarfod, ac yna cymuno, wrth gyrraedd tir comin Tafarn-y-bwlch. Wedi hynny, daw pall ar fy sgiliau disgrifio – dydw i'n gweld fawr ddim, 'mond rhostir naill ochr i mi, ffordd darmac lew ac iddi ddwy lôn, ambell ddafad. Maen nhw'n dweud wrtha' i bod golygfeydd da i'w cael yma ar ddiwrnod braf – y môr i'w weld oddi yma hyd yn oed. Nid bore 'ma, gwaetha'r modd.

Efallai mai arfer cyfeiliornus yn ein mysg ni seiclwyr ydy ceisio rhoi enw ar bob dringfa. Eto i gyd, mae'n siŵr ei bod hi'n apelio at hen reddf o enwi er mwyn dweud stori, yn ogystal â phlesio arferion modern o gael ymdeimlad

---

† Digwydd bod, dwi'n eistedd yn llyfrgell Sefydliad Archaeoleg UCL i ysgrifennu hwn: tîm o dan arweiniad UCL, a Mike Parker Pearson yn arbennig, aeth i gloddio yn Waun Mawn, a honni (neu orliwio) cysylltiad â Stonehenge.

‡ Un wefan seiclo, a chyfrol *Crwydro Sir Benfro*, E. Llwyd Williams.

o gyflawniad, a hwnnw'n gydnabyddedig ar ryw ap neu'i gilydd. Felly ta waeth os y galwn ni hi'n Fwlch-gwynt, yn Fynydd Preseli, neu Dafarn-y-bwlch, neu *yr heol sy'n mynd lan o Frynberian*, dwi'n dod i ddiwedd yr orchwyl, a chychwyn fy siwrnai ar i lawr. Buan wedyn ydw i wedi fy rhyddhau o fwrn y niwl, ac o 'mlaen mae gwyrdd sy'n llachar dan belydryn o haul, a dyfroedd cronfa ddŵr Llys-y-frân yn sgleinio; mae arwydd o awyr las rywle y tu draw i'r cwmwl. Ar groesffordd Tafarn-newydd, yn hytrach na throi i'r chwith i gyfeiriad cyfleusterau'r llyn ac am bentref Rhos-y-bwlch (*Rosebush*)[§] a thafarn Sinc, dwi'n troi i'r dde i gyfeiriad y môr, a glan ogleddol y penrhyn.

*

Rŵan, mae 'na ddau fath o gyflwr meddyliol pan dwi'n seiclo. Fel y gallwch chi, gobeithio, ei ddirnad o'r uchod, ro'n i yn y cyflwr 'gweithredol' wrth seiclo dros y mynydd – dwi'n cofio manylion, mae 'na hoel rhywfaint o feddwl. Mae hynny'n aml yn wir am rannau cyntaf taith, ond o fewn ychydig, mae'r meddwl yn diffodd. Nid oherwydd fod natur y daith yn ddiflas; hwyrach am fod rhwyddineb neu ddihangdod newydd i'r pedalu. Mae'r meddwl yn crwydro tuag at bethau eraill, ymresymu am rialtwch "yr yrfa faith" ar ran nesa'r "drofa fer". Dwi'n llwybro heb sylwi mor graff, ac felly'n dychwelyd, wedi'r siwrnai, i geisio ail-fyw rhannau ohoni: ceisio llusgo fy hun yn ôl i'r eiliad honno i ganfod ei gwerth yn yr awr anfeidrol.

Mynd am Abergwaun ydw i, ar ffordd gefn lydan, gyda Mynydd Morfil ar y chwith a'r awyr yn fawr uwch fy mhen. Mae chwedl sy'n adrodd hanes bugeiliaid oedd yn byw

§ Mae'n debyg mai swyddogion di-Gymraeg y chwarel oedd yn gyfrifol am halogi'r enw.

mewn tŷ gwyngalchog ar lethrau'r mynydd yn gweld brwydr fawr yn yr awyr eang; pelydryn haul yn creu llwybr o aur drwyddi, a cheffylau'n rhusio drosto'n drybestod mawr. Milwyr wedyn, yn codi o waelod y cymylau, a byddin arall yn codi o'r gweundir. Parodd y frwydr wrth iddi dywyllu, cyn i fellten anferth rwygo'r awyr, a sŵn y storm yn gymysg â sŵn y frwydr. Erbyn heddiw, mae adfeilion y ffermdy hwnnw'n gorwedd yn llodor ar y mynydd.[3]

Mae 'na un arall o'r elltydd yna ar y llinyn yma o ffordd; un go serth ydy hi hefyd, yn dringo heibio i ffermydd Lodor – swp neu wasgariad ydy ystyr Lodor neu llodor – ac mae siop fferm ar iard un ohonyn nhw. Wedi hynny, mae'r gogwydd yn gyffredinol ffafriol; dros ael y bryn, daw'r môr i'r golwg, a'r ffordd yn fy 'sgubo i lawr ar ochr ddeheuol Cwm Gwaun. Ni red y ffordd drwy bentrefi fel y gwna'r ffordd gyfochrog â hi yr ochr arall i'r afon, er bod ambell ffermdy ar fy nhrywydd, sy'n peri i mi feddwl am y term 'hambon'.[¶] Dwi ar ddeall fod y gair yma ar lafar yn Ysgol Bro Preseli yng Nghrymych – er mwyn gwahaniaethu rhwng be fyddai yn y gogledd yn *townies* a *josgins*, yn unol â'r drefn o wahanu a charfanu sy'n nodweddiadol o gyfnod rhywun yn yr ysgol. Er y'i defnyddid mewn modd dilornus, mae'r term i'w weld wedi'i berchnogi'n falchach erbyn hyn.

Ta waeth am hynny, dwi am fwrw nodyn sydyn am Gapel Jabes sydd ym mhentref Cwm Gwaun ei hun, ar lan ogleddol yr afon. Adeiladwyd ac ailadeiladwyd y capel deirgwaith yn ôl y plàc ar dalcen y capel – y tro olaf ym 1904. Yr adeg honno, ymgasglodd y gymuned gyfan i weld sylfeini'r capel newydd yn cael eu gosod – rhoddwyd un

¶ Diffiniad Elis James ar Twitter: "a perjorative term used by West Walian townies to mean farmer. Slightly more to it than that, usually implies slightly backward, Welsh speaking, old fashioned and very rural. Kind of person who is intimidated by going to Swansea or having to fill in an online form."

garreg er cof am Thomas a Maria Evans, rhieni William Evans, ac mae'n debyg ei fod yntau wedi cyfrannu'n hael at y festri. Fe wnaeth o'i gyfoeth am mai fo oedd un o ddau sylfaenydd diodydd pop 'Corona', oedd yn boblogaidd ledled Prydain rhwng yr 20au a'r 80au – fe'i llyncwyd gan Britvic ym 1987; dewis poblogaidd gen i ar daith feic.[4] Roedd degau ar filiynau o boteli Corona yn cael eu gwerthu bob blwyddyn ar un cyfnod – cymaint â 70 miliwn yn y 40au.[5]

Y Bedyddwyr ydy enwad Capel Jabes; enwad hanesyddol gryf yn sir Benfro benbaladr.[**] Mae'r achos Bedyddiedig yma'n dyddio'n ôl i tua ail hanner yr 17eg ganrif – sonnir am William Jones, Cilmaenllwyd (ar y ffin rhwng sir Benfro a sir Gâr), yn "un o arweinwyr cynnar" yr achos, ar sail ei daith i Rydwilym ym 1667, a'u gwaith cenhadol nhw esgorodd ar godi sawl achos dan adain y fam Eglwys yno.[6]

Digon am hynny – ymlaen â fi. Llanychaer yw'r unig bentref sy'n eistedd ar y ffordd, cyn bod ambell un arall o'r elltydd aneirif rhyngof i ac Abergwaun – Abar Gwein ar lafar.[††] Yn naturiol, mae tipyn o oriwaered i mewn i'r dref borthladd, ac o'i gyrraedd, caf fy ngwasgu rhwng tai deulawr â'u parwydydd yn binc, yn las, ac amryfal liwiau eraill; caf fy nhywys wedyn hyd ragor o strydoedd culion wrth gyrraedd canol y dref, ac ymbalfalu hyd y system un ffordd. Ar fy nhrafals, dwi'n pasio nid nepell o Eglwys y Santes Fair: yma y gorwedd Jemima Niclas, a hithau wedi byw ar y brif stryd yma. Arweiniodd fyddin o fenywod i gwrdd â 1,700 o Ffrancwyr yn ystod yr Ymosodiad Olaf aflwyddiannus ym 1797, a hynny â dim ond picfforch yn ei

** Yn *Crwydro Sir Benfro*, mae E. Llwyd Williams yn cofio henwr o'r Rhondda'n dweud hyn wrtho: "Fe ddaeth bechgyn Shir Gâr yma a chodi capel yr Annibynwyr; fe ddaeth gwŷr Sir Aberteifi yma a chodi'r capel Methodist; ac fe ddaeth bois Sir Benfro yma a chodi'r capel Baptist."

†† "I jangid wrth lando ar drath Abar Gwein" – llinell o gân Brynach am dafodiaith y sir.

llaw. Er y bydd rhai'n cwestiynu'r dystiolaeth hanesyddol sy'n profi gwir ran 'Jemima Fawr' yn ildiad y Ffrancwyr dridiau'n ddiweddarach,‡‡ mae ei chymeriad a'i 'gwroldeb' – *courage*, hynny yw, ac efallai mai 'gwreigoldeb' ddylai hwn fod? Trafoder – wedi para yn y meddylfryd a'r cof cenedlaethol. Ers 2024, mae plàc porffor i'w choffáu ar adeilad Neuadd y Dref.

Troi i'r dde wedyn, ac ar i waered i lawr at y dŵr; ffordd unionsyth sydd yn fanno ar fin traeth y Parrog, sy'n llinyn cyswllt rhwng Abergwaun ei hun ac Wdig. Er mai enwau Llychlynnaidd ill dau yw 'Fishguard' a 'Goodwick', prin yw unrhyw dystiolaeth o fasnachu Sgandinafaidd. Y porthladd yma yw'r agosaf i Iwerddon; oddi yma y cychwynnodd Denys Corbett Wilson ar yr hediad llwyddiannus cyntaf rhwng y ddwy ynys ym 1912, ac mae tipyn o hanes i Wyddyl yn ymsefydlu yn Wdig.[7] Mae'r ffordd yn codi o'r gylchfan wrth ymadael â "hynt purwynt Parrog,"[8] a hynny am ryw filltir a hanner dda. Mae'n go serth mewn mannau, yn enwedig wrth godi'n syth o'r pentref heibio i 'Precelly Crescent', sy'n finiog i'm llygaid.

Cyrraedd Tyddewi yw'r nod nesaf, a mentro i fyd y lonydd cefn yw fy mwriad. Wrth i'r wlad helaeth fy amgylchynu o'r newydd, a'r môr yn chwarae mig, dwi'n cael dychwelyd i'r cyflwr hwnnw o adael i'm meddyliau fynd ar gyfeiliorn. Dwi'n pasio beicwyr rif y gwlith yn y cyffiniau yma, a hynny'n beth sydd wastad yn codi calon. Dwi'n penderfynu fod "haia!" yn rhy gyffredinol, ac am 'mod i'n sir Benfro yn landio ar ryw ffurf ar "shw'mai!" – y cwestiwn rhethregol

‡‡ Er enghraifft, honnir gan rai fod y Ffrancwyr, o fod wedi rheibio ffermdai lleol, yn feddw, ac felly wedi camgymryd y fyddin fenywaidd yn eu gwisgoedd Cymreig am filwyr Seisnig yn eu gwisgoedd cochion. Honnir, ar yr un gwynt, fod y bobl leol wedi ceisio gorffen y stôr o ddiod cyn i'r Ffrancwyr gyrraedd, ac felly bod alcohol wedi helpu eu dewrder hwythau.

euraidd hwnnw sy'n addas (ar ryw ffurf) ledled Cymru; "s'mai, 'n go lew?" neu hyd yn oed "'mai?" fydda i'n ei ddefnyddio adre'. Mae ambell un yn lled ateb; ambell un arall yn mynd yn syth heibio heb gydnabod, a dwi'm yn eu beio nhw chwaith. Dwi 'di codi llaw arnyn nhw, ac mi fyddai trychiolaeth y bysedd piano llawn oel yn ddigon i godi ofn ar unrhyw un. A ph'run bynnag, does wybod beth sydd ar feddwl rhywun ar yr ennyd sydd ohoni.

Wn i'm os mai dim ond fi sy'n gwneud hyn, ond dwi'n lled fabwysiadu'r dafodiaith leol pan dwi ar feic mewn unrhyw ardal. Wn i'm chwaith os ydy hyn i fod yn destun cywilydd i mi; ydy o'n amharchus? Mae'n wybyddus bod hyn yn beth cyffredin – bydd ieithegwyr yn pendroni ynghylch y cwestiwn o pam, sut, pryd y byddwn ni'n addasu'n hacenion. A bod yn deg â mi'n hun, mae gen i deulu o lawer cwr o Gymru, felly dwi wastad wedi cael gwahanol dafodieithoedd yn chwyrlïo o 'nghwmpas. Fel arfer, mater o newid y gwyriad ydy o – symud o fy 'e' naturiol at 'a' os ydw i'n siarad efo rhywun o'r gogledd orllewin, er enghraifft – neu efallai daflu ambell air fan hyn fan draw, er enghraifft 'ford' yn lle 'bwrdd' os dwi'n siarad efo Mam-gu (neu 'da Mam-gu, os 'chi mo'yn). Ond weithiau bydd ffrind yn edrych yn hurt arna 'i, cymaint mae fy nhafod wedi newid, yn dweud 'mod i'n ddigywilydd. Hoffwn i feddwl mai o achos empathi dwi'n ei wneud o, ac efallai fod rhyw fymryn o dda wrth geisio profi bro – gwlad y wês wês yn yr achos yma – drwy gyfrwng ei thafodiaith. Mae'n rhaid fod fy hunaniaeth dafodieithol i'n llai pendant, yn fwy rhugl, achos wrth gwrs, mi gewch chi rywrai sydd yn hollol i'r gwrthwyneb – bydd eu hacen nhw'n ymgryfhau wrth siarad â rhywun o ardal wahanol.

Mae aml i fân anheddle yn gorwedd ar y rhan yma o'r daith, er nad ydw i o reidrwydd yn mynd drwyddyn nhw'n uniongyrchol – Rhosycaerau, St Nicholas, ac Abercastell yn hwyrach ymlaen. Felly hefyd yr ydw i'n pasio arwydd am Felin Tregwynt, melin wlân sydd yma ers yr 17eg ganrif. Trefin, mae'n debyg, yw'r mwyaf o'r aneddleoedd hyn: 'Trefin' oedd enw barddol y Prifardd Edgar Phillips – Archdderwydd o 1960 hyd ei farwolaeth ym 1962 – ac fel hyn y canodd am ei dref enedigol:

Hoff Dre-fin ym min y môr,
I'th gannaid, euraid oror
Âf o hyd i ymfywhau–
Tyn hiraeth at hen erwau! [9]

Ond mwy adnabyddus fyddai telyneg Crwys am felin Trefin, yn perthyn i'r un traddodiad o ddarlunio dirywiad cymdeithas cefn gwlad:

Nid yw'r felin heno'n malu
Yn Nhrefin ym min y môr,
Trodd y merlyn olaf adre'
Dan ei bwn o drothwy'r ddôr,
Ac mae'r rhod fu gynt yn rhygnu
Ac yn chwyrnu drwy y fro,
Er pan farw'r hen felinydd
Wedi rhoi ei holaf dro.[10]

Pasio drwy Lanrhian wnaf wedyn, ac anwybyddu apêl dilyn yr arwyddion am Borthgain ac Abereiddi. Maen nhw'n fwyaf adnabyddus am y traethau hyfryd a'r morlyn glas; ond, mae olion chwareli llechi lled lwyddiannus yma hefyd, ac olion cysylltiadau honedig â mor-ladron, ar sail enwau tai gynt fel Capel Jim, Abednego, Pis y Wrach, Porto Bello.[11] Parhau yw fy hanes, a mân bentrefi Berea a Rhodiad (Rhodiad y Brenin, i roi ei enw'n llawn) yw'r unig rai rhyngof i a'r ddinas fawr.

Er ymddangos yn fychan a thawedog, mae cryn fwrlwm i fywyd dinesig Tyddewi ar y bore Mercher hwn. Yn union fel petawn i mewn dinas lawer iawn mwy o faint, dwi'n canfod fy hun yn gorfod gwau fy ffordd yn gelfydd rhwng ceir wrth i'r traffig drymhau wrth nesu at y canol. Mae'r diwydiant ymwelwyr i'w weld yn ffynnu yma, ac ers tro bu dylanwad tref Hwlffordd a'r erodrôm yn Solfach yn gyfrifol am 'Seisnigeiddio' talp o dir arferai fod yn fwy 'Cymreig'.[12] Mae'r prysurdeb hwn yn fy nilyn hyd ran nesa'r daith wrth i mi ymuno â'r A487, sy'n gryn newid yn y naws wedi tangnefedd y lonydd cefn. Dwi'n aros arni am ryw saith milltir nes cyrraedd Niwgwl, a'r goriwaered olaf yn plesio'r llygaid, wrth i'r tir grymu i geiseilio'r môr. Golygfa ryfeddach yw cyrraedd min y dŵr, a'r 'pentref' o garafanau sydd yma; y pentref ei hun fel petai wedi cilio i'r llethrau. Dwi'n falch o fedru osgoi'r allt sylweddol sy'n codi o'r môr wrth droi oddi ar y briffordd, a mentro ar ffordd gefn gul sy'n glynu at yr arfordir. Cyfeiliornus oedd meddwl y buaswn i'n cael osgoi elltydd; os rhywbeth, mae'r gwaith dringo'n anos byth ffordd hyn. Ond mae'r golygfeydd a'r tawelwch cymharol yn gwneud yn iawn am hynny.

*

Yng nghyffiniau Niwgwl, dwi'n croesi ffin. Ffin sydd wedi hen ymsefydlu, er nad ydy hi'n swyddogol, nac yn berffaith glir chwaith. Y *Landsker line* yw'r enw arni, gydag awgrym eto o darddiad Sgandinafaidd: gyda 'land' yn golygu tir a 'skera' yn golygu torri yn yr hen Lychlynneg. Er mai diwylliannol ac ieithyddol yw natur y wahanfa hon yn bennaf bellach, milwrol oedd y ffin yn wreiddiol. Ar ddechrau'r 12fed ganrif, mewn ymdrech barhaus i gadw gafael ar rannau helaeth o Gymru, sefydlodd Harri I dreflan Ffleminaidd yn ne Penfro.

Rhan o'i ymgyrch yn erbyn y Cymry brodorol oedd hyn, gan eu gwthio i'r gogledd drwy linell hir o dros hanner cant o gestyll a chadarnleoedd. Ymsefydlodd y Fflandrysiaid ar y tir mwy ffrwythlon (na chafodd ei rewlifo) a geid yn neau'r sir, a'u hiaith hwythau'n llawer tebycach i'r Saesneg ar y pryd. Ymsefydlodd llawer o Saeson yma maes o law, gan esbonio enwau tipyn o'r llefydd yr af i drwyddyn nhw ar ran nesa'r daith, gan gynnwys y cyntaf ohonyn nhw, Nolton Haven.

Mae'r llinell yn amlwg iawn yn ddiwylliannol ac ieithyddol hyd heddiw, er enghraifft ar fap siaradwyr Cymraeg y Cyfrifiad. Yr ardaloedd i'r gogledd o'r llinell sydd gryfaf eu Cymraeg, ac i'r de o'r llinell, mae ardaloedd sy'n Saesneg eu hiaith ers canrifoedd, gan esgor ar enwau megis *Little England beyond Wales* neu *Anglia Transwallania*. Gyda hynny, maen nhw'n ffitio o fewn 'y Gymru Brydeinig' yn ôl model Denis Balsom o 1985.[13] Rhannodd Gymru'n dair rhan: gyda'r 'Gymru Brydeinig' *(British Wales)* yma hefyd yn cynnwys yr ardaloedd yn ffinio â Lloegr a môr Hafren, y 'Gymru Gymreig' *(Welsh Wales)* yn bennaf yn cwmpasu cymoedd diwydiannol y de, ac yna'r 'Fro Gymraeg', yn ymestyn hyd y gorllewin, gan gynrychioli'r ardaloedd lle mae'r iaith wedi tueddu i fod ar ei chryfaf. Wrth gwrs, ys atgoffodd George Box ni, "Mae pob model yn anghywir, ond mae rhai'n ddefnyddiol."[14]

Yn hanesyddol, mae'r model yn ddefnyddiol wrth ddirnad hynt y blaid Geidwadol yng Nghymru, a hithau'n tueddu (gan symleiddio tipyn) i gael gwell hwyl arni yn y 'Gymru Brydeinig', lle mae ei chefnogaeth yn fwy cyson a chadarn nag y byddai rhywun yn ei ddisgwyl ar sail, er enghraifft, Etholiadau Cyffredinol 1997, 2001 a 2024 lle nad enillon nhw'r un sedd. Yn hanesyddol, roedd y

Ceidwadwyr yn cynrychioli carfanau fel tirfeddianwyr, ac Anglicaniaid oedd yn erbyn datgysylltu o'r Eglwys ddechrau'r 20fed ganrif. Eto i gyd, gor-syml o lawer fyddai dweud mai nhw yw plaid Prydeindod; mae'r elfennau hynny'n greiddiol i wleidyddiaeth Llafur a Rhyddfrydiaeth yng Nghymru hefyd.

Ond beth am fy Mhrydeindod innau, meddyliaf i, fel rhywun o'r 'Fro Gymraeg'? Ar unrhyw holiadur neu gyfrifiad ynghylch hunaniaeth, 'Cymraeg yn unig' fydd fy ateb; roedd y syniad o 'Brydeinod' yn wrthun iawn imi wrth dyfu fyny, ac fel rhyw gi ufudd yn nodio'n frwd i frawddeg nid anenwog gan Gwynfor Evans:

> *Britishness... is a political synonym for Englishness which extends English culture over the Scots, the Welsh, and the Irish.*

Ond wedyn, nes i symud dramor, a bellach dwi'n canfod fy hun mewn sefyllfa lle mae rhai o'm ffrindiau anwylaf yn dod o Loegr. Adar o'r un lliw ehedant i'r un lle, medden nhw.[§§] Yn groes i'm disgwyliadau, roedd Prydeindod yn lliwio rhywfaint ar ein plu.

Dwi wedi hir bendroni ynghylch y cwestiwn o p'un a oes yna fath beth â 'diwylliant' neu 'gof cenedlaethol' Prydeinig didwyll, a phrin ydy unrhyw beth sydd i mi'n cynnig unrhyw argyhoeddiad; neb sy'n gwir argyhoeddi fod rhywbeth mwy na dim ond diwylliant Seisnig (neu o leiaf, Saesneg ei iaith) sy'n ymestyn dros weddill yr ynys. Ond ar yr un pryd, dwi'n teimlo fod hwnnw'n gorfod bod yn agwedd ry eithafol: does bosib mai'r unig reswm yr ydw i'n uniaethu ag elfennau o ddiwylliant Prydeinig ydy am

§§ Un o'r pethau cyntaf ddysgais i yn y brifysgol oedd bod sail gymdeithasegol i'r ymadrodd hwn: gweler gwaith Lazarsfeld a Merton ar *homophily*.

eu bod nhw wedi cael eu gorfodi i lawr fy ngwddf? Mae'n rhaid bod rhyw gydsyniad?

Dwi'n dal i chwilio am ateb.

*

O ran pryd a gwedd yr ardal, does fawr ddim yn newid wrth i mi groesi'r Landkser. Yn arwyddocaol ddigon, serch hynny, yr enw ar y ffordd dwi arni ydy 'Welsh Road', wrth i mi lynu'n dynn at arfordir bae San Ffraid. I lawr at draethau bychain yn Nolton Haven, yn ôl i fyny ac ymlaen i ddwy hafan arall: Broad Haven yn gyntaf, ac yna Little Haven. Mae'r rhan nesa'n ddrysfa o lonydd, ond mae'n ddymunol dros ben wrth i'r gwyrdd a'r glas gymuno dan haul canol dydd. Dwi'n dod at gyffordd, gyda Dale a Marloes ar y dde imi, ond mi'r ydw innau'n troi i'r chwith am St Ismael ac Aberdaugleddau. Ac am Aberdaugleddau dwi'n anelu'n ddigon diwyd, gan 'mod i wedi cynllunio cael fy nghinio yn fanno – ac erbyn yr adeg yma o unrhyw daith, mae rhywun yn rhyw ddechrau meddwl am ysbaid, ac am ail-lenwi'r tanc.

Ar ddiwrnod braf o haf fel hyn, mae'r marina'n lle dymunol iawn i dreulio awren ginio, a digon o lefydd bwyd deniadol i ddewis o'u plith. Mae'n debyg i'r Arglwydd Nelson ddisgrifio'r porthladd fel "y gorau yn y byd Cristnogol" ym 1802 ar daith i ddenu cyhoeddusrwydd i'r dociau yma.[15] Dros y ddau gan mlynedd canlynol, fe dyfodd Aberdaugleddau'n borthladd o bwys i bysgotwyr, ac hefyd i'r diwydiant olew – yma oedd yr ail borthladd olew mwyaf yn Ewrop ar ôl Rotterdam.[16]

Mae'n cymryd tipyn o ymdrech i ymrafael â'r graddiant wrth ddringo'n serth allan drwy'r pentref, a'r cinio'n troi a throsi wrth wneud hynny. Mynd i gyfeiriad Neyland ydw i, a'r ffordd gefn yn fy arwain i drwy Waterston. Fe ddaw i ben wrth ymuno â chwrs yr A477, a dwi'n falch iawn fod llwybr seiclo pwrpasol yn ymylu â hi. Dydy hwnnw'n ddim mwy na phalmant wrth groesi'r bont a'r cychod yn docio islaw, felly hefyd wrth groesi pont Cleddau i Ddoc Penfro. Dydy'r math yma o seiclo, a thrybestod traffig yn gur cyson, ddim yn apelio ata i gymaint â hynny, ond mae'n rheidrwydd am sbel eto nes cyrraedd tref Penfro ei hun.

Dwi'n cael ymuno â'r lôn o'r newydd cyn cyrraedd Llandyfái, ac yn y fan honno, dwi'n cychwyn ar gyfran sy'n un o uchafbwyntiau'r daith yn ei chyfanrwydd, sef y 'Ridgeway'. Hen ffordd y porthmyn ydy hon, ac fel mae'r enw'n ei awgrymu, mae'r lôn yn dilyn yn driw at drum y bryniau – Beavers Hill a Norchard Beacon – ac felly mae gofyn allt gychwynnol i'w gyrraedd. Dwi'n stopio am ennyd mewn un man i geisio dal yr olygfa ar gamera: mynd ar flaenau 'nhraed i allu gweld dros y berth gyfoethog, a'r awyr las yn fawr uwchlaw. Dwi fwy neu lai'n gallu dirnad trwyn y tir yn procio'r môr, a'i ffroenau'n llawn hwyl a heli. Rhaid i bopeth sy'n mynd ar i fyny fynd ar i lawr yn y pen draw, ac felly ydy fy hanes innau, gan ddisgyn i lawr o'r Ridgeway i Ddinbych y Pysgod.

Mae'n wyddys ers tro bod y dref hon yn gyrchfan gwyliau boblogaidd iawn, ac mae sôn wedi bod am ei hapêl ers canrifoedd lawer: mae'r awdl fawl gynnar 'Edmyg Dinbych' yn canmol y gaer hon ger y lli.[17] Ond y tu hwnt i'r apêl amlwg honno, mae yma hefyd dipyn o hanes o enwogion yn hanu oddi yma. Yma y ganwyd Robert Recorde tua 1510, mathemategydd mwyaf y cyfnod Tuduraidd. Fo gyflwynodd algebra ac arwyddion + a – i'r byd Saesneg ei iaith, a fo hefyd ddyfeisiodd yr arwydd =. Yma hefyd y magwyd yr arlunwyr enwog, y brawd a'r chwaer Augustus (1878-1961) a Gwen (1876-1939) John. Augustus oedd yr enwocaf o lawer yn ei oes ei hun, gyda chymariaethau â

Raphael a statws fel arweinydd y mudiad ôl-argraffiadol am sbel.[18] Byddai pobl yr oes honno'n syfrdan, fe honnir, mai Gwen yw'r enwocaf erbyn hyn – pawb, heblaw Augustus ei hun, yntau'n gefnogwr mwyaf gwaith ei chwaer.[19¶¶] Tra'r oedd Augustus yn feirniadol iawn o'i waith ei hun, roedd Gwen, i'r gwrthwyneb, yn llawn hunan-hyder, gan honni fod ei pheintiadau'n well na rhai Cézanne.[20] Er yn gyffredinol fewnblyg ac yn cadw draw o gylchoedd y byd arlunio, mae'n hysbys iddi ddatblygu defosiwn obsesiynol â mentoriaid a chariadon – y cerfluniwr Auguste Rodin yn eu plith.

Cadw at y tu allan i un o barwydydd y dref ydw i wrth anelu am y môr, a'r traeth yn helaeth ar y dde imi. Dwi wedyn yn dilyn y briffordd tan New Hedges, lle dwi'n troi i'r dde oddi arni er mwyn mynd am Lanusyllt – enw Cymraeg nas defnyddir yn ddigon aml am Saundersfoot. Mae hi'n drybeulig o brysur ar y prynhawn braf hwn; band yn chwarae yng nghefn rhyw dafarn, a phobl ym mhobman. Dwi'n piciad i mewn i'r siop ac yn cymryd hydoedd i gyrraedd y til, ac yn falch o gael dianc o'r prysurdeb glan môr, gydag addewid y bydd gweddill y daith dipyn tawelach. Mae 'na bron i 90 milltir ar y cloc erbyn hyn, ac mae'n teimlo fel petai'r diwedd o fewn cyrraedd, wedi hergwd fach dda arall.

Mae'r 'hergwd' honno'n cychwyn drwy ddilyn yr arfordir yn fras i gyfeiriad Amroth a'i draeth – ond heb cweit gyrraedd yno chwaith, eithr mynd am bentref Summerhill. Hyn oll er mwyn dilyn y ffordd gefn sy'n mynd drwy Ludchurch am Arberth; wedi treulio'r rhan fwyaf o'r dydd yn glynu at yr arfordir, at y parc cenedlaethol, mae gwneud hyn yn gryn newid. Mae'r môr yn teimlo'n bell i ffwrdd bellach, y lonydd yn fwy coediog o lawer, a dwi'n

¶¶ "Mewn 50 mlynedd, fe gaf i fy adnabod fel brawd Gwen John."

edrych tua meysydd meithion o wyrdd, yn hytrach nag ar wely o las. Gellir cynnal sgwrs gan ddefnyddio nifer o'r llefydd yn y rhan yma o'r daith, fel y mae E. Llwyd Williams yn ei adrodd yn *Crwydro Sir Benfro*: "Why did Big-Elly Kilgetty?", "Because Saundersfoot would not Stepaside?", ac yna, "I have been to Kil-getty and I am going to Kil-gerran and then to Kil-more."[21]

Beth bynnag, yn Arberth oedd priflys Pwyll Pendefig Dyfed yn y Mabinogi, ac yma y cyfarfu â Rhiannon. Yma hefyd y mae un o'r cestyll hynny ar y Landsker, ac enw un o'i strydoedd bychain yw Landsker Lane. Gyda'r groesffordd yng nghanol y dref yn tasgu i bob cyfeiriad, dwi'n cael ychydig o drafferth canfod fy ffordd allan – yn y diwedd yn dilyn yr arwydd i fynd dros y top am Redstone. Maen-coch yw'r enw Cymraeg ar y gwasgar hwn sy'n dal briwsion Arberth, ac sy'n nodedig am iddo gynnal cymanfa gyntaf y Crynwyr yng Nghymru.

Ddim yn hir wedyn, a dwi'n croesi'r un ffin annelwig yn ôl i hanner gogleddol y sir. Mae'r brifffordd yn y parthau hyn yn olrhain cwrs drwy bentrefi Clunderwen, Llandysilio, ac Efail Wen (man cychwyn helyntion Merched Beca ym 1839[***]), ond rhyw led-gyfochri â hi ydw i ar hyd y lonydd cefn, gan gychwyn drwy ddilyn yr arwydd sy'n dynodi dwy filltir i Fethesda, a naw i Faenclochog. Dwi'n ymwybodol iawn 'mod i wedi dringo tipyn o lan y môr i Arberth, ond bod cryn dipyn i fynd eto i ddychwelyd i odreon y Preselau yng Nghrymych. Mae'r ffordd yn ddwylon ac yn eang ar hyd y ddwy filltir honno am Fethesda, ac mae cryn allt arni, yn go serth am hanner milltir dda. Mae mymryn o ysbaid drwy'r pentref ei hun, ond wedyn, mae'n amser dod i ddygymod â'r syniad fod tipyn o ddringo cyson hyd weddill y daith, fwy neu lai. Mae'n deimlad rhyfedd

*** Gweler yr ysgrif o sir Gâr.

rywsut; gwybod fod y ffordd yn gogwyddo ar i fyny, er bod y dirwedd y naill ochr i mi'n rhoi argraff o wastadedd, a dwi'n cael trafferth dirnad trywydd y dringo'n union. Dim ond amlinell annelwig y Preselau yn y pellter sy'n cynnig unrhyw syniad i mi o 'nghyfeiriad.

Mae'r ffordd yn culhau tipyn wrth nesáu am y tro am Gelli, cyn i mi fynd o dan bont y rheilffordd. Pery'r ffordd yn eang a'r dirwedd yn llydan am orig eto, cyn i bethau deimlo'n fwyfwy fel dringo go iawn rhwng perthi talon, o boptu i ambell ysbaid fer i'r coesau. Mae ar ei serthaf am ryw filltir dda o boptu i'r groesffordd ddigon di-nod am Benffordd a Llanycefn; un o'r llecynnau prin iawn lle mae modd gwyro oddi ar y stribyn hirfaith yma o lôn, sy'n ddidrafferth iawn i'w dilyn. Does arni chwaith fawr ddim difyrrwch, namyn cartrefi blith draphlith o boptu iddi, nes cyrraedd ei phen ym mhentref Maenclochog, sydd bron yn teimlo fel metropolis o'i gymharu. Yn unol â greddf rhywun efallai, mae un chwedl yn sôn am faen fyddai'n canu fel cloch o'i daro, a hynny'n esbonio enw'r pentref; ond, mae damcaniaeth arall yn honni bod 'clochog' yn dod o'r Wyddeleg *clochóg* i olygu 'creigiog', a hynny gan i lawer o Wyddyl ymsefydlu yma yn y cyfnod canoloesol cynnar.[22] Yn 2024, roedd y pentref yn ail ar restr *The Times* o'r 20 pentref 'cyfrinachol' gorau i fyw ynddyn nhw ym Mhrydain.[23†††]

Arferai trên redeg drwy Faenclochog am Ros-y-bwlch i wasanaethu'r chwarel – dwi eto nid nepell o'r fan honno ac o'r gyffordd yn nechreuadau'r daith. Serch hynny, dydw i ddim yn ildio i'r temtasiwn i gloi'r cylch, ond yn hytrach yn troi i'r dde i barhau am Fynachlog-ddu. Mae dwy ffordd o wneud hyn – parhau ar y ffordd isaf, neu droi am y ffordd fynydd. Troi am y ffordd fynydd ydw i; dringo ar ffordd

††† Cilcain yng Nghlwyd oedd yr unig un arall yng Nghymru ar y rhestr.

weddol gul allan o'r pentref, yna'r lôn sy'n pontio draw ati'n rhyfeddol o unionsyth a'i hannel am Foel Cwmcerwyn.

Mae'r rhan nesaf yma o'r daith yn un o'i huchafbwyntiau, a rhywbeth cynhesol am gael dychwelyd i'r mynydd-dir mwyn ar ddiwedd dydd. Troi i'r dde ydw i ar ben y lôn, ac wedi mymryn eto o ddringo heibio i ffermdy mae'r Preselau a'u godreon yn dechrau ymagor i'm llygaid. Mae'r lôn yn gul, ond dymunol o dawel, ac yn agored iawn wedi'r grid gwartheg, a'r lôn namyn llwybr dros gomin Rhos-fach bellach. Mae'r dringo fwy neu lai wedi pallu, a gogwydd ffafriol y lôn o fudd i'm mwynhad o'r tirlun eang: caf 'un funud fwyn' yma.

"Un funud fwyn cyn delo'r hwyr i'w hynt" o'r gerdd 'Cofio', gwaith un o feirdd mwyaf Cymru'r ugeinfed ganrif, Waldo Williams. Ychydig dros filltir cyn cyrraedd Mynachlog-ddu, mae cofeb iddo ar y dde imi, gyda mymryn o waith cerdded o'r lôn i'w chyrraedd. Dros y *landsker* y symudodd y teulu i'r pentref o Hwlffordd pan oedd Waldo tua saith oed,[24] ac ar gefn beic y byddai yntau, fel minnau, yn mynd o fan i fan hyd ei oes (nid oedd yn berchen ar gar). Fel hyn y mae Hefin Wyn yn pendroni yn ei gyfrol *Ar drywydd Waldo ar gewn beic:*

> Hwyrach mai dyna pryd y byddai'n chwalu meddylie ar eu mireiniaf ac yn ymgodymu ag ef ei hun i geisio cyrraedd gwaelodion deall dyn a'i amgylchiade.[25]

Er hynny, ni chanodd am y beic yn ei farddoniaeth: ceir un cywydd i'r *motor* beic, serch hynny, ond nid yw'n ymddangos yn ei unig gasgliad o farddoniaeth, *Dail Pren*. Yn honno mae rhai o'n cerddi mwyaf adnabyddus – 'Y Tangnefeddwyr', 'Plentyn y Ddaear', 'Preseli' – a'r rhai sydd wedi esgor ar domen o astudiaethau o'i fywyd a'i waith; gyda gwahanol olygon ar frawdoliaeth, heddychiaeth, crefydd, hiwmor, cenedlaetholdeb, a llawer mwy. Wrth gymun y deuoliaethau y mae gwir fawredd cerddi Waldo i mi; y mwynder a'r min, y gymuned a'r genedl, y gobaith a'r rhybudd, y cenedlaethol a'r bydol, goleuni a thywyllwch, nef a llawr, yr eiliad a'r awr dragwyddol. Ar lawer gwedd, cyhoeddwyd *Dail Pren* ym 1956 fel moddion i genedl dan dranc iaith a chymuned, a byd dan wewyr rhyfel a gorthrwm. Afraid dweud fod taer angen am y moddion hynny hyd heddiw yng nghanu didwyll Waldo; mae yn y deuoliaethau hyn hefyd gwestiynau mawr am natur bywyd, dyn, cenedl, a byd, a'r rheiny hefyd yn cyfrannu at oesoldeb digyfaddawd ei farddoniaeth.

Does fawr ar ôl o'r drofa fer wedi troi i'r chwith drwy Fynachlog-ddu; mae'r lôn yn eithaf coediog, a'i gogwydd yn gyffredinol ffafriol i ddathlu diwedd diwrnod hir. Daw'r angen i seiclo drwy bla aneirif o wybed i ymyrryd â'r dathliadau hynny – mae meddwl amdanyn nhw rŵan yn codi blew fy ngwar. Ond mae'r disgyniad olaf werth chweil, gydag ehangder y fro o 'nghwmpas, a phen y daith yng Nghrymych yn ymddangos; y Frenni Fawr wrth ei gefn ym mhob annibyniaeth barn.[‡‡‡]

Cychwyn: Crymych

Gorffen: Crymych

Pellter: 184km (114 milltir)

Dringo: 3,050m (10,000tr)

Amser gymerodd i mi, heb gynnwys egwyl: 9 awr

‡‡‡ "Mur fy mebyd, Foel Drigarn, Carn Gyfrwy, Tal Mynydd, / Wrth fy nghefn ym mhob annibyniaeth barn" o 'Preseli'.

yn Arfon

Gweld y gorwel

Dydd Mawrth, 15fed o Awst, 2023

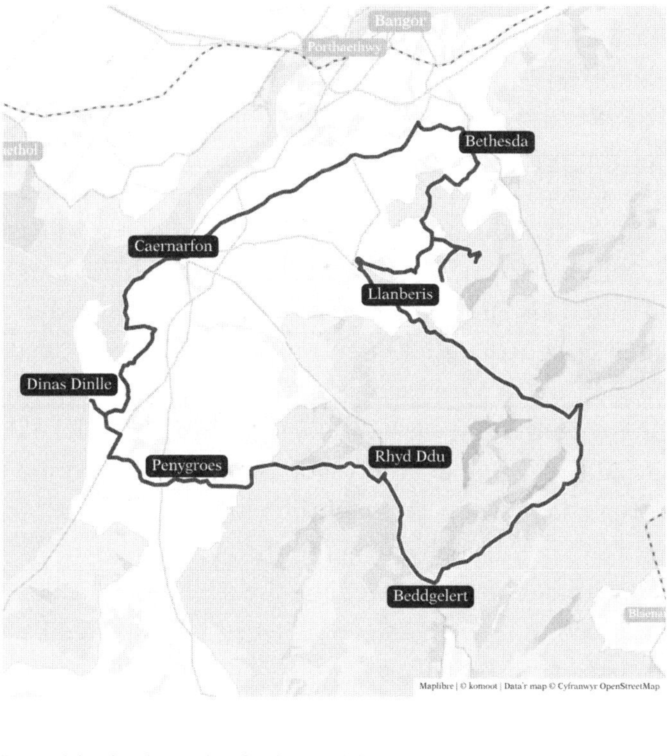

> "Roedd y byd yn rhy fychan iddo yntau. Trawai ei benelinoedd yn ei ffiniau o hyd."
>
> o *Traed Mewn Cyffion*, Kate Roberts[1]

DWI OND 'GO iawn' yn 'nabod Arfon drwy ei llenyddiaeth – wedi dod i arfer â darluniau o dlodi affwysol, darluniau sydd ar y cyfan yn llwydaidd, ond lle bo grug y mynydd yn dwyn peth lliw pan ddelo'r haf. Afraid dweud, cohort addysgiedig yr ardal o'r ugeinfed ganrif sy'n bennaf gyfrifol am hynny; moelni a hagrwch gwaith T.H. Parry-Williams, chwalfa Streic y Penrhyn (1900-1903) yng ngweithiau T. Rowland Hughes a Caradog Prichard, byd bach gwaith Kate Roberts. Mae lle teilwng i'r rhamantu yn eu gweithiau, wrth gwrs; am gymuned glòs, am fawredd y dirwedd. Yn wir, y berthynas, neu'r paradocs efallai, rhwng cyfoeth ysbrydol a thlodi materol yw'r hyn sy'n fy niddori fi fwyaf am eu gwaith.

O godi 'mhen o'r llyfrau a throi at y ddwy olwyn, dwi'n codi'r cwestiwn: sut le ydy'r Arfon 'go iawn'? I ba raddau y galla' i ddod i'w adnabod? Mae'r darlun cyfoes yn un sy'n parhau i adrodd stori o dlodi materol; yn ôl adroddiad yn 2023, er enghraifft, roedd y gweithiwr canolrifol sy'n byw yn Arfon dros fil o bunnoedd yn dlotach y flwyddyn na'i gyfatebwr cenedlaethol.[2] Serch hynny, mae yma swyddi â chyflogau uwch na'r cyfartaledd cenedlaethol, a'r rheiny wedi eu crynhoi mewn llond llaw o sefydliadau fel Ysbyty Gwynedd, y BBC, a Phrifysgol Bangor; ond cymudo i'r rhain o'r tu hwnt i Arfon, nid ymgartrefu yma, wna'r rhan fwyaf.[3] Mae chwarter ei thrigolion mewn swyddi gofal, hamdden, neu 'alwedigaethau elfennol', a chostau trafnidiaeth a gofal plant yn uwch na'r cyfartaledd yma.[4] Ond, mae yma hefyd undod a gweithgarwch wrth galon ei chymunedau, a hynny wrth wraidd mentergarwch o'r newydd.

*

Y dydd Llun ar ôl 'Steddfod Boduan ydy hi, a dwi'n cael fy hun yn gyrru drwy Eifionydd unwaith yn rhagor; ymgais i leddfu'r felan, efallai. Mae'n pistillio bwrw glaw, a rhybudd melyn mewn grym. Ychydig ar ôl Bryncir, dwi'n pasio arwydd sy'n dynodi 'mod i wedi croesi'r ffin i fewn i Arfon. Er fod defnydd swyddogol o'r enw wedi lleihau dros y blynyddoedd, a'r etholaeth yn San Steffan yn ymhollti i ymuno â Dwyfor Meirionnydd neu Fangor Aberconwy yn 2024, mae'r enw'n parhau i gael ei ddefnyddio ar lafar, megis ers canrifoedd lawer. Afon Gwyrfai yw'r wythïen drwy ei bod, gyda'r hen gantref wedi'i hollti'n ddau gwmwd: Arfon Uwch-Gwyrfai ac Arfon Is-Gwyrfai. Yn ei chwrlid, mae cadwyn mynyddoedd Eryri, a chopaon ucha'r genedl.

Y noson honno, dwi'n troi'r car i fewn i'r maes gwersylla sydd ag enw Cymraeg, wrth reswm – tynnu'r handbrec, a chael fy nghyfarch gan bwy dwi'n tybio ydy'r perchennog. Nid nepell o Fethel ydw i; yn y cyfrifiad diweddaraf, nododd dros 85% o'i phoblogaeth eu bod yn medru'r iaith.[5] Dwi'n diolch iddi am ddangos i mi lle i osod fy mhabell am y noson – mewn cae ar fy mhen fy hun, digwydd bod.

"Alright, my duck."

Dwi'n brysio i fynd i'w gosod, cyn iddi fynd yn rhy dywyll arna' i.

*

Dros nos, bu'r glaw'n rhyw hen bitian patian ar y babell, ond erbyn i mi ddeffro roedd yr haul yn brwydro drwy'r cymylau llwydion, ac ambell belydryn o wres yn gwingo'i ffordd drwy'r defnydd. Wrth i mi agor y sip a chymryd cip allan, mae'r olygfa o dywydd ansefydlog yn un sy'n gyfarwydd i Gymru mis Awst. Mae'r cymylau llwydion braidd yn fygythiol, ond does dim glaw ar hyn o bryd.

Dwi am gychwyn y gylchdaith ar gyrion Bethesda, yn Nhregarth, felly dwi'n codi pac a symud y car i'r cyffiniau hynny. Mae gwersi i'w dysgu o hyd; dwi wedi anghofio potel ddŵr a chôt law. I feddwl 'mod i'n seiclo ers dros ddeng mlynedd, mae'r ffaith 'mod i'n dal i adael pethau ar ôl yn ddigon i gynddeiriogi dyn. Rhestr sydd ei hangen arnat ti, Ruffudd.

Ta waeth, dydy Caernarfon, neu 'Dre', ddim yn rhy bell i 'nisychedu ac i lenwi'r stumog. Cyn belled â'i bod hi ddim yn bwrw.

Ond bwrw wnaeth hi, 'mwn. Dwi'n dychmygu'r cymylau 'na'n edrych i lawr yn ddilornus arna' i fel petaen nhw awydd grwgnach 'dyna dy ddysgu di'.

Wrth lwc, buan iawn yr ydw i'n cyrraedd Caernarfon, a'i rhwydwaith ffyrdd sy'n ddrysfa lwyr i mi. Yn y pen draw, dwi'n wfftio dilyn cyfarwyddiadau'r map ac yn dilyn fy nhrwyn; i lawr heibio Galeri, at y Marina a dilyn y ffrynt wedyn heibio i Borth yr Aur. Bob tro dwi yma, dwi'n sylwi ar aroglau cryf yr heli'n llenwi fy ffroenau, wrth adael i'r olwynion fy nghludo dros y geiriau cartrefol sydd wedi'u naddu i'r llawr.

Mae Caernarfon wedi'i hystyried yn lle arbennig byth ers codi Segontium, un o gaerau pwysica'r Rhufeiniaid, yn y ganrif gyntaf. Mae hefyd yn ganolbwynt i ddau o gwestiynau mwyaf dadleuol hanes Cymru. Y cwestiwn cyntaf: pryd y ganwyd cenedl y Cymry? Bydd rhai haneswyr yn dadlau mai llwyddiant Macsen Wledig i yrru lluoedd Rhufain o Segontium, ac felly o Gymru, yn 383, a roes enedigaeth i genedl y Cymry, ac yntau'n Dad iddi. Yr ail gwestiwn: pwy oedd yr olaf o dywysogion Cymru, ac oes gan y teitl 'Tywysog Cymru' hygrededd heddiw? Daeth y cwestiwn yma â gwrthdaro chwyrn i fywyd beunyddiol y Cymry yn yr ugeinfed ganrif, gydag arwisgo Charles yma ym 1969, ac i raddau llawer llai dadleuol, arwisgo Edward yma ym 1911.

Mae gan Gaernarfon le arbennig yng nghalonnau nifer;

hyd heddiw mae 'na ryw dynfa at fwrlwm y strydoedd culion, y tafarndai bychain a llif y Gymraeg sy'n gwau drwyddynt. 'Yma Wyf Finna i Fod', ys dywed geiriau Meirion MacIntyre Huws i gyfeiliant Geraint Løvgreen. Yn wir, mae'r geiriau hynny ymysg y rhai sydd wedi naddu i'r llawr ger Porth yr Aur, ynghyd â sawl llinell arall sy'n ysu am fynegi teimlad 'Dre'. Daw'r angen i ddefnyddio'r ffurf dafodieithol 'Finna' (er mwyn i'r gynghanedd sain weithio) i roi stamp Caernarfon ar y gân, fel y mae geiriau'r palmant yn rhoi stamp y Gymraeg yn weledol ar Gaernarfon. Porth yr Aur yn fétaffor gweddus; wele borth i brofi aur ein hiaith a'n diwylliant.

Wrth i fygythiad y glaw gilio rhywfaint, dwi'n eistedd ar y Maes; lleoliad arbennig i wylio a sylwi, i frecwasta, ac i gael paned gynta'r dydd. Mae hi bron yn ddeg, ac mae pâr o Americanwyr yn eistedd y tu allan i'r caffi; y naill â gwydryn o Chardonnay, a'r llall â pheint o lager. Daw'n amlwg eu bod nhw yma ar daith, ac wedi gweld, roedd llond býs ohonyn nhw, a'u hacen yn finiog ar yr awel. Mae'n braf bod ambell un yn edrych o gwmpas neu ymdawelu i wrando wrth i mi archebu yn fy mamiaith.

Wrth i mi hel fy mhac i gychwyn arni go iawn, mae'r haul yn cael gwell hwyl ar wthio drwy'r cymylau.

*

Roedd y coesau'n teimlo'n andros o ffres yn gynharach, ac wrth edrych i lawr ar y cyfrifiadur bach sy'n arddangos fy nghyflymder, roedd hwnnw ryw ambell filltir yr awr yn gynt nag y byswn i wedi'i ddisgwyl. Ond erbyn treulio arlwy'r brecwast, mae popeth yn teimlo'n drymach, y ffresni hwnnw wedi cilio o'r coesau, a'r pedalu ddim cweit mor rhwydd.

Yn hytrach na dilyn llwybr di-draffig hyfryd Lôn Eifion,

dwi'n parhau ar hyd y Foryd; yn penderfynu dilyn trywydd sy'n newydd i mi. Dwi'n hoffi'r sicrwydd dwi'n ei gael o lynu'n dynn at yr arfordir; does dim posib mynd ar goll wrth gadw'r Fenai ar y dde. Mae'r cymylau'n pwyso'n drwm ac yn isel ar gopaon Eryri yn y pellter. Pâr hynny gyfle i ddychmygu a breuddwydio; sut fyddai'r olygfa ar ddiwrnod braf, clir? Daw hefyd â'r sylweddoliad o gyfyngderau'r beic ffordd ystwyth, ond gwantan, yn fy ngafael. Ag offeryn o'r fath, fydda' i byth yn cyrraedd y copaon, ac felly mae isel eistedd y cymylau'n cynnig darlun realistig o'r uchelfannau y galla' i anelu atynt.

Daw'r lôn i ben ar groesffordd, ac yn y fan honno dwi'n troi i'r dde. Mae'r lonydd wedyn yn rhai culion a throellog, a dwi'n digwydd pasio Stiwdio Sain yn Llandwrog. Mae'n brofiad pori ar waliau'r lle; rhyfeddu at y llu o gerddorion sydd wedi pasio drwy'r union ddrysau hynny, a chyfoeth cynnyrch dros hanner can mlynedd. Llecyn sy'n rhoi llwyfan i gerddoriaeth Gymraeg gael ei chlywed; cerddoriaeth sy'n gyfle i rywun fynegi'i hun drwy gyfrwng y Gymraeg. Heblaw am hynny, fyddai tafarndai a chaeau 'Steddfod ddim yn orlawn â channoedd, os nad miloedd mewn rhai achosion, yn cyd-ganu a chyd-fyw yn yr iaith. Rhai caneuon oddi yma, wrth gwrs, yn ganeuon gwleidyddol a dylanwadol; 'Yma o Hyd', sy'n gyfarwydd i filiynau, yr amlycaf o'u plith mae'n siŵr, a hynny'n weddus o ystyried fod Dafydd Iwan ei hun yn un o gyd-sylfaenwyr Sain.

Nid ar hap a damwain yr ydw i'n dargyfeirio wedyn am Ddinas Dinlle. Mae cysylltiad cryf â'r cynfyd Cymreig yma; ei bryngaer yn dyddio'n ôl i ail gyfnod Oes yr Haearn, a hwnnw'n wynebu Caer Arianrhod, cartref arallfydol Arianrhod o bedwaredd gainc y Mabinogi. Hyd heddiw mae'r mwyafrif llethol o'i thrigolion yn siarad Cymraeg, ond ceir cyferbyniad nodedig wrth edrych ar enwau'r tai wrth ymadael. Cyfres o dai ag enwau Saesneg – Snowdon View, Dingle Nook, The Curlews – ac wedyn Pant y Gog, Dorlan y Môr ac Isfryn. Y cynfyd a'r newyddfyd yn cyd-fyw mewn lleoliad sydd ar un waith yn gartref ac yn gyrchfan ymwelwyr.

At ystâd Glynllifon y mae'r ffordd yn fy arwain wedi hynny, a phontio o ffordd Pwllheli i'r gylchfan sy'n mynd â fi am Ddyffryn Nantlle a phentref Penygroes. Yn anuniongyrchol, mae gen i brofiad o gyffiniau Penygroes drwy rai o'i brodorion a'i thrigolion (cerddi R. Williams Parry a chaneuon Bryn Fôn, er enghraifft), ond yn anad neb, yr ysgolhaig a'r geiriadurwr, Dafydd Glyn Jones – cyd-olygydd Geiriadur yr Academi gyda Bruce Griffiths – adnodd sy'n rhan o 'mywyd beunyddiol (wrth gwrs, mynd i wefan y geiriadur i ganfod y gair Cymraeg 'geiriadurwr' am *lexicographer* wnes i).

Yr unig brofiad uniongyrchol sydd gen i o Benygroes ydy colli 6-1 mewn gêm bêl-droed efo'r ysgol. Mae'r clwb lleol, Nantlle Vale, wedi hen wneud enw iddo'i hun am fod yn dîm caled byth ers y 70au pan oedd Orig 'El Bandito' Williams (reslwr weddill yr amser) yn chwaraewr-reolwr. Fe gafwyd ambell ffrae yn ein gêm ni hefyd; mi ddyliwn i fod wedi cau 'ngheg, wrth edrych 'nôl.

Yn y pentref ôl-ddiwydiannol hwn, mae twf yn niferoedd lletyau gwyliau ar y stryd fawr yn profi'n her. Yn ei hysgrif i *Welsh [Plural]*, daw Grug Muse â darlun real o ddirywiad y pentref a'i gymuned:

> Ac felly mae'r banciau'n cau. A'r cigydd. A'r siop gelfi. A'r ysgol. Mae'r llyfrgell ar agor ambell fore, ddwywaith neu dair bob wythnos. Does dim clwstwr yn ymgasglu wrth giât yr ysgol. Dim sgwrs am hyn a'r llall yn y ciw am y banc. Dydy'r trigolion mewn oed ddim yn sefyll ar riniog y drws

> ddim mwy – does neb yn mynd heibio, does 'na neb i'w gwylio. Caiff y plant eu danfon yn ôl a blaen i'r ysgol mewn amryw gerbydau, heb ymhel wrth y siop i brynu da-das, na chicio pêl yn erbyn waliau. Mae cymdogion yn ymbellhau o'i gilydd. Mae'r pentre'n troi'n gymuned o ddieithriaid.[6]

Mae hi'n cyferbynnu hynny, fodd bynnag, ag ysbryd cymunedol o'r newydd, ac ysbryd o ail-adeiladu. Mentrau cymunedol – yn ailwampio'r adeiladau gweigion, gan ddod â bywyd newydd i'r fro drwy weithgarwch a mentergarwch, sy'n allweddol i gadw cyfoeth yn y gymuned. Dwi'n sylwi ar hynny wrth basio deli sydd â golwg ffres a modern, i gyferbynnu rywsut â llymder a moelni'r dirwedd, sydd efallai wedi bod yn fwrn yn rhy hir.

Cyn cyrraedd pentref Nantlle, mae llecyn sy'n fagned i gamerâu: glannau Llyn Nantlle Uchaf, lle mae ambell i goeden wedi gwrthsefyll yr elfennau, a'n copaon uchaf ni'n gefndir. Fel yn gynharach, mae'r cymylau'n pwyso'n drwm, a daw cyfle y tro 'ma i gynnau corneli yn fy nghof am daith flaenorol ar ddiwrnod brafiach. I ddychmygu awyr las glir unwaith eto, a'r darlun perffaith o ddŵr a thir.

Oddi yno, dwi'n cael fy arwain i un o'r llecynnau hyfrytaf yng Nghymru ar ddwy olwyn. Mae'n ffordd dawel, yn esgyn yn bwyllog i ddechrau cyn codi'n serthach wedyn, ar ôl tipyn o ymdrech i roi cychwyn arni. Mae Drws y Coed yn ddringfa wirioneddol hyfryd ar feic; yn cynnig gwledd o ran ei golygfeydd heb ofyn gormod yn gorfforol. Ceir ambell beth i'n hatgoffa o'i gorffennol; agorwyd mwynglawdd copr llewyrchus yma yn y 18ed ganrif, bryd hynny'r tro cyntaf i ddiwydiant gyffwrdd y gogledd orllewin.[7] Daeth Arfon yn rhan bwysig, drwy Ddrws y Coed a Llanberis ac agor mân borthladdoedd megis ym Mhorth Penrhyn ger Bangor, o economi fwyfwy bywiog gafodd elwa o'r newydd o fasnach ar y môr, ar ôl bod yn ddibynnol ar fasnach â

Lloegr. Parodd Drws y Coed a'i 'aur', chwedl T.H. Parry Williams, yn un o'r mwyngloddiau mwyaf llewyrchus hyd y 1850au, ond darfod fu ei hanes fel y gweddill.

Daw'r ddringfa i'w phínacl wrth lannau Llyn y Dywarchen, yng nghanol y dirwedd anial sy'n fy amgylchynu wrth draed y mynyddoedd. Dwi wrth fy modd yma, ymysg eneidiau cyfeiliorn mewn man anghysbell, heb fod rhy bell o wareiddiad chwaith. Ym myd Parry-Williams.

*

> Wedi gweld Drws y Coed y gallwyd gweld y byd, ond rhaid oedd gweld peth ar y byd cyn iawn weld Drws y Coed.
>
> o 'Drws y Coed', T.H. Parry-Williams.[8]

Daw'r dyfyniad cofiadwy uchod i'm meddwl yn aml: heddiw, a minnau ym myd y bardd, mae'n cynnau sgwarnog o syniad i mi'i hel. Y llif i mewn, a'r llif tuag allan; mae'n naratif gyson yn yr ardal yma, boed yn ymwelwyr, yn weithwyr, yn y byd go iawn neu rhwng y cloriau. Mae'r cymeriadau sy'n gadael Arfon, naill ai o reidrwydd neu yn y gobaith o fywyd gwell, yn greiddiol i straeon mwyaf poblogaidd Kate Roberts, T. Rowland Hughes, a Caradog Prichard, y dwytha' o'r rheiny ei hun wedi ymadael am Lundain. Mae'n debyg mai Parry-Williams sydd, efallai, yn ymgorffori'r cyferbyniad o fynd a dod orau; y teithio a'r dychwelyd yn cyfoethogi'i waith yn ogystal â'i ddealltwriaeth o'i fyd. Mae'n sôn am yr emosiynau cryfion, y tu hwnt i'w amgyffred, wrth deithio'r byd – "Rwy'n wylo gan enw- Santa Fe"[9] er enghraifft – felly hefyd wrth ymrafael â'r dynfa at ei fro, megis yn 'Hon' a'i llinell ysgubol, "Duw a'm gwaredo, ni allaf ddianc rhag hon."[10] Yr awydd i adael, a'r awydd i ddod yn ôl; dwy ochr i'r un geiniog ydy crwydro a dychwelyd, chwedl Angharad Price.[11]

Gorwelion llawer iawn culach a geir ym mhortread dirdynnol Caradog Prichard o gymuned sy'n ymdebygu i Fethesda yn ei nofel fawr *Un Nos Ola Leuad*. Yn y gymdeithas dlawd a bortreadir, ceir y symboliaeth estynedig honno o'r Lôn Bost – un o unig gysonion y nofel – sy'n lleoli'r gwaith yn y Pentra:

> I feddwl bod yna amsar pan oeddwn i ddim yn gwybod i ble'r oedd Lôn Bost yma'n mynd ar ôl pasio Pen Llyn Du.[12]

Mae'r cyfleon i ddianc oddi yno'n brin, a darlunnir byd hapusach y tu hwnt; tynghedwyd yr adroddwr i fyd bach trasiedi'r stori.

Honnir gan nifer fod rhamant a delfryd yn amlycach yng ngwaith 'Brenhines ein Llên', Kate Roberts, o Rosgadfan, a hynny'n tynnu oddi ar hygrededd ei phortreadau yn nhyb rhai, Saunders Lewis yn eu plith. Mae digwyddiadau *Traed Mewn Cyffion*, er enghraifft, yn brawf fod y straen a achosid gan realiti tlodi'r oes honno yn ymestyn y tu hwnt i straen ariannol yn unig. Ansefydlogrwydd cyflog chwarelwr sy'n rhoi dyfodol addysg Owen yn y fantol, ac er mwyn chwalu ffiniau ei fyd, mae Twm yn rhoi ei fryd ar ddianc i'r rhyfel.

Gan gamu 'mlaen i'r ganrif hon, ni cheir gorwelion llawer culach na'r rhai a osodir yn y nofel ôl-apocalyptaidd *Llyfr Glas Nebo*, gan Manon Steffan Ros, ei hun yn wreiddiol o Riwlas. Lleolir y nofel yn Arfon, fel un arall o'i gweithiau, *Llechi*, a'r ddwy nofel yn ymdrin â'r un gorwelion, yr un cymunedau, ond mewn cyd-destunau cyfoes neu ddyfodolaidd. A dyna gyflwyno paradocs arall: *Llyfr Glas Nebo*, lle mae byd y nofel â'i gorwelion mor gyfyng, yn chwalu tresi, yn ymestyn gorwelion daearyddol llên Gymraeg gyfoes. Fe'i cyfieithwyd i sawl iaith, ac enillodd y fersiwn Saesneg wobr Carnegie, sy'n cael ei hystyried fel y wobr fwyaf ei bri ym myd llenyddiaeth pobl ifainc. Mi rois i gopi Sbaeneg ohoni i fy athrawes Sbaeneg yn y coleg, a hithau wedi dotio at eglurder y dweud.

Mae'r paradocs yn amlygu'i hun yn y gweithiau eraill Arfonaidd dan sylw, os caf i fathu'r fath derm. Gwthiodd bydoedd bychain y nofelau hyn orwelion y byd llenyddol Cymraeg, gan agor y drws i themâu ac arddulliau beiddgar nas gwelwyd yn flaenorol, ac sydd wedi dylanwadu'n drwm ar drywydd ein llên. Kate Roberts a'i rebel o gymeriad, Wini Ffini Hadog, a'i hymdriniaeth fain o wleidyddiaeth; Caradog Prichard a'i arddull llif yr ymwybod, cignoethni'r dweud yn enwedig yng nghyd-destun salwch meddwl, herio'r sefydliad crefyddol. Ai dyna wir grefft, neu o leiaf waddol, y llenorion hyn – creu byd bach, cyfarwydd, ac oddi mewn iddo, wthio ffiniau'n byd llenyddol?

*

Dwi'n teimlo fod y gwynt yn fy hwyliau i bellach; dringfa nodedig gynta'r dydd wedi'i chwblhau, a chyfle i ymadfer rhywfaint ar y disgyniad o Ryd-ddu i Feddgelert – pedair milltir ffyddlon Parry-Williams. O'r pot mêl twristaidd hwnnw, mae ail ddringfa'r diwrnod yn fy wynebu, sef y ddringfa drwy Nant Gwynant i fyny am Fwlch Llanberis, neu Pen y Pass. Mae'n dechrau ar lannau Llyn Dinas, ar ôl pasio hen safle Dinas Emrys ar y chwith, â'i hanes a'i chwedloniaeth yn deffro'r dychymyg. Ceisiodd Gwrtheyrn Fradwr, brenin Prydain yn ystod ymweliad cyntaf y Saeson ac "un o gymeriadau anffodusaf hanesyddiaeth ynys Prydain"[13], godi castell ar y bryncyn yma. Roedd ei ymdrechion yn ofer – oddi tano'r sylfeini, ceid ymryson ddidrugaredd y ddraig goch, yn cynrychioli'r genedl Frythonaidd, a'r ddraig wen, yn cynrychioli estron genedl y Saeson. Daeth problem fwy i wynebu Gwrtheyrn, fodd bynnag, sef gwrthryfel Emrys Wledig, ac yntau'n dial gwaed ei dad a'i frawd (llofruddiodd Gwrtheyrn hwy i ddwyn y goron, dyna pam y'i gelwid yn Fradwr). Fel proffwyda Myrddin Emrys y Dewin, lladdwyd Gwrtheyrn drwy gael ei losgi'n ei gaer gan Emrys Wledig. A dyna esbonio enw Dinas Emrys.

Mae'r cilometrau agoriadol, yng nghysgod y coed o'i chwmpas, yn rhoi cyfle i gynhesu'r coesau erbyn glannau Llyn Gwynant. Bryd hynny, mae'r gwaith dringo'n dechrau go iawn, ac mae'n cymryd tipyn go lew o ymdrech i ddod i arfer â'r graddiant. Ond wedi ymgyfarwyddo, dwi'n dechrau teimlo rhywfaint o fwynhad. Wrth i'r cymylau ymgasglu'n brysur o gwmpas copa'r Wyddfa, ymgasglu hefyd wna'r torfeydd ar frig fy nringfa i, a throed eu dringfa hwythau am yr Wyddfa, un o fynyddoedd mwyaf poblogaidd ynysoedd Prydain. Yn anorfod felly, mae llif y traffig ac egni diderfyn y ceir ffansi'n torri ar berffeithrwydd y llecyn hwn i seiclwr fel fi; yn pylu rhywfaint ar y wefr o'i dringo. Ond dwi'n mynnu cadw meddylfryd bositif; mae fy meddwl yn cael ei arwain gerfydd atgofion melys o ddringo rhai o ddringfeydd y Tour de France yn yr Alpau. Yn wir, mae 'na ryw deimlad felly am y ddringfa drwy Nant Gwynant. Y gallu i weld y stribyn tarmac yn nadreddu tua'r bwlch, gan afael yn dynn ar ochr y llechwedd, ac ar y bwlch hwnnw, rhyw ymgasgliad o dwristiaid. Dwi'n dechrau teimlo rhyw newid yn yr awyrgylch wrth ddynesu at y bwlch ar ôl troi i'r chwith ar y gyffordd; tynfa'r copa bron fel magned yn fy annog i droi'r pedalau ryw fymryn yn galetach am fod y diwedd o fewn golwg.

Byddai rhywun efallai'n disgwyl i Pen y Pass fod ymysg deg dringfa uchaf Cymru i seiclwyr ffordd. Ond dim ond i ryw 360m uwchlaw'r môr ydw i wedi ei gyrraedd, tra bo'r deg dringfa uchaf i gyd yn brolio bod uwchlaw 500m. Felly, o ystyried yr holl waith dringo sydd eto i'w gyflawni gan y cerddwyr oll, dwi'n parhau ar y disgyniad chwim i lawr drwy Nant Peris yn smỳg i gyd.

Ar ôl chwifio ar Gastell Dolbadarn, mae 'nghinio fi, gobeithio, yn aros amdana i yn Llanberis. Dwi'n troi am y stryd fawr heibio bwrlwm yr orsaf drên, ac yn gobeithio glanio yn yr un caffi ag ydw i'n mynd iddo fel arfer, ond mae'n ymddangos yn llawn dop: *"there's a half-an-hour wait for food"* medd y ddynes wrth y til wrth y cwsmer o 'mlaen, a'i hacen leol yn drwch dros y geiriau. O weld fod y caffi nesaf wedi cau, dwi'n parhau i chwilio, ac yn y pen draw yn dod ar draws deli bach sy'n ymddangos yn reit newydd. Dwi'n gofyn am gawl yn Gymraeg, ond mae'r dyn wrth y til yn ymddiheuro am beidio â bod yn ddigon dewr i'm hateb i cyn troi i'r Saesneg. Dwi'n falch o gael bachu rhywbeth i'w fwyta a'i yfed, ac yn mynd allan i eistedd ar y stryd. Mae llawer o ymwelwyr yn pasio heibio, yn ôl y disgwyl, ac ambell air o Gymraeg i'w glywed o bryd i'w gilydd. Efallai 'mod i wedi disgwyl neu obeithio clywed mwy o'r Gymraeg, ond dwi'n atgoffa'n hun ei bod hi'n un o gyfnodau prysur y tymor twristiaeth. Mae'r diwydiant ymwelwyr wedi bodoli yma ers ail hanner y ddeunawfed ganrif, pan y trowyd "bryniau ysgythrog Gwynedd yn gyrchfan Saeson, ac Eryri 'yn un o labordai cynnar y diwydiant twristaidd byd-eang'."[14] Bygythiad gor-dwristiaeth yw'r her a'r pryder yma heddiw; bydd mesurau'n ei erbyn, fel codi treth ymwelwyr, yn codi nyth cacwn bob tro, a'r drafodaeth yn sydyn iawn yn troi'n elyniaethus.

Ar ôl ymadael â'r pentref, dwi'n troi ar y gylchfan

newydd er mwyn mynd dros bont Penllyn (nid Pont Pen y Llyn fel y gwnaeth rhywun lleol fy nghywiro rywdro), lle daw un arall o'r llecynnau lluniau poblogaidd hynny'n fyw. Ambell gaiaciwr a phadlfyrddiwr yn hamddena ar lyn Padarn yng nghôl y mynyddoedd. O fanno, mae 'na ffordd fach gul yn troi am bentref Fachwen, ac arwydd yn nodi nad ydy hi'n addas i gerbydau trymach. Dyma'r math o arwydd sy'n peri teimladau cymysg i seiclwyr; cyffro'r her, a phwysau'r ymdrech.

Dyma ddringfa gul, serth, ac mae wyneb y ffordd yn ansefydlog, sy'n ei gwneud hi'n anos byth i oresgyn y graddiannau ar brydiau. Mae'r golygfeydd tua'r mynyddoedd o 'mlaen a'r olygfa i lawr tua Llanberis yn gosod rhyw fath o linyn mesur o faint o ddringo sydd wedi'i wneud, a faint ohono sydd ar ôl.

Ym mhen draw'r lôn, mae cwpl o droeadau i'w cymryd wrth Lodge Dinorwig er mwyn parhau â'r gwaith dringo ymhell o bob prysurdeb. Wrth lwc, mae cyfle am ennyd o ymadfer cyn i'r gwaith dringo ailgydio, a hynny ar y ddringfa i Marchlyn Mawr.

Er mwyn cael mynediad at y rhan yma o'r byd, mae'n rhaid hoistio'r beic dros y giât sy'n rhwystro mynediad ceir, ac o hynny, daw'r beic yn docyn mynediad inni drwy borth i fyd caeëdig, breintiedig. Yn sefyll yn awdurdodol iawn ar ryw fryncyn bach wrth y giât, mae dafad yn ymddwyn fel porthmon, a'i bref yn rhoi'r argraff nad ydy hi'n rhy fodlon 'mod i'n cael mynediad i'w byd hi. Yn y byd hwnnw, cawn fynediad at ddwy ddringfa, ac un ohonynt yn llwybr tarmac uchaf Cymru; y ddringfa uchaf sy'n addas i feic ffordd fel f'un i. Mae'n esgyn i 643m uwchlaw lefel y môr (2,109 o droedfeddi), sydd gryn dipyn yn uwch na'r ffordd gyhoeddus uchaf yng Nghymru (Bwlch yr Efengyl yn sir Fynwy, 549m/1,801tr).

Dyma ddringfa arall sy'n gofyn tipyn o'r rhai sy'n fodlon ymgymryd â hi, yn enwedig o gofio fod y dringo wedi cychwyn yr holl ffordd i lawr ar lan y llyn. Ond er fod y graddiannau'n serth, mae'n brofiad gwefreiddiol, ac mae 'na'n sicr ymdeimlad o fraint wrth gael troi'r pedalau'n araf yn erbyn y llethr. Ar ôl un tro yn y lôn, mae rhywun yn cael teimlad cynnar o gyflawni o gyrraedd glan llyn Marchlyn Mawr, ond yna mae ychwaneg o ffordd yn ymrithio, a'r gwaith dringo'n parhau. Nid am yn rhy hir, fodd bynnag, a cheir gwobr o olygfeydd yn ymestyn ymhell tua'r gogledd orllewin, a'r llyn yng nghanol y llun. I fyny fry, mae'r copaon yn gwneud siâp sy'n ddigon tebyg i ddannedd y sbroced fwyaf ddefnyddiais i gyrraedd yma, ac ambell i forgrugyn o gerddwr yn ymgymryd â phedol yr Wyddfa. Diwedd addas i bum milltir cyfan o ddringo.

Mae'r coesau'n dechrau gwegian bellach, a thros hanner can milltir heriol eisoes wedi'u pedalu. Ond, o bob braint daw dyletswydd, a'r dyletswydd y tro hwn i wneud y gorau o'm hamser yma wrth droed yr Elidir Fawr. Dwi'n disgyn rhywfaint cyn bod tro i'r chwith a'r ffordd yn codi'n sydyn o 'mlaen. O wybod fod y wobr yn un hael ar ddiwedd y ddringfa hon, dwi'n penderfynu'i bod hi'n werth yr ymdrech.

Wrth lwc, dydy hi ddim yn ddringfa ry hir. Er yn serth ar adegau, mae 'na olygfeydd i'w cael sy'n gwneud y gwaith pedalu'n fwy melys, a dau dro pedol sydd eto'n dwyn pensaernïaeth ffordd Alpaidd i gof. Ac o gyrraedd y diwedd, a nodir gan giât fawr fygythiol *'Dinorwig Surge Pond'*, gellir edrych yr holl ffordd i lawr at Lyn Padarn, lle cychwynnodd y gwaith dringo, a'r holl gopaon mawreddog sydd fel caer o'i gwmpas. Ac yn yr uchelfan hwn, mae gwaelodion y cymylau yr o'n i'n edrych arnyn nhw gynnau yn goglais fy nghorun, a minnau wedi cyrraedd nod yr anelu'n uchel.

Melysach eto yw'r disgyniad wedyn yn ôl am Dregarth, ac er i mi gael trafferth yn dod o hyd i'r car bach coch i ddechrau, dwi'n dod o hyd iddo yn y diwedd, ac yn arbed y reid i gof y cyfrifiadur.

*

Dwi'n ymuno â'r A5 ym Methesda – nid heb lwyddo i stolio – cyn cychwyn ar y daith am adref drwy Nant Ffrancon a'r gweddill. Dwi'n pori drwy gasgliad CDs Dad, ac yn penderfynu mai *Mwng* (2000), albwm pellgyrhaeddol Super Furry Animals, yw'r dewis mwyaf addas. Efallai y caiff llwyddiant yr albwm a'r grŵp i ymestyn gorwelion y sîn Gymreig a Chymraeg ei grisialu orau gan adolygiad tair-seren o'r Guardian:

> *Super Furry Animals' long-threatened Welsh-language album is finally here, satisfying their oft-stated desire to sing in their first language, and everyone else's curiosity about how their ethereal harmonies would sound without the benefit of vowels. Though essentially a grumpy two fingers waved in the direction of the English-speaking world (song titles etc are defiantly untranslated), Mwng contains some of their prettiest work.*[15]

Nid hon yw'r gân sy'n mynd i... ladd yr ystrydeb am lafariaid, mae'n amlwg. Nid Gruff Rhys, chwaith, mo'r unig gerddor dylanwadol o ddalgylch Bethesda, neu Arfon yn fwy cyffredinol. O'r grŵp pop Cymraeg cyntaf, Triawd y Coleg (1940au), i Hogia Llandegai yn y 50au, Hogia'r Wyddfa a'u dechreuadau yn y 60au, ac wedyn at Maffia Mr Huws a Steve Eaves o'r 80au ymlaen, a Beganifs/Big Leaves dros y 90au a thro'r ganrif – heb anghofio chwaith am boblogrwydd digwyddiad byw Pesda Roc, sefydlwyd ym 1983 – mae Arfon wedi profi'n fagwrfa i rai o'n cerddorion mwyaf dylanwadol, ac felly'n ganolbwynt i'n cerddoriaeth gyfoes. Ers tro'r mileniwm, mae '*y* band mawr' i hedleinio gigs mwya'r calendr wedi'w ganfod yn Arfon yn amlach na pheidio... Sibrydion, Derwyddon Dr Gonzo, Y Bandana, Celt, a Bwncath yn fwy diweddar (a heb anghofio mor aml y mae Bryn Fôn yn llenwi'r llwyfan yn dal i fod). Y tu hwnt i'r prif lwyfannau a'r partis mawr, mae'r gofod gwerin a gwerin amgen, er enghraifft, wedi bod yn nwylo medrus brodorion Arfon, gyda gwaith blaengar Lleuwen Steffan ar emynau; Lisa Jên a 9bach a'u hymestyn i gyfeiriadau cerddorol lu; a'r chwiorydd Martha ac Elan Rhys a'u brawd Gwilym Bowen Rhys, boed yn brosiectau unigol, neu'n taenu harmonïau clòs, prydferth dros alawon gwerin traddodiadol a chyfansoddiadau gwerinol dan yr enw Plu. Mae 'na 'rywbeth yn y dŵr', mae'n amlwg.

I gloi felly, sut mae cymodi'r cyferbyniad o dlodi materol a chyfoeth ysbrydol, diwylliannol? Mae'r ateb i'w gael yn y cysylltiad hanesyddol rhyngddynt. Y bri mawr ddaeth i ganu crefyddol wedi Diwygiad 1904, yn sgil Streic y Penrhyn; y mewnlifiad a'r twf yn y boblogaeth, o ganlyniad i'r diwydiant, a olygai fod dylanwadau cerddorol yn eang a chyfoethog; y canolfannau diwylliannol a agorwyd gan y chwarelwyr, a hynny'n arwain at ffurfio'r holl fandiau pres – traddodiad uchel iawn ei fri yn y dyffrynoedd diwydiannol.[16] Gosodwyd seiliau cerddorol rhagorol yma genedlaethau'n ôl erbyn hyn, felly, ac rydym ni'n dal i brofi ffrwyth hynny. Ond y gwir amdani hefyd ydy fod sawl un o'r traddodiadau hyn, y canu crefyddol a'r bandiau pres yn enwedig, ar drai.

Dwi wedi dod i gydnabod, ar fy nhaith i geisio dod i

adnabod y fro hon yn well, fod posib bod gwedd wahanol i'r llanw o bryd i'w gilydd, ac nad ydy trai yn rhywbeth y dylid ei ofni bob tro. Dwi wedi dod i ddyfnhau fy nealltwriaeth o ba mor gyfoethog ydy'r ardal yma mewn cynifer o ffyrdd, yn enwedig os ydych chi, fel fi, yn gwirioni ar lenyddiaeth a barddoniaeth a cherddoriaeth. Ond mae 'na freuder yma, mae 'na ansefydlogrwydd yma, fel yn y cymylau sy'n ymgasglu dros lyn Ogwen wrth i mi fynd heibio. Efallai mai'r her hyd heddiw, fel yng nghrombil Dinas Emrys, yw codi amddiffynfeydd yn wyneb yr ymryson sy'n mynd rhagddo dan yr wyneb.

Cychwyn: Tregarth
Gorffen: Tregarth
Pellter: 103km (64 milltir)
Dringo: 1,500m (4,920tr)
Amser gymerodd i mi, heb gynnwys egwyl: 5 awr

yn sir Fôn

Heddwch hon

Dydd Mawrth, 11eg o Fehefin, 2024

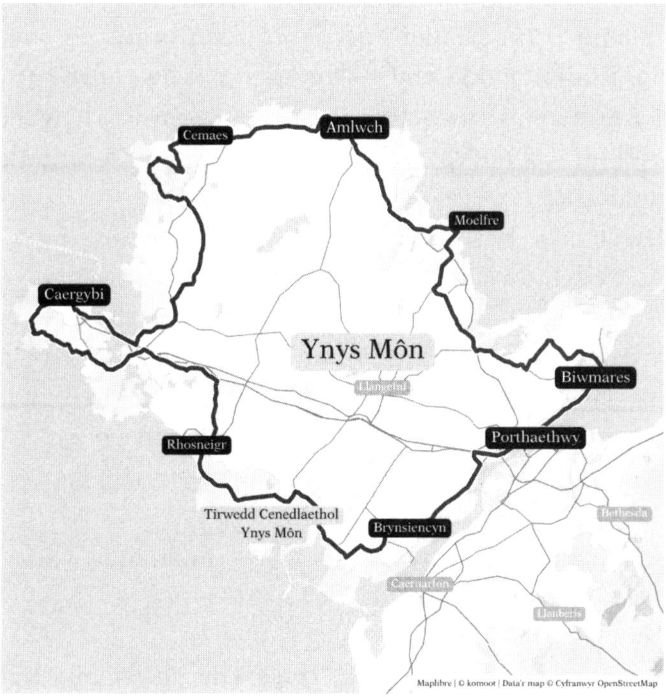

Goror deg ar war y don, – hafan gynt
A fu'n gaer i'w glewion.
Nawdd roddes i Dderwyddon,
Mae eu llwch yn heddwch hon.

'Môn', William Morris[1]

Daw hyfryd fis Mehefin... ond duwcs, pan ma'n cyrraedd, 'di'r tywydd byth yn sbesh, nac'di?

Yn setlo i ryw *mediocrity*, rhyw ganoligrwydd.* Popeth yn rhyw hen lwyd golau, ysgafn, heb fod yn ormod o fwrn, ond heb ysbrydoli chwaith.

Dwi'n teimlo bach 'run fath. Dwi'n dod adre ar ôl cyfnod i ffwrdd, a dwi'n setlo'n ôl i ryw gyflwr o ganoligrwydd. Bodlondeb ydy o, ma' siŵr. Pan dwi oddi yma, dwi'n cael fy lluchio o un pegwn emosiynol i un arall, yn cael fy herio. Efallai 'mod i rhy gyfforddus pan dwi adre'? Dwi'n dod i grefu am rywbeth i ddod i'm herio fi, rhywbeth i wneud i fi *deimlo*, rhywbeth i wneud i fi garu a hiraethu a chynddeiriogi.

Dwi'n cicio fy sodlau am ryw wythnos dda...

Ac wedyn dwi'n cofio bo' genna'i lyfr i'w sgwennu.

A dwi wedi ffeindio fy *raison d'être* unwaith eto.

Yn ddiarwybod i mi fy hun, dwi wastad yn troi at y ddwy olwyn mewn cyfyng gyngor. Mae o jyst yn digwydd. Pan symudais i dramor gynta', mi oedd dod o hyd i feic yn... wel, hwyrach fod achubiaeth yn air rhy gryf. Ond daeth y beic yn gerbyd bodlondeb.

A dyma fi eto, yn troi at y beic a minnau mewn angen.

Mewn angen, medde' fi. *First world problems* os glywais i ffasiwn beth.

Dwi'n anobeithio yn y byd a'i wae. Ydw i'n gwneud digon? Ydw i'n gallu gwneud unrhyw beth, mewn gwirionedd?

Â hyn oll fel gwaddod yn fy mherfedd, dwi'n mynd ar drywydd heddwch. Heddwch y tu mewn i mi, yn rhywle. Chwilio am y canol llonydd distaw, chwedl Steve Eaves.

Heddwch ar ddaear lawr, gan ddechrau'n fy nghalon i.[2]

A dyma fi'n mynd felly am sir Fôn.

---

* Dyma sydd yng ngeiriadur Bruce, a ma'n grêt, dydi?

*

Ar gyrion Porthaethwy ydw i. Hen dywydd digon llipa gafwyd ar y daith i gyrraedd yma – y rhagolygon yn gytûn mai diwrnod cymylog oedd ar y gweill, a'r tebygolrwydd y daw hi i'r glaw tua 10%. Ond wrth gwrs, bu'r glaw'n curo ar do'r car am ran helaeth o'r daith drwy galon Eryri, heb ddangos unrhyw arwydd o drugaredd. Mi wnes i sylwi wrth gyrraedd y car pa mor gythreulig o oer oedd hi hefyd; y dewis dillad yn ddigon gaeafol yn ei drwch a'i allu i wrthsefyll dŵr.

Wrth ddringo allan o'r car i roi'r olwyn flaen yn ôl yn ei phriod le a pharatoi'r beic a minnau am ein taith ynghyd, mae'n dod yn gawod go drom, felly dwi'n 'mochel am sbel i aros iddi ostegu fymryn.

O wneud hynny, daw cyfle i gwestiynu o'r newydd pam aflwydd wnes i ddewis seiclo fel hobi.

Ond mae 'na aroglau cyflawniad ar y gwynt. Dwi o'r diwedd wedi dod o hyd i fymryn o awch; awch i gyflawni bwriad. Felly wrth i'r glaw ymddangos fel pe bai'n ysgafnu, o leia', dwi'n cymryd y naid a chychwyn arni.

Taith gylch sydd gen i mewn golwg: un cylch mawr o amgylch yr ynys, hafan y dydd. I raddau helaeth felly, y bwriad yw dilyn ei hamlinell, dilyn y don. A gan nad ydy Môn yn *rhy* fawr, fydd yr holl dir yng nghanol y cylch fyth yn rhy bell i ffwrdd, fyth yn angof. Am ba bynnag reswm, mynd i'r cyfeiriad gwrth-glocwedd yw'r dewis; yr unig fanteision wela' i o wneud hynny ydy fod diwedd y daith yn ddigon gwastad a chyflym, a bod dros hanner y daith wedi'i chwblhau erbyn cyrraedd Caergybi, lle mae 'na ddigon o gyfle am ginio ac i ddiwallu unrhyw angen arall.

Dydw i ddim yn gyfarwydd iawn â thiroedd Môn, y 'gaer i'w glewion', a'r gobaith heddiw, felly, yw goglais blaenau 'nhraed yn ei dyfroedd. Bron bob tro y bûm i yma o'r blaen, roedd fy nwy olwyn yn agos ata' i. Pan o'n i'n iau, roedd dod i gymryd rhan yn y Tour de Môn, taith feics wedi'i threfnu ym mis Awst, yn ddefod flynyddol am sbel, ac mi alla' i gofio seiclo i Langefni o adre' i wylio fy chwaer yn chwarae rygbi unwaith. Dyna hyd a lled fy mhrofiad o Fôn cyn heddiw.

Ond mi'r oedd hynny'n ddigon i wybod dau beth pwysig. Rhif un: dydy sir Fôn ddim yn fflat. Waeth be glywch chi, mae 'na reswm bod yr ardaloedd arfordirol yma'n rhwystredig o flinderus i seiclwr. Bron fel pe bai'r tir yn efelychu'r tonnau, mae'n teimlo fel petaech chi un ai ar i fyny neu ar i lawr yn ddi-baid. Rhif dau: gwynt. Mae bod ar ynys yn golygu'ch bod chi'n llawer iawn mwy tebygol o deimlo'r gwynt, boed yn gwthio'n eich herbyn neu'n eich gwthio chi 'mlaen. "Braf ac ofnadwy yw gwynt Môn," chwedl Bobi Jones.[3]

Wrth gychwyn y daith gan anelu tua Biwmares, dwi'n difaru'n syth nad ydw i wedi dod â menyg gaeaf efo fi. Mae'r oerfel yn brathu drwy 'mysedd wrth geisio osgoi'r gwaethaf o'r pyllau dŵr, heb fod yn boen i yrwyr y tu ôl i mi. Roedd y cwestiwn yna o ddewis gwael o hobi'n dal i hofran, o ystyried 'mod i'n barod yn gwlychu ac yn oeri ag ond ychydig o filltiroedd y tu cefn i mi. Mi allai droi'n ddiwrnod hir ac annifyr pe bai'n aros fel hyn; ond, cofiwn, dim ond tebygolrwydd o 10% sydd ar gyfer glaw. Mi basith. Mi godith.

O gyrraedd Biwmares, mae ei lliwiau hafaidd yn pylu'n y llwydni a'r gwlybaniaeth, ond mae ei chastell mor drawiadol ag erioed. Fe'i hystyrir yn un o'r enghreifftiau perffeithiaf yn Ewrop o gastell consentrig, ac roedd yn un o'r cestyll a adeiladwyd gan Edward I wedi rhyfel 1282. Gorfu i Gymry brodorol Llanfaes symud i Niwbwrch i ryddhau lle a deunyddiau ar ei gyfer.

Rŵan, pe na bawn i'n ceisio dod i 'nabod Môn fymryn gwell a phe bai amser yn fwy o rwystr, y peth mwyaf synhwyrol i'w wneud fyddai troi i'r chwith yng nghanol y dre' a dilyn y ffordd i Bentraeth, gan mai am fanno dwi'n anelu. Yn hytrach na gwneud hynny, fodd bynnag, dwi'n cario 'mlaen pen pella' i Fiwmares, gan fynd tuag at Lanfaes a dilyn yr arwydd am yr eglwys.

Yn y fan yma, ym 1237, y codwyd mynachlog y Brodyr Llwydion, sef Urdd Sant Ffransis, gan Lywelyn Fawr yn unol â chais ei wraig, Siwan, merch ordderch i John, Brenin Lloegr. Mae cymod yn rhan fawr o stori Siwan. Tyngodd Llywelyn lw o ffyddlondeb i John ym 1201 a phriododd â Siwan ym 1205. Mae hanes ei charwriaeth â Gwilym Brewys, arglwydd Brycheiniog, a rhagrith Llywelyn yn ei ymateb, wedi cydio yn nychymyg y Cymry byth ers hynny. Canfuwyd Gwilym a Siwan yn cydorwedd tua'r Pasg 1230; cadwyd Siwan mewn tŵr am flwyddyn gron yn gosb, a chrogwyd Gwilym yn gyhoeddus ym mis Mai yr un flwyddyn. Ymddengys i Siwan a Llywelyn gyrraedd cymod yn y pen draw: daeth Siwan i ymwneud yn fwyfwy â diplomyddiaeth o'r newydd. Ym 1226, derbyniwyd ordeiniad gan y Pab, yn cyfreithloni statws Siwan fel merch i John, a thrwy hynny olyniaeth ei mab hi a Llywelyn, Dafydd, yn nhywysogaeth Gwynedd; a ganwyd merch iddynt ym 1231. Credir mai un o brif delerau'r cymod hwnnw, o du Siwan, oedd iddi gael ei chladdu yn heddwch Môn, yma yn Llanfaes.

Erbyn heddiw, mae'r cymod heddychlon hwnnw wedi'i dorri. Ym mhorth Eglwys y Santes Fair ym Miwmares y mae arch Siwan i'w gweld bellach; cafodd ei symud yno yn y 1800au ac yn yr ugeinfed ganrif bu i'r Bwrdd Dŵr godi safle carffosiaeth ar yr union fan lle'i claddwyd hi.

Ond yn awr ein glendid ni
dry'r heddwch yn fudreddi
a baw cywilydd bywyd
dros ddaear galar i gyd...

Tudur Dylan Jones.[4]

Dwi'n dibynnu tipyn go lew ar ddilyn fy nhrwyn heddiw, am fod y cyfrifiadur bach wedi torri, ac am sbel go hir does gen i fawr ddim syniad o le'r ydw i nag i le'r ydw i'n mynd. Ond dwi'n gwybod mai Llanddona sydd nesaf ar ôl Llanfaes. Dwi'n gwybod hefyd mai Llanddona fydd y pwynt uchaf ar y daith, ac y bydd angen dringo i gyrraedd yno. Bydd sawl seiclwr yn achwyn am yr allt i gyrraedd y pentref o gyfeiriad y gogledd; gan gychwyn o lan y môr, mae arwydd 35% i'ch croesawu i'r dasg. Dyma'r unig allt yn sir Fôn i deilyngu lle yng nghyfrol Simon Warren o ddringfeydd i seiclwyr yng Nghymru. Wrth lwc, dydw i ddim yn gorfod taclo graddiannau o'r fath yn dod o Lanfaes, er fod y gwaith dringo hyd lôn gefn gul Lôn Cae Mawr yn ddigon i mi gael cynhesu rywfaint yn oerfel Mehefin.

Ar ôl troi i'r chwith yn Llanddona dwi'n anelu'n ôl wedyn am y prif lif, y llwybr mwy cadarn, fel petai, wrth gyrraedd Pentraeth. Dwi'n sylwi am y tro cyntaf heddiw ar blacardiau pleidiol, yn wyrdd a melyn yn bennaf, sy'n atgoffa rhywun o'r rhialtwch etholiadol sy'n rhygnu 'mlaen yn y cefndir. Wrth i etholaethau Cymru gael eu cywasgu o 40 i 32, mae Ynys Môn yn un o'r unig rai i gael imiwnedd o'r newid ffiniau, a hithau wedi'i gwarchod rhag hynny gan ei bod â statws arbennig fel ynys. Sonnir amdani fel un o'r etholaethau lle bydd y frwydr am y sedd ar ei ffyrnicaf; y Ceidwadwyr am ddal eu gafael, a Llafur a Phlaid Cymru'n daer amdani hefyd. Mae'r sedd wedi newid dwylo'n gyson dros y blynyddoedd, ond rhwng 1951 a 2019, ni fu i Aelod

Seneddol Môn golli ei sedd mewn etholiad cyffredinol (dim ond dewis rhoi'r gorau iddi, hynny yw) – dim ond 5 aelod gwahanol etholwyd mewn 19 etholiad yn y cyfnod hwnnw.[5]

Ta waeth am wleidyddiaeth, dwi'n cyrraedd yr A5025 am y tro cyntaf ym Mhentraeth, a bydd y lôn yma'n profi'n rhyw fath o angor wrth ddilyn yr arfordir. *Dyw Benllech ddim yn nefoedd, 'nenwedig yn yr haf*, felly yn lle dilyn y brif lôn i'r cyfeiriad yna, gyda Traeth Coch ar y dde i mi, dwi'n troi am i mewn gan fynd drwy Lanbedr-goch. Roedd cadarnle Llychlynnaidd go sylweddol yma – roedd hi'n un o brif farchnadoedd Gwynedd yn yr Oesoedd Canol, a'r Llychlynwyr o Ddulyn yn masnachu yno. Wrth basio, enw Llychlynnaidd yw 'Anglesey' hefyd, a ddefnyddiwyd mor fuan â'r 10fed ganrif.

Ymlaen â fi o Lanbedr-goch, a dod at Frynteg. Ped elwn i'n syth ymlaen, byddwn i'n mynd ar drywydd Llannerchymedd, yng nghanolbarth Môn, gan barhau i ddilyn trywydd Seiriol Sant i'w fan cyfarfod dyddiol â Chybi Sant yng Nghlorach. Yn ôl y chwedl, fe fyddai Seiriol yn cerdded yn ôl i gyfeiriad Penmon â'r haul ar ei gefn, a Cybi'n mynd tuag adre â'r haul ar ei wyneb, a dyna pam y'u gelwid nhw'n Seiriol Wyn a Cybi Felyn.

Briwsionyn o bentref ydy Brynteg, mewn gwirionedd, cymaint felly nad ydy'i enw wedi bod yn rhyw sefydlog iawn – Rhosfawr oedd yr enw am y rhan fwyaf o'i hanes gan mai dyna enw'r comin o'i amgylch,[†] ac am gyfnod bychan, mae'n debyg y'i gelwid yn Gibraltar, gan mai dyna'r enw ar res o dai lle'r oedd chwarelwyr meini melinau'n byw.[6] Bydd rhai'n galw'r pentref yn 'California' am mai dyna'r enw anarferol ar y dafarn ar y groeslon: codwyd ac enwyd y dafarn gan William Thomas, morwr lleol wnaeth arian

† Mae Capel Soar yma'n parhau i ddefnyddio enw Rhosfawr.

mawr yn gweithio rhwng Chile a Chaliffornia. Pan ddaeth George Borrow yma ar ei daith yntau drwy Gymru ym 1862, daeth i gwrdd â Thomas, ac fe fuon nhw'n sgwrsio yn Sbaeneg. Yn yr un bennod o lyfr Borrow, mae gan yr awdur ddiddordeb mawr yn hanes Goronwy Owen (1723-1769) a fagwyd yma – clerigwr a bardd (gafodd ei hyfforddi gan Lewis Morris – yr hynaf o Forusiaid Môn[‡]), a mudodd yntau dros yr Iwerydd, a hynny i Virginia. Fel hyn y pendronodd Borrow amdano:

> *No wonder that he was unfortunate through life, springing from such a region of wretchedness.* [7]

Anffodus ac anwadal ai peidio, prynodd blanhigfa gotwm a thybaco yn Virginia ym 1763, a chofnodwyd pedwar o gaethweision ar ei ystâd[8] – hynny'n cymhlethu'r coffa amdano, sy'n nodedig yn enw'r ysgol gynradd yn y Benllech a'r gymdeithas lenyddol leol. Roedd rhyfela a heddwch yn destun trafod mawr yn nyddiau cynnar y gymdeithas honno, a sefydlwyd yn gymdeithas ddadlau'n wreiddiol ym 1901: er enghraifft gyda dadl am "a ellir cyfiawnhau y rhyfel bresennol [Ail Ryfel y Boer]?" ym 1901, neu "pa un ai atal neu gohirio rhyfel wnaeth cytundeb Munich" yn Rhagfyr 1938, lle gofynnodd un aelod, "ai cariad at heddwch ynte ofn a barodd i'r gytundeb gael ei harwyddo?"[§]

Afraid dweud nad ydw i'n cyd-weld â darlun Borrow o

‡ Ym mhlwyf Llanfihangel Tre'r Beirdd, heb fod yn rhy bell o Frynteg, y magwyd y pedwar brawd Morris yn y 18fed ganrif, a ddaeth yn ganolog i gylch llenyddol y Morrisiaid (yr oedd Goronwy Owen yn rhan ohono). Mae cofeb iddynt ar Fynydd Bodafon. Dyfynnir o waith un o'r brodyr, William, yn epigraff yr ysgrif hon.

§ Crynodeb o nodiadau trylwyr ges i gan Iwan Kellett, hanesydd lleol ac ysgrifennydd y gymdeithas wrth i'r gyfrol fynd i'r wasg, sydd yma wrth drafod Brynteg, felly mawr ddiolch iddo am ei arbenigedd.

wretchedness neu druenusrwydd. Mae'n werth edrych tua'r tir mawr o Frynteg: mynyddoedd Eryri'n un mur hir ar draws y llun, a dyffryn Ogwen i'w ddirnad reit yn y canol.

Troi i'r dde ydw i ym Mrynteg, a hynny am Farian-glas wrth ddychwelyd tua'r môr. Bu'r pentref hwn yn fagwrfa i ddau o actorion glewion: y byd-enwog Hugh Griffith (1912-1980), a enillodd Oscar ond nad aeth i'r seremoni dros yr Iwerydd gan na chredai y byddai'n ei hennill; ac wrth gwrs ei chwaer Elen Roger Jones (1908-1999), a gydnabyddir hefyd am ei gwaith yn amddiffyn yr iaith yn yr ardal, a hynny wedi'i goffáu yn logo'r eisteddfod leol, a ddathlodd ei chanmlwyddiant yn 2024.

Byth ers bod yma ar feic o'r blaen, mae pentref bach glan-môr tlws Moelfre wedi serio ar y cof. Y lôn yn mynd reit i lawr at lan yr harbwr sy'n hen boblogaidd gan bysgotwyr a hwylwyr, cyn codi'n ôl i fyny'r pen arall. Mae'r bad achub yn nodedig yma (heddwch meddwl i sawl un), ac mae i'r pentref hanes cryf o forwriaeth – nid heb ei thrychinebau. Roedd dau longddrylliad mawr oddi ar yr arfordir ym Moelfre: y gwaethaf ohonynt oedd y Royal Charter ym mis Hydref 1859 yn ystod storm waetha'r ganrif, lle dim ond 39 o ddynion o'r 452 o bobl ar fwrdd y llong wnaeth oroesi – bu farw pob dynes a phlentyn.[9] Chwarel Galch Moelfre gyflwenodd y graig i sawl un o gofebion rhyfel sir Fôn (ac ambell fan arall); ar y gofeb ym Moelfre, mae enw tri o'i meibion nas cofnodwyd ar y rhestrau swyddogol. Yn Rhyfel 1914-1918, bu farw'r tri ar fwrdd llong fasnach, oedd wedi cael gorchymyn i ddiffodd y golau rhag tynnu sylw'r Almaenwyr, dim ond i gael ei tharo gan long ryfel Brydeinig. Yn briodol iawn (hyd yn oed os nad yn fwriadol), defnyddiwyd yr arian a godwyd er cof amdanynt er mwyn codi goleuadau stryd ym Moelfre am y tro cyntaf.[10]

O'r harbwr, dwi'n ffeindio'r ffordd heibio'r Ganolfan Iaith, cyn dilyn Lôn Traeth Lligwy'n ôl am yr A5025. Mae'r Ganolfan wedi'i lleoli ar safle Ysgol Gymuned Moelfre, lle dim ond cwta 1 ym mhob 6 disgybl sy'n dod o aelwydydd Cymraeg eu hiaith.[11] Am y tro cyntaf, dwi'n sylweddoli mai 'Canolfan Iaith' maen nhw'n galw be oedd yn arfer cael ei alw'n 'Uned Iaith', lle mae plant a phobl ifanc yn cael eu trochi'n y Gymraeg cyn dychwelyd i'w hysgolion cyfrwng Cymraeg. Dwi'n sylweddoli am y tro cyntaf pa mor oeraidd ydy'r gair 'uned', yn llawer iawn rhy debyg i eirfa ysbyty, ac yn hynod falch o'r newid enw.

*

Coeliwch chi be', mi weithiodd i gael mymryn o ffydd yn y rhagolygon tywydd. Mae'r diferion glaw wedi cilio ac mae'n codi'n ddiwrnod llawer brafiach a Mehefinaidd, wrth i mi fynd drwy Frynrefail. Cyn cyrraedd Amlwch, mae'r arallfydol Fynydd Parys ar y chwith i mi, yn graith ar y dirwedd. Bu cloddio am gopr yma bedair mil o flynyddoedd yn ôl, yn Oes yr Efydd, ac wedi canfod gwythiennau cyfoethog ym 1768, roedd yn gynhyrchydd copr mwya'r byd. O'r herwydd, daeth Amlwch yn un o'r plwyfi mwyaf poblog yng Nghymru, ac fe brofodd y gogledd orllewin ddiwydiannaeth am y tro cyntaf. Dirywiodd yn nechreuadau'r 19eg ganrif, ac ni fu yma chwyldro diwydiannol fel a gafwyd mewn rhannau eraill o Gymru.

Dyma'r cyfnod hiraf i mi dreulio ar y briffordd, wrth wibio drwy'r dref a dod allan y pen pella' i gyrraedd tirlun arfordirol hardd Porth Llechog, pwynt mwyaf gogleddol y daith. Mae'r pedalu'n parhau'n gyson wedyn wrth fynd am Gemaes, ac ychydig wedyn dwi'n dargyfeirio eto oddi ar y brif lôn.

Mae'r Wylfa ar y dde. Rhoddwyd cychwyn ar godi'r atomfa niwclear yma ddechrau'r 1960au, a dechreuodd weithredu ym 1971, gan gynhyrchu egni niwclear tan 2015. Byth ers hynny, mae dyfodol yr Wylfa wedi parhau i rannu barn, fel mae ynni niwclear yn gyffredinol.

Mae bron fel pe bai rhyw fyd arall yn agor o 'mlaen i wedyn, wrth i'r Wylfa droi'n angof mwya' sydyn. Mae'r lôn yn rhan o'r rhwydwaith cenedlaethol o lonydd seiclo; er, mae'r arwyddion yn uniaith Saesneg, *Copper Trail*. I'w gyrraedd, dwi'n troi i'r dde ar ôl Cemaes gan fynd i gyfeiriad Bae Cemlyn. Mae'r 'Trywydd Copr' fel y'i gelwir yn Gymraeg, er na fyswn i'n ymwybodol o hynny heb ymchwilio, yn daith gylch heb fod yn annhebyg i'r trywydd dwi'n ei ddilyn, ond gan gadw at lonydd culach a phasio llefydd mwy diarffordd.

Dwi'n cael fy mhlesio'n arw iawn gan hafan y rhan yma o'r byd, ac ar ben hynny, mae hi'n teimlo'n debycach i ddydd o haf. Mae lliwiau'r blodau'n ferw gwyllt o boptu i'r lôn, a'r rheiny'n annog pwl o glefyd gwair, i brofi ymhellach mai Mehefin ydy hi mewn gwirionedd. Mae'r lonydd yn rhai cul, a stribyn o laswellt iach yr olwg lawr eu canol am rannau helaeth ohonynt. Mae 'na deimlad agored iawn, a'r golygfeydd yn ymestyn bob ochr. Dwi'n cwrdd ag ambell dractor, wrth i mi amgylchynu Mynydd y Garn, lle mae Porth Swtan islaw, a Bae Caergybi i'w weld yn y pellter, ac ambell long yn docio.

Â'r dargyfeiriad gwerth chweil y tu cefn i mi, dwi'n cyrraedd yn ôl at y briffordd; ond yn hytrach na chadw arni drwy Lanfaethlu, dwi'n rhoi ffydd yn fy ngwaith mapio a chynllunio, a mynd ar y lôn gefn sy'n mynd dafliad carreg o Landdeusant, yn ardal afon Alaw. Dwi'n cofio fod bedd Branwen i'w ganfod ymhellach i fyny'r afon; bedd petryal, yn ôl y chwedl, ar ôl iddi farw o dorcalon gan yngan ei llinell ysgytwol: "gwae fi fy ngenedigaeth, dwy ynys dda a ddiffeithwyd¶ o'm hachos i." Ar drywydd heddwch y daeth Matholwch yntau i Ynys y Cedyrn ym Mhedwaredd Gainc y Mabinogi, a cheisio Branwen yn wraig iddo. Ond fe chwalwyd y freuddwyd frau honno am hedd yn y modd mwyaf dinistriol.

Dwi'n ailymuno â'r briffordd drachefn yn Llanfachraeth. Dwi'n aros arni wedyn nes cyrraedd Y Fali – ro'n i wedi bwriadu mynd hyd y ffordd gefn o Lanynghenedl, ond roedd honno wedi cau. Yn fanno dwi'n dechrau teimlo eto 'mod i'n gwybod lle ydw i. Dwi'n troi i'r dde, a chanfod ymhen dim fod 'na lwybr pwrpasol i feics, a hwnnw'n un ag arwyneb llyfn, heb na drain na mieri na thyllau, yn cyfochri â'r A5, sy'n fy arwain yr holl ffordd i ganol Caergybi.

Mae heddwch Bae Cemlyn yn teimlo'n bell i ffwrdd, wrth i mi deimlo'n fychan iawn yn ochr lorïau o dramor a holl brysurdeb y mynd a'r dod. Y cam cyntaf ydy stopio'n y fferyllfa i brynu tabledi at glefyd y gwair, a minnau'n llysnafeddog i gyd. A do – mi wnes i dalu drwy 'nhrwyn amdanyn nhw.

Yr ail gam ydy dod o hyd i le cinio, ac wrth lwc, mewn tref fel yma, mae 'na ddigonedd o ddewis i siwtio pob chwaeth. Dwi'n bodloni ar frechdan a salad digon dymunol, a chymryd sedd wrth y ffenestr, i gadw llygad ar y beic, ac ar y byd a'i bethe.

Mae dechrau neu ddiwedd taith wedi bod yng Nghaergybi lawer tro; dyma un pen ffordd Telford o Lundain, un pen A5 ein dyddiau ni. Mae'n ddechrau ar daith arall hefyd; taith sy'n diwallu'r hen ddeisyfiad Celtaidd hwnnw am brofi'r arallfyd sy'n codi'i ben dros y gorwel o bryd i'w gilydd.

¶ Gwelir 'difethwyd' o bryd i'w gilydd. "Diffeithwyt" sydd yn nhrawsgrifiad Syr Ifor Williams.

Dwi'n trïo rhoi fy hun yn esgidiau 'nghyndeidiau, ceisio dychmygu'r wefr o weld tir arall yn ymrithio yn y pellter; ai gwir, yntau breuddwyd? Daw pwl o hiraeth drosof am y fath anwybodaeth, y fath chwilfrydedd.

Ar ôl y lluniaeth a llawenydd yng Nghaergybi, mae'n bryd bwrw'n ôl iddi. Â hanner can milltir yn y coesau, mae tua deugain eto i'w treulio yn y cyfrwy.

*

Dwi'n dechrau yn hanner deheuol Ynys Cybi. Mae'n parhau'r patrwm fyny a lawr, a'r tonnau byth ymhell i ffwrdd wrth fynd i gyfeiriad Ynys Lawd i gychwyn, a pharhau wedyn at hyfrydwch Porth Dafarch. Mae gwyrddni hafaidd, llachar yn fy amgylchynu, a'r tonnau ewynnol yn tasgu'n y cilfannau crymol. Mae'r rhannau ar i lawr yn rhoi digon o fomentwm i 'nghario i ran fwya'r ffordd i fyny'r allt ddilynol, ac erbyn hyn, mae'r tywydd wedi hen sefydlogi'n ddiwrnod dymunol. Mae'r gwynt gogleddol, fu'n oer ac yn fwrn drwy'r bore, bellach o 'mhlaid i, gan beri i'r pedalu ddod fymryn yn rhwyddach. Ymlaen â ni wedyn i Drearddur – y pentref glan môr tlws sy'n gyrchfan i gynifer – a chyrraedd prif dir Môn eto ym Mhontrhydybont.

Mae gofyn bod yn wyliadwrus wedyn ar ôl Caergeiliog wrth fynd o gylchfan i gylchfan, gan y byddai un tro anghywir yn fy rhoi i ar yr A55. Unwaith dwi'n cyrraedd cyrion Rhosneigr, mae pethau'n fwy cadarn, a minnau'n mynd i ddilyn yr un lôn yr holl ffordd yn ôl i Borthaethwy o fa'ma. Mae'r gwaith mapio wedi talu ei ffordd, am fod llai o'r rigmarôl fyny a lawr yn y rhan yma o Fôn; mae pethau'n gwastatu eitha' tipyn, a'r golygfeydd yn agored a thlws. Mae'n hawdd iawn gweld pam fod cymaint o ymwelwyr yn heidio draw i'r patshyn yma.

Dwi'n pasio drwy Aberffraw. I raddau helaeth, yn y gorffennol mae ei dyddiau aur, yn safle hen lys brenhinoedd Gwynedd; oddi yma y teyrnasid Prydain Geltaidd rhwng ymadawiad y Rhufeiniaid a dyddiau Llywelyn Ein Llyw Olaf. Pan ddinistrwyd y llys wedi'i farwolaeth yn 1282, defnyddiwyd y coed i adeiladu castell Caernarfon.

Ond erys blas melys Berffro ar wefusau hyd heddiw mewn teisen Berffro. Mae'r blas yn perthyn i deulu rhyngwladol y *shortbread*, i symlrwydd y blawd, menyn, a siwgr. Yr hyn sy'n gwneud teisen Berffro'n unigryw, yn hanesyddol o leiaf, yw mai siâp cragen fylchog (*scallop shell*, neu gragen Berffro) fyddai iddi. Gellid honni mai teisen Berffro yw'r *shortbread* hynaf un, yn dyddio mor bell yn ôl â'r ddeuddegfed ganrif. Yn ôl un chwedl, gwraig y brenin welodd gragen fylchog ar y traeth, a gofyn am deisen wedi'i gwneud ar ei llun. Yn ôl hanesion eraill, mae a wnelo siâp y deisen â dylanwad pererindod: cysylltir y gragen fylchog â phererindod y camino i Santiago de Compostela.[12]

Ar ôl ymadael ag Aberffraw, dwi ar ffordd unionsyth tua Llangadwaladr, cyn gwyro tua'r dde, a chyrraedd tamaid unionsyth arall ar hyd Cob Malltraeth.

Os torrith Cob Malltraeth fe foddith fy mam
Rwy'n ofni'n fy nghalon mai fi gaiff y cam;
'Cha'i glytio mo'm trowsus na golchi f'hen grys
Rwy'n ofni'n fy nghalon dy-lam,
tw-li ri-di-lam, tw-li ri-di-la-li-o-o
Rwy'n ofni'n fy nghalon bydda'i farw ar frys.[13]

Pa beth a wnelwyf heb fy mam? yw sentiment gofidus y pennill traddodiadol hwn, ac mae'n wir fod dod o hyd i ryw heddwch cysurlon yng nghôl mam – y Fam Gymreig warchodol, weithgar hwyrach – yn rhan o feddylfryd y

Cymry. Efallai mai dyna pam y deuthum innau i Fôn, Mam Cymru, ar drywydd heddwch.

Yn yr un modd, *mamwlad* ydy Cymru i ni; fy mamwlad, nid fy nhadwlad (er Hen Wlad Fy *Nhadau*). Mae i bob iaith ei hathroniaeth, a'r cysyniad mamol, cysurlon, heddychlon hwnnw, mae'n debyg, sydd wrth wraidd ein defnydd o 'mamwlad'. Mae ieithoedd Germanig, er enghraifft, yn tueddu i ddefnyddio 'tadwlad' – gweler *Vaterland* yn yr Almaeneg. *La patrie* a ddefnyddir yn Ffrangeg – tadwlad, ie, ond mae'n air benywaidd. Yn Sbaeneg, *la madre patria* sydd agosaf o ran cyfieithiad – y fam dadwlad. Niwtral hefyd yw'r Arabeg *watan*, ac yn wir mae cymdeithasau Islamaidd wedi bod yn llawer iawn mwy cyndyn na rhai Iddewig-Gristnogol i dynnu ar gysyniadau o famwlad a thadwlad.[14] P'run bynnag, mae'r cysyniad o *homeland* (fel arfer, mae amhleidioldeb y Saesneg yn sefyll allan) yn un sydd â gwefr wleidyddol, ac yn aml yn offeryn rhyfel ac anheddwch.

Ymlaen â fi, dros Gob Malltraeth i gyfeiriad Niwbwrch, ac i'r dde imi, daw Ynys Llanddwyn i'r golwg. Daw i'm hatgoffa o Santes Dwynwen, ac nad oes heddwch heb gariad. Dwi wedi bod yn meddwl dipyn am heddwch yn ddiweddar (wn i'm ydech chi wedi sylwi...) a dyma destun un o'n dosbarthiadau derbyn (a fynychir er mwyn dod yn gyflawn aelod o gapel) ar hyn o bryd. Oes amodau i heddwch y Cristion? Beth wnelwn i pe bai rhyfel yn dod i gnocio ar fy nrws i? Ai Cristnogaeth sydd wrth wraidd ymrwymiad hanesyddol y Cymry at heddychiaeth, ganrif wedi deiseb heddwch y merched? Sut mae cymodi heddychiaeth a darparu arfau i'r Wcráin?

Dwi'n gorfod dringo rhyw fymryn am Frynsiencyn; lle nad oeddwn i'n ymwybodol iawn ohono, tan i'n gweinidog ni sôn am hanes un gŵr wrth drafod heddychiaeth. Adeg

Rhyfel 1914-1918, fe ddaeth y Parchedig John Williams, Brynsiencyn, yn ffigwr mawr, dadleuol. "Mae'r achos yn un cyfiawn," meddai 'Brynsiencyn', fel y'i hadwaenir, yn Concert Hall, Llanberis, ym mis Medi 1914. Cymodai ei Gristnogaeth â'i gefnogaeth i'r rhyfel ar sail amddiffyn y cenhedloedd bychain – Gwlad Belg, yn yr achos yma. "Egwyddor Gristnogol," chwedl Gerallt Lloyd Evans, o "adfer rhyddid, hawliau cynhenid, ac *integrity* y sawl sydd dan orthrwm."[15] Roedd o'n dehongli'r amgylchiadau yn nhermau'r Hen Destament – rhesymai nad oedd egwyddor cariad y Bregeth ar y Mynydd yn bwysig nac yn bosib yn y cyfnod.[16]

Roedd Brynsiencyn yn feistr ar areithyddiaeth berswadiol. "Sefwch fyny yn eofn dros eich gwlad, dros eich rhyddid a thros eich Duw," byddai'n dweud; "pe gwnaech chi hynny, yna mi fyddai'r ardal yma'n well yn foesol ac yn ysbrydol."[17] Yn ei wisg cyrnyl-a-choler-gweinidog hanner-hanner, fe ddaeth yn ffigwr hynod ddylanwadol yn yr ymgyrch recriwtio, gan roi iddi flas Cymreig.

Yn aml, cymherir ei safbwynt o â safbwynt y pregethwr dall, y Parchedig John Puleston Jones, Penmount, Pwllheli. Fe fydden nhw'n pregethu ochr yn ochr mewn sasiynau ac ati, a Puleston yn pregethu o blaid heddychiaeth, ac yn aml, fe fyddai gwrando ar rethreg Brynsiencyn yn ei argyhoeddi ymhellach o'i gredoau ei hun.[18] Byddai'n aml yn cerdded allan o'i bregeth cyn iddo orffen, a'i ffon wen yn ysgafn daro'r llawr o'i flaen. Credir fod mwy o wrthwynebiad i John Williams Brynsiencyn wedi bod nag a gofnodwyd.[19]

Heddiw, dwi'n diolch yn ddidrugaredd mai'r paill yw testun fy mrwydr i.

Mae'r pedalu'n dod yn rhwyddach weddill y daith, er gwaetha'r frwydr â'r paill, a hynny'n ddigon cyflym wrth fynd i lawr am Lanfairpwll. O wneud hyn, dwi'n dod yn agos iawn at lan y Fenai; dyma'r union fan, mae'n debyg, y tybir i'r Rhufeiniaid geisio croesi gyntaf. Sonnir, yn wreiddiol gan Tacitus, am dyrfa o frodorion Môn a derwyddon yn sefyll ar y lan i wrthwynebu'r ymosodiad, a'r Rhufeiniaid wedi'u synnu i ddisymudedd. Ond, dyfalbarhau wnaeth y Rhufeiniaid, a llwyddo yn eu concwest o *Mona* gyda lladdfa'r derwyddon. Erbyn heddiw, nepell o'r ffordd rhwng Brynsiencyn a Llanfairpwll, mae cynulliad o dderwyddon yn ymgasglu ar Fryn Celli Ddu ar hirddydd haf, mewn rhyw fath o grefydd wneud Geltaidd sy'n perthyn i'r traddodiad Paganaidd.

I lawr â fi wedyn, gan basio drwy'r dref a heibio'r orsaf drenau enwog – ai'r sgìl bwysicaf fel siaradwr Cymraeg ydy gallu ei yngan?! – cyn gorffen yn ôl ym Mhorthaethwy. Yn fanno, mae'r haul diwedd p'nawn yn gryf, a Mehefin wedi cofleidio'r dydd. Mae'n llecyn braf am baned.

Mi ganfyddais i rywfaint o heddwch, dwi'n teimlo. O leiaf, mae 'na heddwch ynof i'n rhywle o fod wedi cau'r cylch.

Ond mi sylweddolais i hefyd mor aml ydyn ni'n defnyddio'r gair 'heddwch', yn dyheu am 'heddwch' – heb sylweddoli, cweit, mor gymhleth, mor gamarweiniol ydy ei symlrwydd.

Cychwyn: Porthaethwy

Gorffen: Porthaethwy

Pellter: 143km (89 milltir)

Dringo: 1,180m (3,870tr)

Amser gymerodd i mi, heb gynnwys egwyl: 6 awr, 33 munud

yn nyffryn Conwy

A phob un yn aelodau i'w gilydd

Dydd Mercher, 30ain o Awst, 2023

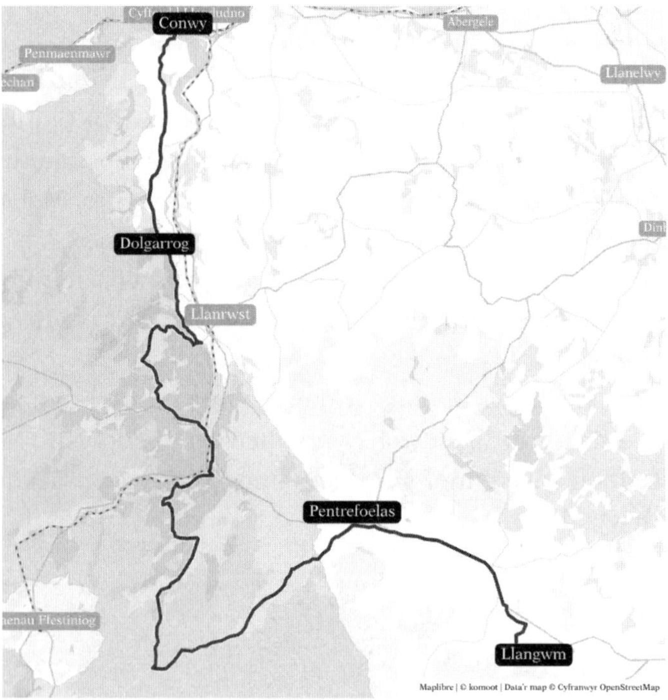

"Y mae gwahanrwydd cenedligol yn creu cymuned, sef cymdeithas barhaol o bobl a saif ar ddarn o wyneb y ddaear. Eithr nid cymuned mo'r gwahanrwydd ei hun. Gwe o glymau ydyw, sef y clymau sydd raid wrthynt i ffurfio'r math o gymuned a elwir yn 'genedl' neu 'Bobl'."

Yr Ewyllys i Barhau, J.R. Jones[1]

MAE SIR CONWY'N dir canol; fel petai yng nghanol diagram Venn o siroedd mawr hanesyddol y gogledd. Yn y gorffennol, bu i'r hyn a welwn ni heddiw fel bwrdeistref sirol Conwy berthyn i Wynedd i'r gorllewin, neu i Glwyd i'r dwyrain. Ffrwyth y tir canol yw gwe o gymunedau sydd, yn anorfod, yn arddangos cryn amrywiaeth, mewn darn o wyneb daear sy'n llenwi gofod rhwng y Carneddau i'r gorllewin a Hiraethog i'r dwyrain, Bae Lerpwl i'r gogledd a chopaon pum plwy Penllyn i'r de. Yn yr un gofod, mae rhai o'n trefi prysuraf, a rhai o'n pentrefi tawelaf, mwyaf anghysbell. Yn yr un gofod, fe geir rhai o'r ysgolion sydd gryfaf o ran y Gymraeg, ac ysgolion cyfrwng Saesneg. Gwêl rhai ardaloedd gynnydd mawr yn nefnydd yr iaith, gwêl eraill ostyngiad mawr, ac mae eraill rywle yn y canol.[2]

Annoeth fyddai ceisio darlunio'r amrywiaeth honno o un pen i'r llall; gorsymleiddiad fyddai dweud, er enghraifft, fod y sir yn mynd yn raddol fwy gwledig tua'r de, ac felly'n fwy trefol tua'r gogledd. Mae'r naratif sy'n gwau drwy 'nhaith unffordd o Langwm i Gonwy yn amlygu fod peth gwirionedd i hynny, ond yn amlygu hefyd fod cymuned byth rhy bell i ffwrdd.

→ Llangwm • km0 (mi0)

Wedi nythu yng nghesail y bryniau, Foel Goch yr uchaf ohonynt, mae pentref a chymuned Llangwm. Pe bai rhywun yn eistedd ar y bont dros afon Medrad ddigon hir ar adeg benodol, byddai'n gweld un o'r trigolion yn gosod biniau sir Conwy yn barod i'w casglu, yn gweld un arall â bagiau Aldi neu Tesco ar ei ffordd i siopa bwyd yn sir Ddinbych, ac yn gweld plant yn mynd ar fŷs i sir Gwynedd i'r ysgol uwchradd yn y Bala.

Dros y cwm, mae ffermydd ar wasgar blith draphlith,

a chanol y pentref a'r capeli (sy'n dal yn sefydliadau cymunedol pwysig yma) yn clymu'r cyfan ynghyd. Rhoddwyd pwrpas newydd i adeilad yr ysgol gynradd, a gaeodd yn 2014, sy'n cael ei galw'n Gorlan Ddiwylliant erbyn hyn. Yn fa'ma, mae'r côr meibion yn ymarfer, ac i fa'ma hefyd rydw i wedi bod yn dod i gymryd rhan yn aelwyd yr Urdd. Aelwyd Llangwm yw'r hynaf o'i bath yng Nghymru; dathlodd ei 80 mlynedd yn 2021. Mae'n destun balchder i gymuned y mae pob cenhedlaeth yn ymroi iddi.

Dwi'n cychwyn ar fy nhaith o galon y pentref a'i fudandod mwyn i gyfeiriad bwrlwm yr A5; yn dilyn y lonydd culion, a phasio Capel Cefn Nannau. Mae hirhoedledd y ffordd wledig o fyw a hirhoedledd yr A5 yn dod ynghyd wrth i mi gyrraedd y gyffordd rhyngddynt. Y Rhufeiniaid sy'n gyfrifol am ddechreuadau'r A5 rhwng Llundain a'r Amwythig, cyn i Thomas Telford weithio arni rhwng 1815 a 1826 i'w hymestyn a'i gwella. Roedd hon ar lefel symbolaidd yn brosiect 'adeiladu cenedl' wedi Deddf Uno 1800; cymunedau'n feini'n y mur mawr. Ar lefel gwbl ymarferol, dyma roi ffordd i Aelodau Seneddol Gwyddelig gyrraedd San Steffan drwy Gaergybi. Arwyddocaol, felly, mai dyma oedd y tro cyntaf i arian cyhoeddus gael ei wario ar adeiladu ffyrdd. Mae tua dwy ran o bump o'r A5 fodern wedi'i hadeiladu ar ben ffordd Telford, yn dyst i'w mawredd a'i hirhoedledd.[3]

→ Cerrigydrudion • 5km (3mi)

Dwi'n seiclo ar hyd tameidiau unionsyth o boptu i Gerrigydrudion, sy'n dwyn ffyrdd Rhufeinig i gof. Yn yr union fan yma, serch hynny, does dim tystiolaeth bendant am sail Rufeinig i ffordd Telford a'r A5 fodern; cysylltu'r caerau oedd y rhesymeg dros eu rhwydwaith nhw, a byddai'r ffordd o Glawdd Offa ar draws y gogledd orllewin wedi pasio heibio Beddgelert a'r Bala i gyrraedd Segontium.[4] Ceir awgrym y byddai ffordd yn cysylltu'r fan honno â Bryn y Gefeiliau (Caer Llugwy) ger Betws y Coed hefyd, a honno, oherwydd caer ymarfer dros dro ym Mhen y Gwryd, wedi mynd drwy nant Peris.[5] Yn hytrach, mae rhannau syth yr A5 fodern yn nodweddiadol o'r rhannau hollol newydd adeiladwyd gan Telford; serch hynny, roedd y ffordd rhwng Glasfryn a Cherrigydrudion yno'n barod, a dim ond mân welliannau oedd eu hangen ganddo.[6]

Wrth daro'r tameidiau unionsyth hynny, dwi'n dod wyneb yn wyneb ag un o brif anfanteision gwneud taith pwynt i bwynt fel hon. Hynny wrth i dreigl y pedalau fynd yn fwyfwy llafurus, bron fel ceisio pedalu drwy driog. Nid graddiannau'r ffordd sydd ar fai; wedi'r cyfan, allai ffordd Telford ddim â bod yn serthach na 1 mewn 17, tua 6%, er mwyn bod yn ymarferol. Y gwynt sydd ar fai. Penwynt ydy'r cyfieithiad Cymraeg o *headwind* sy'n cael ei ddefnyddio amlaf yn y cylchoedd seiclo, ond 'blaenwynt' neu 'gwynt gwrthwyneb' sydd yn y geiriadur. Dwi'n hoff o'r ail un yn y cyd-destun yma; y gwynt fel pe bai'n fy ngwrthwynebu; yn gwneud pethau'n anos o ddewis, gystal â dweud "ddim heddiw, diolch". Ac oni bai am wyrth lle byddai'r gwynt yn troi i'm hebrwng tua Chonwy, cael fy ngwthio'n ôl am adre' fydd fy ffawd weddill y diwrnod.

Ar ôl Glasfryn a chwpl o gorneli, mae'r ffordd yn sythu o'r newydd ac ysblander y copaon yn fy nisgwyl, pe bai'n ddiwrnod braf; megis "rhes o gadfridogion", fel y'i disgrifir gan Hugh Evans yn ei glasur *Cwm Eithin*.[7] Ond mae'r cymylau'n eistedd yn isel ar y gadwyn hir o fynyddoedd, gan ymestyn o'r Cnicht ar hyd copaon Eryri a thua'r Carneddau. I gyfeiriad y Carneddau a dyffryn Conwy mae'r awyr fymryn cliriach wrth lwc; y tu ôl i mi mae 'na gwmwl du yn hofran uwchben Penllyn ac Edeyrnion, felly hefyd i le dwi'n mynd nesaf i'r chwith imi.

Mi gewch chi rai llyfrau sydd fel clamp o baned gynnes a blanced amdanoch, ac mae *Cwm Eithin* yn un o'r rheiny.[8] Cyfrol o ysgrifau ydy hi, gyhoeddwyd gyntaf ym 1931, sy'n sôn am dalp o dir, sy'n cwmpasu rhannau o Benllyn ac Edeyrnion, nad yw'n 'gwm' yn yr ystyr arferol. Er i'r ysgrifau bortreadu, i raddau helaeth, galedi hanner cyntaf y 19eg ganrif, mae rhai o'i sylwadau craff ar y trigolion, y diwydiannau, y diwylliant yn parhau'n berthnasol. Yma, mae'r bywyd gwledig yn uchelder ei fri, ac fe barodd hen arferion a sirioldeb gwledig yn hwy nag yn un rhan arall o Gymru.

Â Chwm Eithin y tu cefn i mi, dwi'n ffarwelio â'r A5 wrth y Giler Arms, ag ochenaid o ryddhad o gael gadael ei phrysurdeb. Rhydlydan yw'r pentref bach nesaf, a'i ffordd gefn sy'n cynnig cyfle gwell i fwynhau'r olygfa, ac mae 'na dipyn bach mwy o fynd ynof i wrth i'r goriwaered fy arwain i at gyrion Pentrefoelas.

Yn fanno, mae cyffordd eithaf allweddol o ran trywydd fy nhaith. Un opsiwn fyddai troi i'r dde drwy'r pentref, dros groesfan yr A5 ac i fyny am fro Garmon a phentref Nebo; un o fy hoff lonydd, yn enwedig pan fo'r gorthyfail neu'r cennin pedr yn eu hanterth. O wneud hynny, byddwn i'n dilyn ochr ddwyreiniol dyffryn Conwy, dros y bryniau a'r dolydd a chyrraedd Bae Colwyn yn y pen draw, ac ymlaen o fanno i benrhyn y Creuddyn a Llandudno ar ei ben.

Ond troi i'r chwith dwi am wneud heddiw. Dilyn yr arwydd sy'n fy mhwyntio i gyfeiriad Ffestiniog, ond yn bwysicach, at ochr orllewinol dyffryn Conwy. Mae arna' i flys ymweld ag ambell fan yn benodol yr ochr yma i afon Conwy, ac o wneud hyn, mi fydd modd mynd yn agos at darddiad yr afon honno, sef Llyn Conwy, yng nghanol rhostir anial y Migneint. O wneud hyn hefyd, mi fydda' i'n gallu dilyn trywydd Sarn Helen yn fras. Sarn Helen oedd un o'r ffyrdd cyntaf wnaed i geisio gwau ynghyd yr hyn yr ydyn ni'n ei alw'n Gymru heddiw; yn cysylltu Caerhun yn nyffryn Conwy a Chaerfyrddin, ac yn y rhan yma o'r byd, yn mynd drwy Drefriw a rhannau o Gwm Penmachno cyn mynd ymlaen am Domen y Mur ger Trawsfynydd.[9] Mi fydda' i hefyd ar y lôn sy'n mynd baralel â'r A470, sydd, mewn cyd-destun modern, yn uno deupen Cymru ar lefel ymarferol, ac wedi treiddio i feddylfryd y Cymry hefyd.

→ Ysbyty Ifan • 18km (11mi)

Dwi'n cael fy arwain, felly, tuag i fyny, a'r ddringfa'n cychwyn yn Ysbyty Ifan. Daw enw'r pentref bychan hwn, sydd â phoblogaeth o tua 200, o'r ysbyty a sefydlwyd yma ym 1190 gan Farchogion yr Ysbyty. Nes cael ei gau adeg datgorfforiad y mynachlogydd ym 1540, roedd yn darparu gofal i bererinion ar yr amryw deithiau fyddai'n pasio drwy'r pentref.

Ro'n i'n sôn 'mod i'n dynesu at gysgod y cwmwl mawr du, ac yn naturiol felly, mi ges i ambell gawod ar y daith i fyny. Fydd hi ddim syndod i neb fod well gen i fynd i lawr yr allt yma na mynd i fyny, ond mae hynny'n arbennig o wir y tro 'ma am fod carped anarferol o esmwyth o darmac i'w gael. Mae'r gwaith dringo'n raddol, ond yn ddigon hir i olygu 'mod i'n dechrau colli 'mynedd ar ddiwrnod fel heddiw. Dwi'n teimlo'n goblyn o ara' deg, ac yn rhoi'r bai ar yr angen am gôt law, sydd efallai'n amharu mymryn ar fy hwyliau yn ogystal ag ar fy erodynamedd.

Mae tirwedd y Migneint yn newid gyda threigl y tymhorau; yn y gaeaf mae bod yma fel bod ar y lleuad –

ddim 'mod i'n gwybod sut beth ydy hynny, afraid dweud. Yn yr hydref, mae'n lle da i ddod i brofi hud y lliwiau orenaidd a'r awel hydrefol; y peth agosaf welais i i'r Migneint oedd tirwedd Gwlad yr Iâ pan fues i yno ar drip ysgol un hydref. Yn y gwanwyn, mae bywyd newydd yn dechrau egino, ac erbyn heddiw, ddiwedd haf, mae lliwiau'r grug a'u cyfeillion ar eu hanterth.

Mae'r ddringfa hon, sy'n teimlo fel ei bod wedi cymryd oesoedd, yn dod i'w therfyn wrth Ffynnon Eidda. 'Yf a bydd ddiolchgar' ydy'r geiriau wedi'u naddu ar y ffynnon. Amwysedd sydd ynghylch ei harwyddocâd; mae'r enw Eidda'n gryn ddirgelwch, a chwedl rhai yr ystyrid dyfroedd y ffynnon yn rhai sanctaidd, iachaol.

→ Ffynnon Eidda • ^ 484m (1,587tr) • 28km (17mi)

Troi'n ôl i gyfeiriad yr A5 ydw i nesaf, am fro Machno. Daw Llyn Conwy'n amlycach o wneud hyn, a'r ffordd yn gwastatu rhywfaint cyn i'r goriwaered gychwyn go iawn; mae'n ddringfa erchyll o'r cyfeiriad arall. Defaid cysglyd sy'n perchnogi'r lôn, felly mae gofyn tipyn o ofal a gafael go gadarn ar y brêcs wrth fynd ar i lawr am Gwm Penmachno. Mae'n dipyn o olygfa; yn reit ddramatig beth bynnag fo'r tywydd, yn blethwaith o liwiau o boptu i'r ffordd yma sy'n glynu'n dynn at y llethr. Mae 'na gwpl yn hel mwyar duon; a'r bygythiad fod estron ŵr wedi dod o hyd i'w gwrych ffrwythlon cyfrinachol yn croesi eu llygaid.

Cwm bychan, anghysbell a thawel yw cwm Penmachno. Saif clwstwr o dai wrth y bont, a blwch ffôn yn fflach o goch yn erbyn gwyrddni dwfn y cwm. I dorri ar y ddelwedd berffaith hon o fudandod llwyr, daw grŵn fan y post i lawr y lôn gul. Mae'n lle delfrydol. Ychydig ymhellach i lawr, dwi'n pellhau o'r llecyn tawel, anghysbell ac yn dynesu'n ôl at arwyddion o fodernedd. Ar y chwith, mae llwybrau beicio mynydd yn nadreddu drwy'r coedwigoedd, ac yn y diwedd, dwi'n cyrraedd pentref Penmachno ei hun.

Wrth gau'r chwareli hyd at 1962, ymaith aeth y boblogaeth leol i chwilio am waith, heb ddod yn ôl, a thros y degawdau, mae bro Machno wedi bod yn un o'r cymunedau sydd wedi teimlo effaith y farchnad ail gartrefi a thai gwyliau galetaf. Mae cyfran uchel o'r tai yma'n ail gartrefi, eu prisiau'n dyblu, o leiaf, mewn deng mlynedd, ac mae oddeutu hanner can llety gwyliau ar AirBnB yn y pentref ac ar hyd y cwm.

→ Penmachno • 36km (22mi)

Dwi'n weddol gyfarwydd â dod i'r rhan yma o'r byd ar ddwy olwyn, ond heddiw, dwi'n cymryd tro i'r chwith am y tro cyntaf, gan ddilyn yr arwydd am Dŷ Mawr Wybrnant. O wneud mymryn o waith ymchwil cyn dod, dwi'n gwybod fod tipyn o allt allan o Benmachno i'r cyfeiriad yma. Ond allai'r ymchwil yna ddim â bod wedi 'mharatoi i am raddfa'r her. Ma' hon yn ddringfa serth, ac yn un o'r rheiny sy'n dwyllodrus. Y gornel nesaf yn diflannu o'r golwg, yn fy nhemtio ag abwyd ysbaid i gael fy ngwynt ataf – braidd byth yn gwireddu'r addewid. Dwi'n falch o orfod stopio i fan Uber fynd heibio.

Yn y pen draw, diolch byth, mae'r dringo'n dod i ben. Wedi meddwl, mi'r oedd yr arwydd yn dweud fod dwy filltir i Tŷ Mawr, felly dyliwn i fod wedi disgwyl tipyn o waith dringo. Beth bynnag, o gyrraedd ei chrib, a chroesi sawl un o'r llwybrau beicio mynydd, dwi o'r diwedd yn gallu gwerthfawrogi'r lôn, a gwerthfawrogi lle ydw i. Mae 'na wefus werdd hyfryd naill ochr i'r ffordd, yn byrlymu â blodau ola'r haf. Mae'r ffordd yn disgyn yn serth cyn bod giât yn gorfodi stop, a minnau wedi cyrraedd cartref William Morgan.

→ Tŷ Mawr Wybrnant • 40km (25mi)

Fan hyn, mae brys y byd yn bell, a dim i'w glywed ond murmur yr awel rhwng y brwyn. Yr unig arwydd o fodernedd yw byrddau gwybodaeth yr Ymddiriedolaeth Genedlaethol, sydd bellach yn edrych ar ôl y safle hanesyddol hwn. Heblaw am braidd o ddefaid – defaid William Morgan efallai* – does dim enaid byw ar gyfyl y lle. Daw'n amlwg, wrth i mi drio drws yr arddangosfa a drws y tŷ bach, fod y rheiny ar gau i'r cyhoedd. Dwi'n teimlo fod 'na rywbeth teilwng am y tawelwch, y llonyddwch cyntefig yma.

Ond wedyn dwi'n estyn am fy ffôn, a dwi'n gweld fod 5G yma. Y darlun a'r naws cyntefig digyffwrdd wedi'i ddarnio'n llwyr.

Beth bynnag, mae hwyliau fymryn gwell arna'i erbyn hyn; y cwmwl du wedi cilio o'r golwg, a'r glaw gydag o.

*

Mae'r Cymry wedi diffinio'u cenedl o'r llawr i fyny: un o'r diffiniadau sydd wedi codi'i ben amlaf ydy bod Cymru'n "gymuned o gymunedau". Dyma'r diffiniad o genedl oedd wrth fodd pensaernïaid syniadaeth gynnar Plaid Cymru, a bu'n rhan o weledigaeth Llywodraeth Lafur Cymru.[10] Mae 'nhaith ar hyd dyffryn Conwy'n fuddiol wrth roi'r cysyniad yma yn y glorian; mae yma amrywiaeth o gymunedau. Fel sir neu etholaeth, mae bron â bod yn ficrocosm o'r dyhead i glymu gwe gydlynus o gymunedau ynghyd.

* Nid *yr* William Morgan sydd dan sylw yng nghân Hogia Llandegai.

Gellid clymu gwe felly ynghyd ar sail iaith, ethnigrwydd, diwylliant cyffredin... crefydd yn un arall. Gellid dweud mai'r unig reswm y pasiwyd cyfraith Elisabeth I (1563) yn gorchymyn i'r Beibl gael ei gyfieithu i'r Gymraeg oedd fod undod crefydd yn bwysicach i'r genedl nag oedd undod iaith yn y cyfnod hwnnw. Erbyn diwedd y 19eg ganrif wedyn, trodd y genedl a/neu genedlaetholdeb ei hun yn fath ar grefydd. Mae'r genedl ei hun yn 'ddwyfol', mae iddi 'ysbryd' sy'n destun addoliad. Mae a wnelo cenedlaetholdeb â chreu neu ail-greu cymuned, a honno'n gymuned 'sanctaidd'.

> *...it becomes clear what nationalism really is: the dream that a whole nation could be like a congregation; singing the same hymns, listening to the same gospel, linked not only to each other, but to the dead beneath their feet.*[11]

Ni fu crefydd yn ganolog i genedlaetholdeb Cymreig modern, wir – er, mae symboliaeth grefyddol yn aml yn codi'i phen, er enghraifft gyda bygythiad Gwynfor Evans o ferthyrdod dros yr iaith wrth fwriadu ymprydio dros sefydlu S4C, neu droi Cymru'n 'erddi Crist' fel yn emyn enwog Lewis Valentine, 'Gweddi Dros Gymru' (Dros Gymru'n Gwlad). Ond eto, alla' i ddim peidio â meddwl fod 'na ryw wirionedd yn perthyn i'r dyhead yma o uno pobl drwy ganu o'r un llyfr emynau, neu'n fwy perthnasol, o ddarllen yr un Efengyl.

A dyna lwyddiant Beibl William Morgan. Ystyrir mai ei gyfieithiad llawn, a gyhoeddwyd ym 1588, oedd yr Efengyl wnaeth gysoni'r Gymraeg; roedd cyfieithiad y Testament Newydd gan William Salesbury, ei hun yn enedigol o Lansannan ac wedi byw yn Llanrwst am ran fwyaf ei fywyd, yn fwy 'gogleddol' ei ieithwedd. Mae 'na gysylltiad amlwg, felly, rhwng undod crefyddol ac undod ieithyddol; o ddarllen neu glywed yr un Efengyl (mae Beibl William

Morgan yn ddarllenadwy hyd heddiw), byddai'r Cymry'n ymgysylltu ag un iaith gyffredin, uwchlaw gwahaniaethau tafodieithol. O wneud hynny, fodd bynnag, dyrchafwyd y Gymraeg yn 'iaith y capel' yn llygaid nifer, a hynny'n fwrn ar barhad yr iaith yn yr ugeinfed ganrif.

Mae rhywbeth braidd yn baradocsaidd am hyn: dwi'n dal i fod yn fodlon rhoi ar goedd na fyddwn i'n siarad Cymraeg heddiw heblaw am Feibl William Morgan; eto i gyd, mae mwy i oroesiad ac esblygiad yr iaith nag un gyfrol. Ond, ar yr un pryd, mae mwy i waddol Beibl William Morgan na goroesiad yr iaith; roedd iddo ran allweddol yn clymu cymunedau ynghyd wrth siapio'r genedl Gymreig yr ydym ni'n ei hadnabod heddiw.

*

Mae pen deheuol penrhyn y Creuddyn a diwedd fy nhaith yn dal i deimlo'n bell iawn i ffwrdd, felly mae'n bryd bwrw iddi eto. Cyfres o giatiau sy'n fy aros, ac yna dwi'n gwangalonni wrth i'r lôn ddatblygu'n fwyfwy toredig a chul, ac yn gwyro ar i lawr yn fwyfwy serth. Yn y pen draw, mae'r cyfuniad o'r pethau yna'n gwneud i mi ddod oddi ar y beic, a cherdded yn betrusgar yn fy 'sgidiau seiclo. Dwi'n siŵr 'mod i'n edrych fel chwaden.

Does gen i ddim digon o ffydd yn fy mrêcs nag yn fy nheiars culion i neidio'n ôl ar y beic am sbel chwaith. Nid ffordd i feic ffordd mo hon, wedi'r cwbl, ac wedi meddwl, caiff beicwyr mynydd eu gyrru ffordd hyn ar y llwybr Traws Eryri. Dwi wedi colli pob arwydd o arwydd am Dŷ Mawr neu Fetws y Coed, neu unrhyw le o ran hynny. Dwi'n pasio bwthyn bach ymhen ychydig, a'r dyn y tu allan iddo'n dweud *"The road gets better further down."* Nid am y tro cyntaf heddiw, dwi'n ystyried apêl byw mewn lle mor anghysbell â hyn. Y pellter o wareiddiad a phiciad i'r siop ar un llaw, y llonyddwch, ac yn wir y pellter, ar y llaw arall.

Ymhen hir a hwyr, dwi'n cyrraedd yn ôl at rywbeth sy'n ymdebygu i darmac llyfn sy'n plesio fy meic a minnau. Troi wedyn, a dod i stop wrth i ben dyn ymddangos allan o ffenest Range Rover, ac yntau'n chwilio am raeadr, achos *"my daughter wants to go gemstone hunting"*. Ond dwi'n meddwl 'mod i wedi rhoi mwy o benbleth byth iddo fo, achos ro'n i wedi cymysgu *Swallow Falls* efo *Fairy Falls*. Duw mawr maddau.

Dwi'n falch mai ond am gornel dwi ar yr A470, ac yn gallu troi i ffwrdd i'r chwith cyn y bont dros afon Conwy. Llwybr tarw o fath, sy'n fy arwain i'n uniongyrchol i Fetws y Coed.

→ Betws y Coed • 47km (29mi)

Dyma un o botiau mêl mwya'r gogledd. Yn fwrlwm cyson o bobl, sy'n tyrru yma i brofi treigl y tymhorau drwy Goed Llugwy a'r gwaith cerdded sydd i'w gael i bob cyfeiriad. Y siopau, y bwytai; yn fy atgoffa i, rywfaint, o ychydig ddyddiau dreuliais i yn y Schwarzwald yn yr Almaen, neu efallai Bontarfynach yng Ngheredigion. Yn fy orig fer iawn yn gweithio fy ffordd o un cyffordd i un arall, dwi'n clywed sawl acen wahanol, cyn 'mod i'n dychwelyd i fyd y lonydd cefn ac yn dyrchafu fy llygaid i'r mynyddoedd unwaith eto.

Bryd hynny, mae'r gwaith dringo'n dechrau ar gyfer un o uchafbwyntiau eraill y diwrnod – Llyn Geirionnydd. Dyma le yr ydw i wedi clywed cryn dipyn amdano; yn gyrchfan boblogaidd i ymwelwyr a phobl leol, yn enwedig pan fo'r tywydd yn braf.

Dwi'n dilyn cwrs afon Llugwy am sbel wrth i'r lôn ddod dan gysgod ei choed. Ar y pwynt yma mae'r dringo'n ddigon graddol, ond doeddwn i ddim yn barod am y serthedd oedd i ddilyn. Croeso i fyd lonydd cefn dyffryn Conwy. Mae 'na ambell i fan lle mae trywydd y lôn fymryn yn amwys, ond ar y cyfan, mae'r arwyddion yn bwrpasol a defnyddiol. Yn y diwedd mi ballodd y gwaith dringo, ac o'r diwedd, daeth cyfle i'r coesau gael ymadfer ychydig.

Wrth gyrraedd glannau'r llyn, mae'r syniad oedd gen i o flaen llaw o'r lle wedi'i wireddu. Mae'n reit brysur, hyd yn oed ar ddiwrnod digon diflas fel heddiw. Wedi dweud hynny, mae'r haul yn gwingo'i ffordd drwy'r cymylau erbyn hyn, a'r gôt law'n dechrau mynd yn fwy o fwrn nag o ddefnydd. Darn prin o dir gwastad i seiclo arno ddaw ar lan y llyn, ac ambell grid gwartheg i ddelio ag o – wrth un ohonyn nhw, dwi'n penderfynu mynd dros y gamfa yn lle am fod y lôn mor doredig o'i gwmpas.

Lôn doredig sydd i mi eto wrth ddisgyn i lawr i gyfeiriad Llanrhychwyn; mae un ai'n rhy anwadal neu'n rhy serth neu'n rhy gul i fwynhau'r disgyniad yn iawn. Wn i'm amdanoch chi, ond gan amlaf mae fy mwynhad o ddringo ar gefn beic yn dibynnu ar y posiblrwydd o ymadfer wrth fynd i lawr yr ochr arall. Felly, mae dringo di-baid, heb wobr amdano, yn sugno egni ac amynedd.

→ Trefriw • 62km (39mi)

Yn y pen draw, dwi'n cyrraedd cadernid y lôn sy'n pontio rhwng pentrefi'r dyffryn, a hynny yn Nhrefriw – un o lecynnau hoff Llywelyn Fawr. Yn Nhrefriw y dof i gwrdd â Sarn Helen o'r newydd, a dechrau ar y siwrnai o lynu'n dynn at ymyl dwyreiniol Parc Cenedlaethol Eryri. O leiaf o fan hyn ymlaen, dwi'n gwybod beth i'w ddisgwyl. Ffordd â dwy lôn, sy'n llydan gan fwyaf. Tarmac da, gan fwyaf. A dim gormod o waith dringo.

Ar hyd y daith, yn Nolgarrog, dwi'n pasio lle sydd wedi ennyn tipyn o sylw ers agor, sef gwesty'r Hilton, nid yn unig am ei wyliau moethus ar lawr y dyffryn ond am lochesu 86 o fewnfudwyr dros y Nadolig yn 2022. Ydy o'n edrych yn chwithig mewn lle fel hyn? Mae o'n dibynnu ar chwaeth bersonol, mae'n siŵr. Dwi, beth bynnag, yn ei chael hi'n anodd amgyffred fod y fath westy moethus o gadwyn ryngwladol i'w gael fan hyn ar droed y Carneddau, ar lan afon Conwy.

Ar ôl Dolgarrog, mae'r gwaith pedalu'n mynd yn llafurus eto, wrth i'r ffordd wyro tuag i fyny mewn modd sydd jyst yn ddigon i fod yn anghyfforddus. Daw'r ffordd yn fwyfwy tonnog wrth ddynesu at yr arfordir; yn disgyn yn serth, cyn codi'n serth eto. Pe bai rhywun yn awyddus i ymestyn ei goesau dringo ymhellach, yna mae digon o gyfleon ar hyd llawr y dyffryn, a daw'r pentrefi niferus (Talybont, Llanbedr y Cennin, Ty'n y Groes) i'm hatgoffa o hynny. Wrth reswm, dydw i ddim wedi mentro i fyny at Lyn Cowlyd o Drefriw – bydd sawl seiclwr yn ceisio ateb y cwestiwn p'un ai hon neu Fwlch y Groes o gyfeiriad Llanymawddwy yw dringfa anoddaf Cymru. Na chwaith y ddringfa serth arall o'r pentref hwnnw i Grinllwm. Nes ymlaen wedyn, mae dringfa Cwm Eigiau â'i throed yn Nhalybont; felly hefyd y ddringfa i Fwlch y Ddeufaen. Yn wir, mae'n bosib o fanno gario 'mlaen ar hyd Sarn Helen a chyrraedd cyffiniau Penmaenmawr os oes teiars digon llydan a cheinciog gennych chi. Byddai honno'n gylchdaith fach braf... dod 'nôl wedyn dros Fwlch Sychnant – ond dwi ar y beic anghywir i fod yn gwneud hynny heddiw.

Ac yn wir, mae'r gwaith dringo ar y B5106 yn hen ddigon ar ddiwedd dydd. Mae'n mynd yn ddigon serth erbyn 'diwedd, cyn bod mymryn o ddisgyniad yn ôl i lawr i dref

Conwy, sy'n brysur, yn ôl y disgwyl, ar ddiwrnod o haf fel hyn. Mae'n hawdd ei chyrraedd; y castell sydd ymysg rhai mwyaf mawreddog Edward, y strydoedd culion dymunol. Yn llechu yn eu mysg mae lleoliad o'r enw 'The Hidden Chapel', lle ces i 'ngwahodd i ddigwyddiad yn lansio llwybr Traws Eryri wythnos cyn y daith hon. Dyma oedd y profiad cyntaf i mi ei gael o weld capel wedi'i drawsnewid yn llwyr; byrddau bwyta yn y galeri, a bar lawr staer.

*

Pa gasgliadau sydd, felly, ar ddiwedd y daith hon o grombil y wlad hyd at yr arfordir?

Addas oedd rhoi chwyddwydr ar gymuned ar ei hyd, ac mae'n hawdd gweld fod natur y cymunedau hyn yn newid dan wahanol amgylchiadau; boed yn dwf y diwydiant gwyliau, neu ddirywiad y bywyd capelgar traddodiadol. Ac os ydy Cymru wir yn "gymuned o gymunedau", pa oblygiadau sydd gan y newidiadau ar lefel leol ar y lefel genedlaethol? Oes 'na ganu o'r un llyfr emynau i fod?

Ac ar gefn y beic, er nad oedd y daith mor hir â hynny, dwi'n dal i fod wedi fy mlino ganddi. Dwi'n meddwl fod hynny oherwydd prinned y 'wobr' – dwi'n gallu mwynhau dringo, canys mawr fydd fy ngwobr... ar y ffordd yn ôl i lawr (ac o bosib, yn dibynnu ar eich dehongliad, yn y nefoedd hefyd).[12] Ond heddiw 'ma, bron bob tro'r oedd 'na gyfle am ysbaid i wobrwyo'r gwaith dringo, roedd y lôn yn rhy doredig, yn rhy gul, yn rhy serth i'w mwynhau, a bron nad oedd yr ymdrech o ganolbwyntio wrth fynd ar i lawr gymaint ag oedd yr ymdrech o ddringo. Felly dwi'n landio mewn siop gyfleustra i chwilio am ymborth; ro'n i wedi gobeithio gorffen y daith gyda chylchdaith o benrhyn y Creuddyn, a rownd y Gogarth o Landudno, ond caiff hynny aros tan dro arall. Digon i'r diwrnod ei ddrwg ei hun.[13]

Cychwyn: Llangwm

Gorffen: Conwy

Pellter: 78km (48milltir)

Dringo: 1,100m (3,610tr)

Amser gymerodd i mi, heb gynnwys egwyl: 4 awr, 20 munud

ym Morgannwg

Ffantasia'r seiclwr cerddorol

Dydd Llun, 16eg o Fehefin, 2025

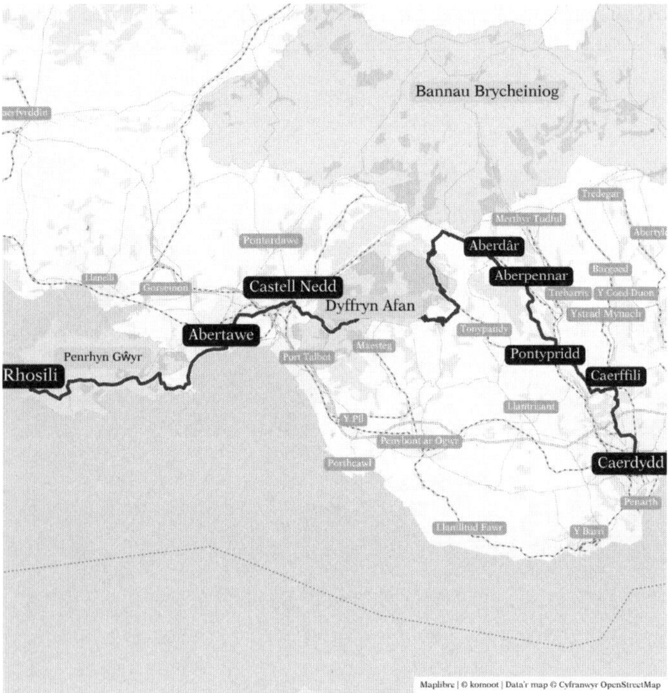

Agorawd: Caerdydd

DRANNOETH TAFWYL YW hi; penwythnos o agor breichiau cerddoriaeth Gymraeg i groesawu degau ar filoedd o bobl o bob oed. Dwi'n canfod rhywbeth arbennig iawn yn y penwythnos hwn; mae'n un o'r unig lefydd lle dwi'n teimlo 'mod i'n gallu bod yn fi fy hun, go iawn, yn fy mamiaith.

Ymddengys fod cerddoriaeth gyfoes Gymraeg yn gynyddol yn gallu cynnig gofod felly i bobl o bob math. Mae'n gynyddol amrywiol; yn un peth, mae rhyw ddechrau rhoi siâr deg i artistiaid benywaidd. Yn rhinwedd fy swydd fel golygydd *Y Selar*, bu i mi guradu rhifyn yn bwrw golwg yn ôl ar ddau ddegawd o gerddoriaeth Gymraeg i ddathlu ugainmlwyddiant y cylchgrawn. Mae prinder cynrychiolaeth merched yn trawo'n glir: o'r 210 albwm sydd wedi cyrraedd deg uchaf 'albwm gorau' ym mhob blwyddyn (ar sail pleidlais gyhoeddus, cofier) hyd at 2025, dim ond 35 ohonyn nhw oedd gan artist benywaidd, neu grŵp â phrif lais SA – gyfystyr ag un ym mhob chwech.*

Pam, 'sgwn i, fod y gwahaniaeth mor drawiadol, o ystyried mai artistiaid benywaidd (unigol yn enwedig) sydd yn serennu mewn cerddoriaeth boblogaidd Eingl-Americanaidd, a hynny ers degawdau lawer? Dwi'n mân ddamcaniaethu: ydy o oherwydd bod y *genres* wnaeth Aretha Franklin, Whitney Houston, Amy Winehouse, Taylor Swift yn boblogaidd heb gydio yn y Gymraeg? Ydy'r diwylliant Cymraeg ei hun yn arbennig o wrywaidd o'i gymharu â diwylliannau eraill? Oes a wnelo fo â'r traddodiad corau meibion? Beth bynnag am hynny, mae'n gylch dieflig: po leiaf fyddo lleisiau SA i'w clywed, po fwyaf y bydd ein clustiau ni'n dod i arfer yn ormodol â lleisiau TB. Egin PhD i rywun.

Ers i ddigwyddiadau byw ailgydio wedi'r pandemig yn 2022, mae'r rhod i weld wedi troi rhywfaint o ran amrywiaeth. Roedd Gwobrau'r Selar y flwyddyn honno'n enghraifft dda o hyn – enillodd Adwaith, y merched o sir Gâr, wobr y Band Gorau a'r Gân Orau ('Eto'); enillodd

* Yn hynny o beth, dwi'n hepgor yr albyms hynny sydd â lleisiau benywaidd yn *ymddangos* arnynt e.e. mewn albyms aml-gyfrannog, neu sydd yn ymddangos ar un gân.

Mared y wobr am Artist Unigol Gorau; enillodd Thallo y Record Fer Orau am *Crescent*. Cyrhaeddodd Cerys Hafana, artist anneuaidd, y deg uchaf am eu halbwm *Edyf*. Yn ogystal, enillodd y ddeuawd rap/hip-hop Dom a Lloyd y wobr am Artist Newydd Gorau yn y flwyddyn honno: roedd torf anferth iddyn nhw eleni, wrth iddyn nhw ganu am Windrush ar alaw Dacw 'Nghariad. Roedd yr artist reggae Cymraeg-Jamacaidd, Aleighcia Scott, hefyd yn amlwg iawn ar y prif lwyfan, gan roi cyfle i ni ddathlu bod Tafwyl eleni, er enghraifft, yn brism y gallwn ni ddeall y Gymru Gymraeg yn ei holl amrywiaeth drwyddi.

Daw Tafwyl felly'n ddathliad o'r Gymru amlethnig, ac yn wir, mae aml i symbol o'r Gymru amlethnig i'w canfod yng Nghaerdydd; Tiger Bay yn anad dim un arall – lle magwyd y gantores Shirley Bassey:

I bought a ticket of a lifetime,
There's no denying who I am,
Forever young, I will stay
The girl from Tiger Bay.[†]

Ddechrau'r 20fed ganrif, roedd, ar un waith, yn un o'r llefydd â'r gyfran uchaf o siaradwyr Cymraeg, a'r gyfran uchaf o breswylwyr o leiafrifoedd ethnig.[1] Yn ystod y 1910au, fe chwyddodd amrywiaeth ethnig yr ardal, gyda chymuned Somalaidd sylweddol er enghraifft; gyda'r ymfudo morwrol hwn yr ymsefydlodd un o gymunedau Mwslemaidd hynaf Prydain.[2] Erbyn 1919, roedd yma derfysgoedd hil difrifol yn eu herbyn gan bobl wyn, a'u gwthiodd yn barhaol i Tiger Bay; gyda hynny, ceid sefyllfa

† Cyfansoddwyd 'The Girl from Tiger Bay' gan y Manic Street Preachers i Shirley Bassey ar gyfer ei halbwm 'The Performance' (2009). Mae'n debyg nad oedd llawer o gariad o du Bassey ei hun at Gaerdydd; dyma gân brin iawn o'i heiddo sy'n sôn unrhyw beth am ei magwraeth.

sydd wedi'i disgrifio fel "apartheid answyddogol" neu "geto".[3]

Mae 'cronni' – fel y gwnaeth mewnfudwyr o bob cwr (gan gynnwys gorllewin Cymru) – yn air sy'n codi'i ben yn aml wrth drafod Caerdydd. Mae'n hawdd teimlo fel petai cyfle, uchelgais, arian yn cronni yma – yn arbennig ar gyfer hyfforddiant cerddorol (mi wnes i deithio i lawr o'r Bala'n unswydd ar gyfer sefyll diploma piano, er enghraifft). Mi'r ydym ni'n *dibynnu* ar Gaerdydd i gynnal ein treftadaeth gerddorol; ond, wrth ysgrifennu'r ysgrif hon, mae'n gyfnod helbulus i brifysgolion ledled Prydain – a Phrifysgol Caerdydd yn bygwth cau'r adran gerdd. Yn fanno yr hyfforddwyd un o'n cyfansoddwyr clasurol mwyaf disglair, a'r Gymraes gyntaf i gyfansoddi i gerddorfa lawn, sef Grace Williams (1906-1977). Daeth yma dan Ysgoloriaeth Morfydd Llwyn Owen – un o'r cyfansoddwyr benywaidd prin ddaethai o'i blaen – ac fe'i denwyd gan swyn y môr, a hynny'n ddylanwad ar ei gwaith.

Mae fel petai celfyddydau Cymru i gyd ar dir simpil, ac yn y brifddinas y mae'r cwbl yn dadfeilio; does dim symbol gwell o hynny na'r angen ddaeth yn Chwefror 2025 i gau rhan o'r Amgueddfa Genedlaethol i wneud gwaith atgyweirio brys. Ychydig fisoedd yn flaenorol, cyhoeddwyd y byddai adran iau conservatoire cenedlaethol Cymru'n gorfod cau. Er mai cerddoriaeth bop gyfoes yw anian Tafwyl, does dim bandiau pop heb offerynwyr da. Roedd cryn gyffro yn Tafwyl ynghylch y band Dewin, prosiect fy nghyfoedion Lefi a Jencyn; *wizard-pop* yw eu disgrifiad nhw o'u cerddoriaeth, er, neu efallai oherwydd, i'r ddau ohonyn nhw fod drwy hyfforddiant y conservatoire ieuenctid (clasurol) yng Nghaerdydd.

I. Gadael y ddinas

Mae llewyrch aur o'm cylch wedi hwyl garw'r penwythnos, a llewyrch arian drwy'r cymylau. Dwi'n ymadael â chanol y ddinas yn ymffrostgar i gyd – "dwi'n 'nabod Caerdydd rŵan" – ond mor fuan â Cathays (y Waun Ddyfal), dwi ar goll. Dwi'n ymbalfalu fy ffordd allan o'r ddinas rywsut rywfodd, gan osgoi Gabalfa fel y pla. Dwi'n cael fy hun ar ryw bont felyn lachar dros y draffordd, ar lwybr y Taf am fymryn, megis hwyaden ar balmant am ryw hyd. Dwi'n dechrau pedalu go iawn ar ôl cyrraedd Birchgrove, a'i ffordd ddwy lôn goediog, lydan, esmwyth, yn eithaf tawel ar fore Llun fel hyn. Treigl honno i Riwbeina, ac wrth dafarn y Deri, dwi'n troi i'r dde, a gorchwyl gynta'r dydd yn dynesu.

Cyrraedd Caerffili yw'r nod – mae modd gwneud hynny ar hyd llwybr y Taf, neu fel arall, ar drywydd Mynydd Caerffili. Am mai mab y mynydd ydw i, mynd tua'r topiau fydd 'neisyfiad, ac mae hynny'n golygu dringo i'r Wenallt, cyn cyrraedd y Mynydd. Mae'r gwaith dringo'n dechrau bron yn syth, ac yn difrifoli wedi croesi'r bont dros yr M4. Yn raddol, wrth basio'r olaf o'r tai ar y dde, mae'r llethr yn dyfod yn serth ar y naw, hyd at 18%. Nid sŵn y ddinas sy'n gyfeiliant erbyn hyn, ond sŵn fy anadlu trwm, sy'n disodli'r prysurdeb dinesig i ddim ond grŵn cefndirol.

Mae hi'n ddringfa o ryw ddwy neu dair cilometr ar ei hyd, ac er ei serthedd, mae'n go ddymunol; mae arwyneb y ffordd yn ffafriol, ac mae hi'n goediog a chysgodol. O gymryd cip dros fy ysgwydd, fe ddaw'r môr i'r golwg o dro i dro, a dim ond un cerbyd sy'n gorfod fy mhasio i. Mae hi'n gwastatu tua topiau'r ddringfa, a daw'r lôn i ben wrth dafarn y Travellers' Rest. Yn fanno, dwi'n ymuno â'r brif lôn am ychydig gorneli i ymgymryd â diferion ola'r gwaith dringo, cyn rhoi fy hun yng nghanol y ffordd i droi gyda'r arwydd brown am Fynydd Caerffili, a'i gaffi ar y dde imi wrth wneud hynny.

Wrth ddechrau mwynhau'r goriwaered, dwi'n dod i sylweddoli pam fod Mynydd Caerffili yn ddringfa ar dafod cynifer. Yn 2013 a 2023, bu'n rhan fawr o gymalau allweddol o'r Tour of Britain, gydag enwau mwyaf eu cenhedlaeth yn ymgymryd â'r serthedd sydd, o'i disgyn, yn ymddangos bron fel wal. Wrth ddynesu at y dref, dwi'n pasio'r arwyddion am y terfyn cyflymder 20 milltir yr awr, ac yn cael trafferth arafu'n ddigonol. Dim ond goglais ymylon y dref ydw i bore 'ma, wrth droi heibio eglwys St Martin's, a chyrraedd ffordd Nantgarw yn y pen draw. Nid heb orfod stopio mewn goleuadau traffig dros dro; dwi eto i setlo i rythm y dydd wrth adael Caerffili.

Wedi dilyn yr arwydd am Groes-wen, dwi'n gwybod fod yn rhaid i mi ddechrau dringo o'r newydd yn fa'ma. Wedi dweud hynny, does gen i fawr ddim dirnadaeth o le'r ydw i ar y map, na pha ddiben sydd i'r gyfran yma o'r daith. Ar i fyny yw fy hanes o'r cychwyn cyntaf, a buan iawn y mae'r ddwy lôn yn troi'n un gul rhwng perthi llawnion yr haf. O droi i'r dde ymhen ychydig, mae pethau'n ymagor; y dirwedd yn raddol yn dyfod yn fwy gwledig, y lôn yn troi'n doredig iawn, a grŵn prysurdeb yn bell eto. Dwi'n cyrraedd rhyw bigyn – a Mynydd Meio ar y dde – ac yn dechrau teimlo'n gartrefol eto yng nghanol y llaca a'r gridiau gwartheg wedi penwythnos yn y brifddinas.

I lawr ychydig pellach, a dwi'n cyrraedd pentref bychan Eglwysilan, gyda'r Rose and Crown a'r Eglwys i 'nghroesawu. Ar i fyny dwi'n mynd eto wedyn, ac un hergwd fach arall i gyrraedd pwynt ucha'r daith hyd yn hyn. Mae'r dringo'n serth wrth fy arwain i'n ôl i'r tir agored, cyn lleddfu fymryn wedyn heibio arwydd i 'nghroesawu i ar Gomin Eglwysilan. Mae'n lle hyfryd iawn i fod ar feic –

yn dawel a gwyllt ac eang – a dwi'n gresynu nad ydy hi'n ddiwrnod brafiach i'w mwynhau'n llawn.

Mae cyfle i mi fwynhau ychydig o hwylio wedyn, cyn bo gofyn bod yn hynod wyliadwrus; mae'n serth ar y naw ac yn gul, a dwi ofn dychmygu i le fyddwn i'n mynd pe bai 'na gar yn dod i 'nghyfwr i. Mae'n gwneud synnwyr, eto, fod pobl yn sôn am Eglwysilan yng nghyd-destun y beic, o ystyried yr orchwyl i gyrraedd y comin o'r cyfeiriad yma. Mae ambell ddafad ar gyfeiliorn yn fy rhwystro i rhag mwynhau fy hun yn ormodol wrth wibio'n ôl i lawr am y cwm. Ymhen dim, daw'n amlwg 'mod i heb ddallt y dalltings, achos mwya' sydyn, dwi ar y gylchfan fawr sydd ar riniog Pontypridd. Sut dwi 'di llwyddo i gael cyn lleied o grap ar daith yr ydw i wedi'i chynllunio fy hun, does wybod.

II. Mor swynol yw si

Ar y gylchfan, mae lôn i'r breintiedig rai – ni'r seiclwyr, bysus, a thacsis – ac wedyn yn fy hyfdra, dwi'n goddiweddyd y ciw hir o geir sy'n mynd am y goleuadau traffig yng nghanol y dre, gyda Pharc Ynysangharad ar y chwith imi. Yn y parc mae afonydd y Taf, y Rhondda Fawr a'r Rhondda Fach yn ymuno â'i gilydd, ac yno hefyd mae cofadail i Evan James a James James (Ieuan ab Iago ac Iago ab Ieuan oedd eu henwau barddol). Ar lannau'r Rhondda ar ddydd o Ionawr ym 1856 (yn ôl un fersiwn o'r stori)[‡] y cyfansoddodd Ieuan eiriau 'Glan Rhondda', ac fe'u rhoddwyd ar alaw ei fab o delynor, Iago.[§] Geiriau cynta'r gerdd oedd 'Mae hen wlad fy nhadau yn annwyl i mi...'

---

‡ Yn ôl fersiwn arall o'r stori, James James gyfansoddodd yr alaw, wedi'i gyfareddu gan si afon Rhondda ar fore o Ionawr 1856, ac yna gofyn i'w dad ysgrifennu geiriau i gyd-fynd â hi.

§ Dwi'n defnyddio Ieuan ac Iago rhag bod dryswch p'un a ydy 'James' yn cyfeirio at enw cynta'r mab neu gyfenw'r tad.

Ni fwriedid hi'n anthem genedlaethol; cofier fod i 'gwlad' sawl ystyr a graddfa, ac felly ar un llaw byddai lle i gredu mai cyfeirio at yr ardal yma'n fwy cyfyng oedd Iago wrth drafod gwlad ei dadau. Ond mae gweddill y geiriau – yn enwedig wrth edrych at y penillion nas cenir yn aml mwyach ("Hen Gymru fynyddig, paradwys y bardd...", "hen iaith y Cymry...", "[t]elyn berseiniol fy ngwlad") – yn cadarnhau bod ysbryd cenedlaethol i'w eiriau. Mae rhywbeth rhamantus iawn i mi am y ddelwedd o Ieuan yn eistedd ar lan y Rhondda, yn ysgrifennu "mor swynol yw si ei nentydd, afonydd i mi", a bod yn yr 'ei' syml yna ymberthyn ar unwaith i'r fro hon, ac i Gymru.

Fe ddaeth yr alaw a'r geiriau, y rheiny dan enw 'Glan Rhondda' yn dal i fod, i boblogrwydd yn sydyn iawn, efallai'n wir gan y'i hysgrifennwyd mewn modd y gallai Cymry unrhyw le uniaethu ag o. Mor fuan â mis Medi 1858, profodd lwyddiant yn Eisteddfod Fawr Llangollen, ac wedi hynny, fe'i cyhoeddwyd gan feirniad y gystadleuaeth, John Owen ('Owain Alaw'), yn y casgliad *Gems of Welsh Melody* (1860). Bryd hynny y newidwyd y teitl o 'Glan Rhondda' i 'Hen Wlad Fy Nhadau', ac erbyn Eisteddfod Genedlaethol Caer ym 1866, roedd hi'n prysur ddod yn anthem genedlaethol, gan ysgogi angerdd ac arddeliad yn y canu lai na degawd ers ei chyfansoddi.

Nid i ddilorni camp Ieuan ac Iago o gwbl, ond gellid honni fod yr addasiadau eraill wnaeth Owain Alaw wedi cyfrannu at ei llwyddiant. Yr amlycaf o'r rheiny efallai fyddai'r newid cyweirnod o'r F gwreiddiol i E meddalnod, a hynny am ddau reswm dybiwn i (a dim ond damcaniaethu, neu baldaruo a dweud y gwir, ydw i). Yn un, am ei bod hi'n gwneud y nodau uchaf yn haws i'w cyrraedd i'r rhan fwyaf ohonom ac felly'n haws i'w *chyd*-ganu, ac yn ail, am fod E meddalnod y nesa' peth sydd gennym ni at gyweirnod cenedlaethol,¶ (ond mae'n bosib fod hon yn broblem iâr ac wy, ac mai canu'r anthem yn E meddalnod sydd wedi rhoi'r argraff yma i mi). Ond mae sawl un o'r nodweddion cerddorol hynny sy'n allweddol i anthemau cenedlaethol llwyddiannus yno yn y gwaith gwreiddiol; alaw gref nad oes angen harmonïo â hi, yr angen am ymdrech i'w chanu (nodau top *fortissimo* Gwlad! Gwlad!), ac wrth gwrs, geiriau sy'n ffitio i sawl cyd-destun ac yn priodi'n ddel â'r gerddoriaeth.

Ond wrth gwrs, mae undod ac angerdd y canu uwchlaw unrhyw fanion cerddorol. Heb yr angerdd hwnnw, a fyddai hi'n anthem mor llwyddiannus? Fyddai hi'n rhan mor hanfodol ohonom ni heb yr arddeliad yn y llinell ysgubol, 'O! Bydded i'r heniaith barhau'?

III. Y Llwyd

O adael Pontypridd ar hyd ffordd Berw, dwi'n teimlo 'mod i'n dechrau cyrraedd 'Y Cymoedd', ac enwau swynol y pentrefi'n galw amdanaf. Dwi'n gyndyn weithiau o ddweud 'Y Cymoedd', o ystyried ei fod o'n union gyfystyr â *The Valleys*, a hwnnw'n derm sydd wedi'i gamddefnyddio i gyffredinoli droeon a thro; mae'n well gen i ddefnyddio 'Cymoedd y De', 'Cymoedd Morgannwg' neu 'Flaenau Morgannwg' hyd yn oed.

Weithiau dwi'n ymylu â'r cymoedd ar fy nhrywydd, droeon eraill yn pontio o un i'r llall, a hynny'n gyfrifol am gymaint o waith dringo sydd ar ddechrau'r daith hon. Mae'r gwynt yn fy hwyliau i bellach, ar y ffordd rhwng

¶ Does gen i ddim llawer o sail i'r datganiad yma y tu hwnt i'r ffaith ei bod hi'n gyweirnod sy'n *teimlo'n Gymreig* rywsut. Eto i gyd, disgrifiodd Siôn Jobbins y newid cyweirnod yma fel *"master stroke"* am ei fod yn gyweirnod poblogaidd i emynau Fictorianaidd, ac am ei fod yn apelio i naws "dywyll, bruddglwyfus" sy'n boblogaidd ymysg y Cymry.

Ponty ac Ynysybwl, o gael setlo i rythm y ddawns. Af heibio i Goedwig Llanwynno ar fy chwith, cyn plymio i lawr a chodi'n ôl uwch y cwm nesaf ar y siwrnai: Cwm Cynon. Wedi pasio cronfa ddŵr Perthcelyn rywfaint ar y dde, dwi'n ei goleuo hi am y pentref ei hun, gan gadw i ymyl chwith y cwm, a phentrefi Penrhiwceiber ac Aberpennar megis llifeiriant i'r dde imi. Drwy bentref Meisgyn yr ydw i'n mynd, nes cyrraedd talp llydan o lôn yn Glenboi. Ymlaen â fi wedyn drwy Abercwmboi a'i balet o liwiau, a phentrefi'r Aman sydd wedyn – Godreaman, Aberaman – ar gyrion gwasgarfa Aberdâr. Dwi'n gwyro tua'm chwith drwy'r sgwâr, a dringo fymryn i ddechrau ffarwelio â'r dref ddiddiwedd, hynny heibio i'r Parc ar y chwith. Yn y pen draw, dwi'n gorfod ymuno â'r briffordd, er fy ngwaethaf, ar y gylchfan cyn Penywaun. Mae'n llydan am sbel hir nes cyrraedd Hirwaun, lle mae newydd-deb i drefn y ffordd, a chyfran sy'n ymylu ar fod yn annymunol i fod arni, cyn i bâr o gylchfannau leddfu rhywfaint ar y prysurdeb a'm rhoi ar ffordd y Rhigos.

Un o'r pethau gorau am seiclo, wrth gwrs, ydy mor hygyrch ydy'r gamp yn yr ystyr bod modd i ninnau hefyd lwybro'r un ffyrdd â'n harwyr o'r gamp broffesiynol. Ar yr heolydd yma y bu i sawl un o'n seiclwyr proffesiynol ni fwrw eu prentisiaeth: Geraint Thomas yn sôn mor annwyl wastad am y Bwlch a'r Rhigos, bron fel pe baen nhw'n ddau hen gyfaill yng nghornel gefn y dafarn.

Y Rhigos sydd gyntaf i mi ar drywydd y daith hon; ffordd a adeiladwyd i gysylltu'r cymoedd wrth geisio creu swyddi i'r di-waith yn ystod dirwasgiad y 1920au.[4] Mae'n anodd methu'r tro am y ddringfa, wrth lwc, gan fod arwydd brown i 'nghyfeirio i'r ffordd gywir. O wneud hynny, fe ddaw talpiau unionsyth o lôn, ac mae'n bosib gweld y llethr yn gwyro'n raddol tuag i fyny.

Mae'n gryn newid i'r awyrgylch wedi treulio cyhyd mewn bröydd trefol, a minnau mwya' sydyn wedi fy amgylchynu gan weundir melynaidd, ac ystum crwm y bryniau. Mae'n go hawdd dod o hyd i'r Rhigos ar fap oherwydd bod rhan o'r ddringfa sydd fel siâp 'S'; crymu i'r chwith wna gyntaf, ac ymagor i ddatgelu'r olygfa eang honno o'r newydd. Fe â'r ymyl i fy chwith yn greigiog i dorri drwy'r melynaidd, cyn bo'r ail bedol yn y lôn yn newid yr awyrgylch eto: mae'n teimlo fel pe bawn i'n dynesu at y copa, bron fel petawn i'n cyrraedd ael y bryn. Am eiliad, dwi'n methu â gweld drosto, ond wedyn fe ddaw llecyn picnic i'r golwg, ac y tu cefn y mae'r rheswm am y meinciau; golygfa am bellter mawr tuag ymylon gogleddol y Cymoedd, a thu hwnt tua'r Bannau. Rownd â fi tua'r chwith, gan adael cronfa ddŵr Llyn Fawr i ddiflannu i lawr ar y dde; mae diwedd y dringo o fewn cyrraedd bellach. Daw'r Rhondda Fawr i'r golwg, a phlymio i lawr amdani ydy fy hanes, a hynny ar gryn gyflymder.

Mae dau dro pedol cyn i mi gyrraedd llawr y cwm, a hynny yn Nhreherbert. Daw â chyfyngder naturiol i'r cyflymder, gyda'r heol yn culhau rhwng y terasau a moduron eu preswylwyr. Dwi'n pasio lle arferai fod argraffdy Isaac Jones, oedd yn arbenigo mewn cerddoriaeth, ac yma yr argraffwyd y copi gwreiddiol o 'Myfanwy'.[5] Fe dreigl Treherbert i Dreorci – "nid oes ond dewin a ŵyr"[6] ymhle mae un yn cychwyn a'r llall yn gorffen – ac mae Côr Meibion Treorci, un o'r hynaf a'r enwocaf, wedi ei recordio droeon.

Yn y Rhondda, mae dechreuadau'r traddodiad corau meibion i'w canfod dros ganrif a hanner yn ôl, yn ddifyr ddigon yn deillio o gorau cymysg yn ymwahanu. Y diwydiant glo roes gychwyn go iawn i'r traddodiad ac felly doedd dim prinder dynion – hyd yn oed os *"to sing tenor you need a falsetto voice, to sing bass a false set o' teeth"*,[7] y gred oedd bod y glo yn rhoi tinc unigryw, hyd yn oed hudolus, i'r llais. Ar ben hynny wrth gwrs, a'r diwydiant yn un caled, roedd cerddoriaeth a brawdoliaeth y cyd-ganu'n falm ac yn gynhaliaeth. Dros amser, fe ddaeth y corau meibion yn dra phoblogaidd, yn gonglfaen o'n hunaniaeth, ac yn rhai o'r mwyaf eu bri drwy'r byd i gyd.

Fe ddeuthum i wybod am Dreorci gyntaf yn blentyn ifanc, fodd bynnag, drwy albwm eiconig Max Boyce, a werthodd dros hanner miliwn o gopïau, *Live at Treorchy*. Un peth sy'n nodweddiadol o'i ganeuon ydy sut mae'n taflu ambell i ymadrodd yn Gymraeg i ganol ei set – "mae fel angladd 'ma!" yw un waedd ar *Live at Treorchy*. Ac mae'r llinell "ni wedi 'neud ein siâr" yn ymddangos yn un o'i ganeuon mwyaf teimladwy, sy'n cwmpasu'r ymberthyn dwys hwnnw â'r fro ddiwydiannol hon, sef 'Rhondda Grey':

It's a colour you can't buy, lad,
No matter what you pay
But that's the colour that we want,
They call it Rhondda Grey.

IV. Croeso i'r Gymoedd

Y ddringfa nesaf ar y daith yw'r 'Bwlch', fel y'i hadawenir fynychaf, er mai Bwlch y Clawdd yw'r enw llawn arni. Unwaith eto, fe'm croesewir gan dalp unionsyth o lôn ar ddechrau'r gwaith dringo; mae'r llethr yn un eithaf hawdd i setlo iddo, ac mae'n parhau'n gyson a graddol drwyddi draw. Ar ôl croesi'r grid, mae'r trefol yn diflannu y tu cefn i mi, a minnau mewn rhyw bowlen bellach; talcen hir i'r bryn yn crymu rownd i'r dde imi, a'r llechwedd yn codi'n sydyn o'r tarmac i'r chwith. Dwi'n mynd i gôl y bryniau, cyn i'r ffordd fy hyrddio tua'r dde; ymlaen â fi am y talcen creigiog hwnnw wedyn, nes bod tro pedol yn ysgubo'r ffordd tuag yn ôl. Dwi bellach reit ar y llechwedd, a'r hoel llwydaidd ar lawr y cwm yn datgelu'i hun o'r newydd.

Mae'r barier llwyd yn gadarnhad pellach o'r uchder, o'r llechwedd; mae hon yn glasur o ffordd fynydd. Glynu'n dynn at y llechwedd creigiog wna'r ffordd, ac yna am ennyd, mae'r graig o boptu i mi, a hynny'n borth i ran nesa'r bwlch. Mae cilfan â golygfa nodweddiadol o'r Rhondda Fawr ar fy chwith, a fan hufen iâ – er ei bod hi fymryn yn oer a chymylog i hynny i mi. A ph'run bynnag, dydy'r gwaith dringo ddim ar ben; dwi'n troi i gyfeiriad Port Talbot, yn hytrach na pharhau am Nantymoel a'r Ogwr. I 'nghroesawu fi i'r gyfran fach olaf yma o'r dringo, mae paentiad balch ar y graig: 'Cymru am Byth', uwch tarian werdd â draig goch arni. Oddi tano, mae'r geiriau 'Croeso i'r Gymoedd' – dwi'n edrych yn fanwl i weld os mai *C* neu *G* sydd i ddechrau 'Cymoedd', a chanfod nad fy llygaid sy'n fy nhwyllo. Dwi'n canfod rhyw swyn rhamantus yn y 'camdreiglad'.

Mae'r creigiau o boptu i mi'n rhoi rhyw deimlad cul i'r gornel, cyn i bethau ymagor eto, a'r Fawr yn ailymddangos. Ac wedyn rownd y gornel, dwi'n dod at ael y bryn, a'r cwm wedi diflannu'n barhaol. Prin yw'r arwyddion o wareiddiad wedyn, yng nghanol y gweundir melynaidd, eang, a golygfeydd am bellteroedd mawr. Dof yn nes at ddiwedd fy ngorchwyl, gyda thalp arall o lôn unionsyth i gyfeiriad parti canu o felinau gwynt. Ac, yn unol â'r drefn sydd wedi ymsefydlu heddiw, o gyrraedd y tu draw i ael y bryn, fe ddaw'r cwm nesaf i'r golwg.

Â gorchwylion mwyaf dyrys y dydd i 'nghoesau bach i y tu cefn i mi, dwi'n ymwybodol fod cryn dipyn o hwylio o 'mlaen i; dyna un rheswm arall dros ddewis ymgymryd â'r daith i'r cyfeiriad yma. Mae'r ffordd i fod i wyro am i lawr – tua'r môr, siawns – am filltiroedd maith o'r uchelfan hwn; o'r ffyrdd agored cyhoeddus, dim ond Bwlch y Groes ym Meirionnydd a Bwlch yr Efengyl yn Sir Fynwy sy'n cyrraedd pwynt uwch.

Mae dechrau go chwim i'r disgyniad, er yr angen i fod yn fwy pwyllog o amgylch ambell i fachdro. Mae dyffryn Afan bron fel petai'n fy sugno tuag ato, yn prysur frysio tuag i lawr. Fe ddaw olion y pentrefi megis abwyd, ac ar ôl rhyw ddwy filltir a hanner o hwylio dwi'n dod at Abergwynfi a Blaengwynfi. Daw hyn i'm harafu; y twmpathau, y culni'n frêc naturiol.

Am sbel hir wedyn, er y gogwydd ffafriol, dydy hi ddim wastad yn teimlo fel pe bawn i ar un goriwaered hir tua'r môr. Cwyd ychydig drwy bentre'r Cymer, cyn parhau ar i lawr, a'r arwyddion am bentrefi Dyffryn Rhondda a Cynonville yn atalnodi 'nhrywydd. Nid ydym yn y Rhondda, felly mae'r enw Dyffryn *Rhondda*'n fy nhrawo i'n od: yn ôl Gomer M. Roberts yn *Crwydro Blaenau Morgannwg*, rhoddwyd yr enw yma ar y pentref er mwyn perswadio darpar brynwyr (na wyddai ddim am Forgannwg) eu bod yn prynu glo cwm Rhondda, a dybid i fod y gorau.[8] Mae Roberts hefyd yn cyfeirio at Cynonville a ganlyn: "...awn heibio i Gwm Ifan Bach a'r Cynon...", ond nid yw'n ymddangos bod llawer o ddefnydd ar yr enwau hyn mwyach.

Dwi'n ymwybodol mai Pontrhydyfen yw'r uchafbwynt nesaf ar y daith, a chydag ychydig o'r bont fawreddog yn ymddangos rhwng y coed, mae 'nghyfnod i'n dilyn union drywydd afon Afan yn dod i ben. Dwi'n troi i'r dde, ac fe ddaw'r Bont Fawr – y draphont ddŵr, un o'r ddwy draphont o'r 19eg ganrif yn y pentref (mae'r llall i'w gweld y tu draw iddi) – i dyrru drosof, a chynnig delwedd go ramantus; mymryn haul yn goleuo'r coedwigoedd, ac ambell i dŷ gwyn ei liw'n nythu ar y lan i'r dde o'r afon.

I'r chwith mae'r ffordd yn fforchio am ardal Port Talbot

a hen gwmwd Tir Iarll (Betws, Llangynwyd, Margam a Chynffig), ond tua'r dde dwi'n mynd. Ar y gyffordd, 'Croeso i Bontrhydyfen' medd arwydd ac arno dri wyneb: wyneb Richard Burton, wyneb Ivor Emmanuel, ac wyneb Rebecca Evans. Ymhen dim, dwi'n pasio baner sy'n hysbysebu Gŵyl Fwgan Brain Richard Burton. Wrth ysgrifennu'r ysgrif hon, mae'r ffilm *Mr Burton* yn creu cryn argraff, gan goffáu canmlwyddiant ei eni ym 1925.

Ym Mhontrhydyfen dwi'n sylwi gyntaf ar un peth sydd, o ymchwilio ychydig wedyn, yn nodwedd o sawl un o bentrefi'r parthau hyn. Ar fy ffordd allan o'r pentref i gyfeiriad Efail Fach, dwi'n pasio Bevans Terrace, Morgans Terrace, terasau wedi'u henwi ar ôl enwau teuluol. A minnau'n ddisgynnydd pellennig o Domosiaid Pontrhydyfen, dwi'n chwilio a methu dod o hyd i Thomas Terrace (does dim un, dwi'n canfod wedyn). Mae llawer o'm cyndeidiau wedi eu claddu ym mynwent Capel Jerusalem yma, ac mae gen i afael ar oriau o recordiad o lais Katie Thomas, modryb i fy hen daid, yn sôn am ei hanes. Roedd hi'n siarad Gwenhwyseg swynol iawn – mae'r Wenhwyseg yn ymbarél o dafodiaith arferid ac arferir o ben sir Fynwy i Lyn Nedd. Y terfyniad '-wys' (sydd yn yr hen lenyddiaeth Gymraeg), neu '-ws' yn fwy diweddar, yw'r peth amlycaf i'r glust efallai – hynny yw, 'be wetws e?' am 'beth ddywedodd ef?', neu fy ffefryn i (fy Mam-gu yn dal yn dweud hyn), 'y sawl a godws a gollws ei le'. Ac fel pob tafodiaith, mae rhai geiriau unigryw – megis 'bopa' am fodryb.

A digwydd bod, un o ddisgynyddion eraill Tomosiaid Pontrhydyfen oedd David Vaughan Thomas (1873-1934), "cerddor amlycaf a mwyaf dylanwadol Cymru yn ystod degawdau cyntaf yr ugeinfed ganrif."[9] ** Gellir crynhoi

** Mae sôn am fab David Vaughan Thomas, Wynford, yn yr ysgrif o Faldwyn, 'Cadw'r Fflam yn Fyw'.

ei ddylanwad a'i waddol mewn dau brif gyfraniad. Yn gyntaf, rhoes ei fryd ar ddatblygu proffesiynoldeb y diwylliant cerddorol, er enghraifft drwy ymgymryd â sawl cyfansoddiad corawl estynedig (nas gwelwyd eu tebyg yn y Gymraeg cyn hynny). Yn ail, rhoes ei fryd ar "ddiffinio cerddoriaeth genedlaethol Gymreig";[10] yn benodol, credai mai drwy astudio'n barddoniaeth yr oedd canfod llais unigryw i'r gerddoriaeth. Roedd yn gynganeddwr brwd ei hun wrth gyfieithu gweithiau o'r Saesneg, ac fe osododd sawl cerdd ar fesurau caeth i unawdwyr a chorau, er enghraifft *Saith o ganeuon ar gywyddau Dafydd ap Gwilym ac eraill* (1922).

Ni chafodd ei ddyrchafu i statws ymhlith 'hufen' cyfansoddwyr Cymru – mae ei enw'n raddol wedi pylu erbyn heddiw. Ym 1982, er enghraifft, roedd cystadlaethau'r Eisteddfod yn gofyn am unawd o'i waith, ond ers hynny, does fawr o sylw wedi'i roi i'w weithiau lleisiol na'r rhai cerddorfaol – ac mae llawer ohonyn nhw'n parhau heb eu cyhoeddi.

V. Breninesau Nedd

Efail Fach yw'r pentref nesaf ar ôl Pontrhydyfen; mae cryn allt er mwyn ymadael, a rhannau serth ar y naw, yn parhau â'r patrwm o bontio rhwng cymoedd. Wrth i'r ffordd wyro tua'r awyr, fe ddaw cyfle i sylwi ar awyr las, a hynny am y tro cyntaf heddiw. Cwm Nedd sydd nesaf, ac mae'r disgyniad o ben yr allt yn mynd â fi i lawr drwy Gimla i mewn i Gastell Nedd. Maes rygbi'r Gnoll sy'n dod i'm meddwl i gyntaf wrth feddwl am Gastell Nedd, ac er nad ydw i'n mynd heibio iddo, dwi'n pasio arwydd yn hysbysebu'r gêm nesaf.

Dwi'n dod o hyd i Mam am damaid o ginio yng Nghastell Nedd. 'Den ni'n eistedd y tu allan i gaffi-lolfa-bwyty ac iddo wyneb o wydr, byrddau lliwgar y tu allan, y tu mewn yn chwaethus, y fwydlen yn helaeth ac apelgar. Y drws nesaf, mae deli i weld ar fin agor, a honno hefyd yn edrych yn fodern a blaengar. Dwi'n dweud mor braf ydy hi yma; mae'r dref yn edrych yn ffyniannus, o'r llecyn bach yma, a hynny efallai'n wahanol i drefi eraill y bûm i drwyddynt y bore 'ma neu yn yr wythnosau diwethaf. Mae Mam yn sôn am fenywod ei theulu o'r cyffiniau hyn, fyddai wastad yn gwisgo'n drwsiadus, â cholur amdanynt, â ffwr amdanyn nhw i fynd i'r capel, yn gosod y bwrdd yn barchus â llestri tseina teuluol. Dof i ddysgu wedyn fod un llwyth o'r dref, merched y Mera,[††] yn dra adnabyddus ym Morgannwg, yn teithio "megis breninesau" yn gwerthu llestri ac yn y blaen.[11]

Mi fentrais i ddiosg rhai o'r ategolion i eistedd yn yr haul canol dydd i gael fy nghinio, ond erbyn bod angen cychwyn arni eto, dwi'n eu rhoi nhw'n ôl amdanaf, i 'ngwarchod i rhag yr ychydig awel sy'n crwydro. Dwi'n gadael y dref heibio adfeilion y castell ei hun, ac ymlaen wedyn gan ddilyn arwyddion am Abaty Nedd. Yn y pentref sy'n cymryd ei enw o'r fynachlog oedd yn gartref i Fynaich y Sistersiaid rhwng 1129 a 1539, dwi'n troi i'r chwith am Sgiwen. Mae patrwm newydd yn dechrau sefydlu o wneud hyn: y pentrefi ar lethr, a hwnnw'n un go serth yn yr achos yma. Y tu draw i'r pentref ar heol Crymlyn, mae'r ffordd yn parhau'n go geinciog ei natur, yn goediog a chul hefyd, yn ychydig o fwrn ar goesau lluddedig.

Dwi'n cael fy hun ym Mhentredŵr, yna parhau drwy Winch Wen, a throi i'r chwith wedyn ar hyd ymyl Bôn-y-maen. Wedi bod drwy'r maestrefi hynny, dwi'n dod at ffordd gythreulig o brysur, ac Abertawe'n amlwg yn dynesu. Dwi'n hynod ddiolchgar fod mymryn o lwybr seiclo

†† Enw ar ddarn o'r dref yw'r Mera, lle'r oedd llwyth o dinceriaid a hwcsteriaid yn byw.

– palmant, o leiaf – i 'nghadw i rhag ymuno â'r cerbydau, ac yn falch iawn, er yr allt serth, o droi oddi arni am St Thomas. Dwi'n ymbalfalu fy ffordd i lawr wedyn, ac yn croesi'r ffordd bedair lôn (diolch byth am oleuadau traffig) er mwyn cyrraedd y marina.

Dwi'n canfod fy ffordd ar y llwybr seiclo pwrpasol, ac yn aros arno yn ei gysur am bum milltir – mae'n ogoneddus ar b'nawn braf fel hyn. Gan amlaf, mae'n rhaid rhannu'r llwybr â cherddwyr, ond dydy hynny ddim yn ormod o fwrn, am ei fod wedi'i rannu'n bwrpasol a chlir. Mae fy mwynhad o'r llwybr yn cynyddu gyda'i dreigl; mae'r wyneb yn esmwytho, ac ar ôl pasio'r Brifysgol, mae'n cymryd tro tua'r chwith, ymhellach i ffwrdd o'r prysurdeb, ac fe ddof reit at fin y môr. A hithau o gwmpas pedwar o'r gloch, mae'n fwrlwm o blant a theuluoedd, ar droed ac ar feics, yn mwynhau'r haul a'r cyfleuster arbennig yma. Ymhen ychydig, mae ystum y tir yn dod i'r golwg, yn crymu tua'r chwith, a'r Mwmbwls yn nythu yn y gornel.

VI. Tua'r Gŵyr

Dwi'n croesi ffiniau sirol, a 'mryd ar gymal ola'r daith ar y Gŵyr. A chroesi ffiniau cerddorol yw un o brif nodweddion gwaith ei cherddor mwyaf adnabyddus, Syr Karl Jenkins, yn enedigol o Benclawdd. Daw hyn amlycaf efallai yn ei orchestwaith aml-genre, *Adiemus*, ac yn y toreth o feysydd cerddorol gwahanol – o jazz i gerddoriaeth hysbysebion i'r clasurol – y mae wedi cynhyrchu gweithiau byd-enwog ynddynt, yr un yn fwy na'r Offeren – *The Armed Man: A Mass for Peace*. Diolch i'r gwreiddioldeb ddaw o groesi ffiniau cerddorol yn ei waith, mae'n un o gyfansoddwyr clasurol disgleiriaf ein dyddiau.

Mae'r gair Ffrangeg am benrhyn[‡‡] – *presqu'île*, yn llythrennol 'bron yn ynys' – yn eithaf addas ar gyfer y Gŵyr. Gellir deall yr ardal drwy ei cherddoriaeth: mae'r *presqu'île* nid yn unig ynghlwm â Chymru yn un pen, ond am ei bod fel bawd troed cam ym môr Hafren, yn dod i gyswllt naturiol â de-orllewin Lloegr, Dyfnaint a Chernyw, Bryste i un cyfeiriad a Cork yn Iwerddon i un arall. Mae yma felly ofod diwylliannol tra unigryw, na ellir ei roi mewn unrhyw focs 'cenedlaethol' fel petai: er enghraifft, bydd rhai yn honni fod y traddodiad o ganu gwasael (*wassailing*)[§§] ar y Gŵyr yn perthyn i draddodiad y Fari Lwyd ac ati, eraill yn pwysleisio fod *wassail* yn air Eingl-Sacson. Ar yr un pryd, yn ôl y cerddor Ceri Rhys Matthews, "camgymeriad" ydy galw'r gerddoriaeth yma'n 'draddodiadol', yn 'werinol', ac meddai mai dim ond blaguro ac yna marw y gwnaeth ar y Gŵyr: nid oedd wir yn perthyn yn gynhenid i'r Gŵyr.[12]

P'run bynnag, caiff y traddodiad hwn ei ymgorffori yng nghanu Phil Tanner, oedd â'r llysenw *The Gower Nightingale*. Drwy ei recordiadau o alawon gwerin y Gŵyr oddeutu'r 1930au a'r 1940au, fe ddaeth yntau i gynrychioli'r *presqu'île*. Er, neu efallai oherwydd, ei fod yn canu yn nhafodiaith y Gŵyr, fe ddaeth yn un o'r cantorion gwerin mwyaf poblogaidd ym Mhrydain. Fe'i cyhoeddwyd ar label *The English Folk Dance and Song Society*, ac yn ôl un ethnogerddoregwr adeg ei farwolaeth, *"England lost her best traditional singer."*[13]

Dwi'n dringo allan o'r Mwmbwls tua Langland, ac wedi hynny'n teimlo 'mod i ar y Gŵyr go iawn. Dwi wedi dod i ddisgwyl, mewn ardaloedd arfordirol fel'ma, boed ynys neu benrhyn, fod cryn dipyn o fyny a lawr i seiclwr fel fi. Ar ôl mynd i fyny am Langland, dwi'n cael mynd i lawr

‡‡ Maen nhw hefyd yn defnyddio *péninsule*.

§§ Mynd o gwmpas yn canu carolau.

i Gaswell, ac yno, mae traeth hyfryd iawn yr olwg, yn eithaf prysur ar y p'nawn braf yma o Fehefin. Dwi'n codi allan o fanno eto, ac yn araf ffeindio'm ffordd i ryw fath o blatfform lle mae natur y daith yn dod yn fwy cyson; yn berthog a gwyrdd, a dim ond ambell gip o'r môr fan hyn fan draw. Yn Pennard, dwi'n cael andros o drafferth pontio draw i briffordd de'r Gŵyr; yn ymbalfalu ar racsen o ffordd – dyliwn i fod wedi troi ynghynt, un ai yn Kittle neu ychydig wedyn. O gyrraedd y ffordd honno, dwi'n gallu rhoi pen i lawr a phedalu'n ddyfalbarhaus tan y diwedd. Oes, mae'n rhaid dygymod ag ambell allt, ond mae atynfa Rhosili'n ddigon i 'nghael i i newid gêr a bwrw iddi nes cyrraedd diwedd y daith.

A dim ond yn Rhosili yn llythrennol ydw i'n cofio rywsut mor agos ydy'r môr; oherwydd y perthi uchel sydd o boptu i'r lonydd, doedd y môr ddim yn gwmni cyson ar hyd diwedd y daith. Dwi'n parhau drwy'r pentref bach tlws nes bod dim modd mynd dim pellach, a'r bae yn ymestyn yn bell o 'mlaen. Am b'nawn dydd Llun, mae hi'n reit brysur, ond mae digon o le i bawb rywsut; y llwybr drwy'r gwyrddni'n hir tua Pen Pyrod sy'n codi'i ben o'r dŵr, y traeth yn un llinyn hir o aur am bellter mawr.

Diweddawd: Gwlad y Gân

Mae'n un o'r ystrydebau mwya'n bod... Cymru, gwlad y gân. Mae yn y 'gân' honno doreth o wahanol fathau o gân: o'r canu tafarn i'r canu corawl, canu cerdd dant a chanu gwerin, canu mawl a chanu opera, canu pop, canu roc, canu hip-hop... cofier hefyd mai 'canu' barddoniaeth, a 'chanu' offeryn, ydym ni yn y Gymraeg. Mae cân a cherdd yn perthyn i bawb, ac yn perthyn i bob rhan o Gymru: dim ond microcosm o hynny sydd wedi amlygu'i hun ar hyd y daith hon. Ac fel yr ydw i'n gallu mynegi fy hun wrth eistedd wrth y piano neu gymryd fy lle yn rhes gefn y côr, felly y gellir dod i fynegi a deall ein hunain a'n Cymreictod ar gerddoriaeth. Mae rhywbeth am Gymru sy'n mynnu mynegiant ar gân.

Cychwyn: Caerdydd

Gorffen: Rhosili

Pellter: 149km (93 milltir)

Dringo: 2,350m (7,700tr)

Amser gymerodd i mi, heb gynnwys egwyl: 7 awr, 23 munud

ym Mrycheiniog

Ymlaen â fo

Dydd Gwener, 27ain o Fehefin, 2025

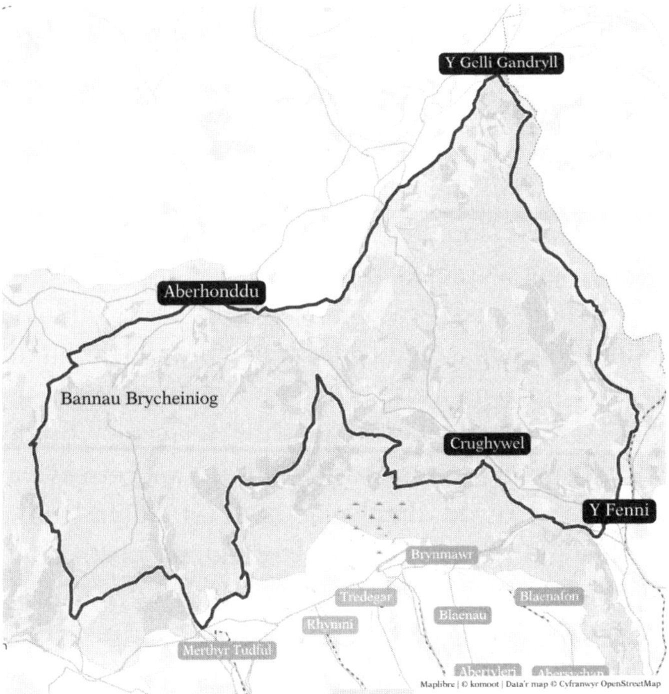

I

Yn ei fyd bach ei hun mae o; cysondeb cylchdroi'r pedalau'n llesmeiriol, yn ei sugno i'r cyflwr breuddwydiol hwn. Er mai megis dechrau mae o, yn sydyn iawn, fe ddiffydd ei ymgysylltiad â'r *byd go iawn*. Ac eto – dyna beri cwestiwn; pa un yw'r *byd go iawn*? Y byd a'i gadawodd wrth ddiffodd injan ei fodur y tu cefn i garej betrol yn Llyswen?

Yntau'r byd y mae o'n mentro iddo? Y byd hwnnw sy'n dawnsio ar ei anadl, yn siffrwd dros ei groen, yn deffro'i lygaid trwmgysglyd?

Bochrwyd, *Boughrood*, sydd ar arwydd y pentref cyntaf; wedi hynny, daw Brest Bochrwyd, a'i frest yntau'n dal gwynt y bore, a'r fest wynt, o gael ffydd, wedi'i gadael ar ôl. Mae'n ddiolchgar o'i Gymraeg, o rwyddineb y dafod; fyddai ganddo ddim syniad sut i ddechrau ynganu'r enw Saesneg, rhwng 'ch' ac 'ff' ac 'y' ac 'ow'. Ac fel y treigla'r llythrennau hynny'n rhwydd oddi ar ei dafod, felly y mae unrhyw ddirnadaeth o amser yn llithro o'i afael. Ac yna, rhyw sylweddoliad, rhyw ddealltwriaeth, rhyw fydolrwydd: yn sionc hyd y palmentydd yr aent, blant yn eu gwisg ysgol wyrddlas. O'u blaen hwy, fel o'i flaen yntau, mae 'Diwrnod'; wedi'i gasgennu, ei ddiffinio, ac iddo bileri pendant. Diwrnod ac iddo ddechrau a diwedd, a thu draw. Diwrnod fel pob un arall; diwrnod fel dim un arall.

Mae i'w diwrnod hwy bwrpas a diben yng nghyfundrefn y byd; cyfraniad i gyfundrefn y byd. Cyfundrefn sy'n rhoi bri ar fudd, defnydd, datblygiad, twf, symud ymlaen, neu o leiaf, symud i ryw gyfeiriad. Pa fudd, pa werth mae o'n ei gyfrannu i'r byd o droi'r pedalau drwy ddydd Gwener? Beth yw'r pwynt?

Ond does dim cyfeiriad, dyna'r pwynt: mae'n cychwyn ac yn gorffen yn yr un man. Yn llwybro, yn ymdeithio; yn gadael, ond er mwyn dychwelyd. Does dim angen dwy olwyn er mwyn *goroesi* – neu oes? Ai dyna'r pwynt?

I lawr un allt, mae'n gorfod arafu rhywfaint i roi lle i ddyn mewn oed groesi'r ffordd. Mae gan yr henwr ffon i sadio'i gerddediad; a'i gi ffyddlon o'i flaen, erbyn hyn yn ei arwain. I'r rhwydd gamwr hawdd ei gymell hwn, mae troedio'r llwybr bron yn ail natur bellach; mae'n 'nabod pob hoel yn y gwair, pob aroglau yn ei dynnu 'mlaen gerfydd ei drwyn. Mae'n cymryd cip am yn ôl, hwnt ac yma, i wneud yn siŵr nad ydy'r bwlch rhyngddo fo a'i gymar oes wedi tyfu'n rhy fawr.

Ac wedyn uwch eu pennau oll, mae 'na farcud yn hofran; yn cylchdeithio, goruchwylio, teyrnasu. Yntau'n ymdeithio, heb symud dim, ar y diwrnod cyffredin, anghyffredin hwn. Mae iddo baradwys ac iddo fur. Mur sy'n ymestyn o gornel chwith llygad y seiclwr i gornel ei lygad dde; y Bannau sy'n ei ffurfio. Y drum yn ddigon gwastad ar draws y llun, ac eithrio ambell i gainc greigiog. A'r golau'n tasgu ar y drum, mae ei lygaid yn ceisio troi'r mur yn enfys, yn crymu dros dir cyfoethog sy'n dal pob ddoe, pob heddiw ac yfory. Y bwa'n ffurfio porth naturiol; *dere 'mewn, mae yma groeso.* A chist yn llawn o drysor aur wrth un droed, hwyrach; yn y Gelli efallai. Neu ai yn y golau, ym mwa'r bryn, y mae canfod gwir drysor?

Mae'n rhyfedd sut mae ganddo gyn lleied o ddirnadaeth o le – o'i leoliad, ei drywydd – ac ar yr un pryd, gymaint o berthynas â'r lle, o ailgylchu ei aer â phob anadl a phob tro pedal. Nid seiclo ar fap mae o – dydy o ddim yn ymwybodol o'r ffin hanesyddol rhwng Brycheiniog a Maesyfed sy'n gorweddian yng nghanol pentre'r Clas-ar-Wy (*Glasbury*, ys dywed pob arwydd a map). Na, seiclo ar ffordd, ar dir, ar lwybr. Pethau y gellir eu cyffwrdd. Y diriaethol, y bydol.

Mae'n dotio at flagur y pentref ar foreddydd; y pentref hwn sydd â'i wraidd yn ddwfn, wedi tyfu ar sail y clas cyn belled yn ôl â'r chweched ganrif. Amgylchynid y Clas-ar-Wy gan berllannau ar un cyfnod; un ciwrad gweithgar yn magu blas unigryw i afal *Glasbury*. Mae ym mhob afal egin afal gwbl newydd, ac felly heb eu magu, byddai pob afal yn gwbl wahanol i'w gilydd, heb na thebygrwydd na chyfundrefn.

Cred rhai fod rhannau o ardd Eden ar wasgar hyd y

byd, ei pherllannau'n ffrwythlon hwnt ac yma. Chewch chi ddim cymryd afal; mae'n rhaid i'r goeden ei offrymu, dim ond pan mae'n barod. Efallai mai chwilio am weddillion Eden, am felyster byw, y mae'r seiclwr ei hun, felly; efallai mai dyna'r pwynt. Does dim cyfeiriad i'r cyrch; dim ond canlyn yr addewid y daw'r lôn i'w offrymu.

Yn y gobaith o ganfod y gist o drysor aur, fodd bynnag, yr â 'mlaen tua'r Gelli Gandryll ar y ffin, a hynny dan sŵn candryll loriau a mân foduron. I fyd y llyfrau, tua gwyrth y gair; y tu hwnt i'r ŵyl lenyddol flynyddol sy'n denu llenorion byd-enwog, mae yma ddwsin neu ddau o siopau llyfrau, ac un ohonyn nhw yn y castell ei hun. Llefydd da i chwilio, felly; i chwilio am reswm, am arwydd i droi'r dudalen, i gychwyn pennod newydd.

II

Efallai mai chwilio am wyrth *Y Gair* mae o, wrth droi am Fwlch yr Efengyl; enw sy'n sicr yn tarddu o ymdeithiwr neu ymdeithwyr yn efengylu, yn rhannu'r Gair. Ond pwy? Yn ôl un chwedl, yr Apostol Paul o Darsus ei hun oedd yr ymdeithiwr, yn y ganrif gyntaf, yn dod i gwrdd â Caradog (Caractacus); yn ôl un arall, crwsadwyr y 12fed ganrif oedden nhw. P'run bynnag, hawdd yw credu i'r ymdeithwyr hyn weld yma dystiolaeth gadarn o fawredd y Greadigaeth, yn ehangder gwyrdd y mynydd-dir hwn. A hwnnw'n brofiad melysach byth o gofio'r loes, o fod wedi ymlafnio i'w gyrraedd, o ddringo o lawr y dyffryn i ben y bryn.

Nid annhebyg ydy profiad y seiclwr chwaith, o gofio mai dyma un o'r mannau uchaf y gellir eu cyrraedd ar darmac yng Nghymru; yn bylchu rhwng Penybegwn a'r Twmpa – *between Hay Bluff and Lord Hereford's Knob*, ys dywed y Sais. Mae ambell un wedi dychanu'r nobyn hwnnw er budd creadigrwydd; mae'r band ôl-pync Half Man Half Biscuit yn sôn am gael rhyw wefr o eistedd arno... ond hefyd am brofiad sy'n nes at un yr efengylwyr – *"could this be heaven, could that be the Severn..."* [1]

Cymeriad anwadal ydy'r seiclwr, mae'n sylweddoli, wrth ddringo am y Bwlch. Weithiau, mae'n melltithio'r car sy'n dod i'w gyfwr, yn ei orfodi i stopio; dro arall, mae'n falch o'r ennyd i gael ei wynt ato. Weithiau, mae'n falch o wybod nad ydy o ar ei ben ei hun, fod rhywbeth, fod rhywun, rhag ofn; dro arall, mae'n gorfoleddu o gael bod ar ei ben ei hun, yn ei fyd bach ei hun.

Ac yna daw rhyw gyrhaeddiad. Mae'n cael ystwytho mymryn, wedi'r wasgfa; yn raddol, mae'n mentro i fyd arall. Ucheldir y Bwlch yn gwahodd, fel petai rhyw lenni wedi eu tynnu, fel petai pyrth y nef wedi agor. Mae'n pasio dafad heb ei chneifio, sy'n edrych yn rhyfedd o frenhinol yn ei gwisg rwysgfawr; ei theyrnas hi yw hon, mae'n amlwg.

Does wybod pa gyfrinachau a rhyfeddodau, pa 'rymusterau cyntefig',[2] sy'n cyniweirio oddi tano'r tir a rhwng y brwyn. Ond mae rhywbeth braf, rhywbeth buddiol hyd yn oed, o dderbyn popeth fel y mae, fel y'u gwêl â'i ddwy lygad ei hun. Oni chaiff o weld harddwch, a bod hynny'n ddigon?

Ond ar yr un pryd, mae'n teimlo bron fel pe bai'n tresmasu, mor agos y mae'n teimlo at bopeth. Yn llythrennol, mae ffordd y Bwlch fel llinyn hir o garped drwy wyrddni iraidd, heb na pherth na dim yn ei wahanu oddi wrth weddill y byd yma. Mae'r defaid a'r ceffylau gwyllt yn ei wylio'n mynd heibio; yntau heb fod yn siŵr p'un ai simsanu mewn parchedig ofn maen nhw, neu simsanu cyn hyrddio amdano. Ond braf yw gorfod rhannu, cael rhannu. Dyma berl o dir comin, ac yn hynny mae'r esboniad am yr agosatrwydd a'r pellter a deimla ar un waith. Mae'n perthyn i bawb – iddo fo fel ei gymheiriaid ar bedair coes – ac eto'n perthyn i neb.

Mae o'n meddwl ei fod o wedi cyrraedd y copa, fod hwn yn rhyw lwyfandir nad oes modd rhagori arno. Mae'n anghywir, mae rhagor. Nid llawer, serch hynny, wrth wylio cwàd yn diflannu rownd y gornel. Mynd yn ei sgil y gwna, a gadael yr ehangder y tu ôl iddo. Mae'n nadreddu hyd esgair y Mynydd Du, yn dynesu'n araf bach at ei uchelfan, cyn bylchu dros ael y bryn. Daw golygwedd newydd gyda hyn, a dyffryn Honddu'n ymagor, y lôn yn dilyn ei drywydd.

Mae'n rhannu gair â chyd-seiclwyr; rhannu barn ar y ffordd, rhannu llun eu llwybrau. Does wybod pa beth maen nhw wedi'i weld ynddo – *ti yw'r Mab Darogan, ie?* medden nhw yn eu Saesneg gorau. Mae'n rhaid bod eurgylch amdano, neu rhyw rith; hwyrach ei fod yn edrych fel tywysog ar gefn ei feic, hwyrach fod rhyw awdurdod yn ei bedalu. Hwyrach fod ieuenctid yn cynhyrfu, yn cynnau gobaith.

Ar i waered mae pethau wedyn am gryn amser. Mae'n gadael y tir agored, a dychwelyd at y wasgfa honno, yng ngwyrddni llachar, bythol y dyffryn. Mae'n cyrraedd pentrefan Capel y Ffin – a'r ffin honno mor agos, yn llechu rywle yn y dolydd draw, ac eto'n teimlo mor bell. Yr Honddu, sy'n gymar triw i'r chwith iddo, roes enw i'r pentref nesaf ar ei daith, sef Llanthony (Llanddewi Nant Hodni yn wreiddiol), lle mae Priordy Awstinaidd nid anenwog. Ceisio gwneud synnwyr o'r olion wna, yr adfeilion sy'n friwsion rhwng brigau'r coed, fel y mae o'n eu gweld nhw. Ond nid yw'n un am oedi; mae'n symud ymlaen.

Rhyw bryder sydd arno, byth ers cochni'r arwyddion *ffordd ar gau* a ddaeth yn rhybudd tua'r uchelfannau. Mae'n drwgargoeli, rhag cael ei siomi: pa bryd y bydd atal anffortunus ar ei daith?

Mae hi'n werth drwgargoeli weithiau, ond er profi pleser y siom ar yr ochr orau. Mae'n gwasgu heibio i lori fawr dew, fwy neu lai'n nofio drwy'r berth er mwyn cael gwneud. A mwya' sydyn wedyn, efô sy'n teyrnasu. Does dim car ar gyfyl y lle; fe gaiff igam-ogamu o un wefus y ffordd i'r llall, fel plentyn yn gwneud drygau, yn rhydd o bob hual.

Bydd y beic, a'r rhyddid a rydd iddo, yn atgyfodi'r plentyn ynddo; y chwarae dwli, y dawnsio ar y pedalau, yr hwyl garw wrth fynd ar i waered. Ac hefyd y loes o fynd ar i fyny, y wefr o gychwyn arni, a'r wefr o gyrraedd diwedd. Yr un yw'r lonydd, yr un yw'r symudiadau, yr un yw'r teimladau. Yr un yw'r reddf.

Am rannau helaeth o'i daith, ar grwydr yr aiff ei feddwl. Nid oes ystyr i lawer o'r hyn a wêl, na'r hyn a deimla. Mater o gyfeiriad yn unig yw hi, mater syml o gyrraedd rhywle, er mwyn symud ymlaen. Y rhywle hwnnw yw'r Fenni, yn nythfa'r bryniau o'i chwmpas. Bron na fuasai'n taeru ei fod o ar y cyfandir, cystal yw'r naws ar fore braf. Yn y Swistir, efallai, wrth i'r bryniau ymagor yn ddyffrynnoedd rhwng toeau'r tai; neu yn Ffrainc yn rhywle, yn llymeitian ar strydoedd o grynfeini. Ond nid yw'n oedi yma chwaith; mae'n symud ymlaen.

III

Ar lawr y cwm mae o, cwm Llanwenarth. A gwern i gilio ynddi fo'r Gilwern; cilio o orchwylion anodda'r pedalwr, a chilio o feddyliau prysura'r dyn. Mae yma lefydd da i gilio hyd yn oed ymhellach, i guddio hyd yn oed; mae yma ogofâu gyda'r mwyaf yn Ewrop.

Ai cilio, cuddio wna'r seiclwr ar gefn ei feic? Cilio mor bell nes cilio i ddim ond yr hyn sy'n greiddiol iddo – efô ei hun, a'r cymar sy'n rhoi iddo'i fodolaeth: y beic? Ydy o'n un â'r beic – ydy'r beic yn un ag o? Heb y beic, a ydyw'n bod? A ydyw'n bod heb bod perthynas rhwng ei gorff – y cerbyd, yr ymlafniwr – a'r beic – y cerbyd, yr ymlafniwr? Pa beth a ddaw o'r berthynas honno? Oes un bod parhaol, yntau ydy hi'n greadigaeth barhaus: pob anadl, pob tro pedal yn ymfywhad o'r newydd?

Neu, i'r gwrthwyneb, ydy o'n ddim ond dyn ar ei ben ei hun mewn man anghysbell? Ac onid dyna'r rhyddid mwyaf – y sylweddoliad nad oes *angen* cymar, nad oes angen plygu'r beic i ffurf cymar, fod ei gwmni ei hun yn ddigon? Does dim gair Cymraeg am *solitude* – onid ydy bod yn unig yn beth da weithiau?

Achos mae o mewn cwmni da, mae'n rhywbeth, mae'n *rhywun*, wrth ddringo i fyny o gyrion Crughywel ar ffordd fynydd lydan, ar ei ben ei hun. Onid peth felly ydy *solitude* – heddwch digymar?

Mae'n edrych draw at esgeiriau Pen y Fâl a Phencerrig-calch i Benygader Fawr sy'n ffurfio'r Mynydd Du ar ei hyd; hawdd yw gweld o le y daw'r enw, wrth i gymylau tywyll luchio cysgod trostynt a'u troi'n dduaidd. Mae llinynnau o olau am y dolydd o'u cwmpas, ond nid y rhain.

Mae pen ei ddringfa o lond llaw o filltiroedd yn dod i ben ar y ffordd sy'n bylchu rhwng Mynydd Llangatwg a Mynydd Llangynidr, dros Gefn Onnau. I lawr am Langynidr yr â ar wib, rownd un tro pedol ysgubol. Ac yna, wedi'r ymdrech, wedi'r ddringfa, mae'n ôl ar lawr dyffryn – yr Wysg – ac yn mynd tua Thalybont. Mae'n cilio drachefn.

IV

Mae dringfa hir o'i flaen; wedi troi i'r chwith yn Nhalybont ar Wysg er mwyn dechrau'r daith tuag i fyny. Mae'n dal i chwilio – am be, does wybod mwyach.

Yr unig gyfeiriad, yr unig bwrpas sydd ganddo'n awr yw para tan ginio.

Dygymod, ymgodymu â'r llethr, heb adael i ddim egni

fynd yn wastraff, cadw digon o hwyl, ac ymddifyrru yn ei amgylchfyd.

Ar y cymal yma o'r daith, mae'n pasio heibio dau lyn, neu'n gywirach, dwy gronfa ddŵr. Mae'n aml yn dychmygu ei hun yn nofio; mae'n hoff o nofio. Yn enwedig yn y môr. Lle mae ychydig o gerrynt i'w ysgogi, lle mae halltrwydd i hwyluso arnofio. Lle nad yw'n cyrraedd y llawr â blaenau ei fysedd, lle mae'n cynnal ei hun, gyda chymorth a choflaid y dŵr. Lle mae'n gwybod nad yw'r lan yn bell, eto'n ddigon pell i deimlo rhyddid, dihangfa. Lle mae'n anadlu drachefn, cyn plymio oddi tano, i'w fyddaru, i wthio'r ffin denau honno rhwng boddi ac arnofio.

Ac onid peth felly yw byw?

Gŵyr fod pyllau tywyll ar ei drywydd, gŵyr sut i gyrraedd y lan. Gŵyr y gall yr haul daflu golau ar wyneb y llynnoedd tywyllaf. Wrth ymylu â glan llyn Talybont, a'r ennyd o wastadedd a rydd iddo, mae'n cofio hynny.

Mae tipyn o dywyllwch o gylch y llyn, a braf yw ymadael â'r tywyllwch hwnnw, a dychwelyd tua'r golau. Daw i weld yr esgeiriau'n brysio i lawr tuag ato i'r chwith, cyn bo cryn allt yng nghyffiniau rhaeadrau Blaen-y-glyn i'w orfodi i godi o'r cyfrwy. Hoffai feddwl mai dawnsio ar y pedalau mae o, ond gŵyr fod y llethr yn rhy serth i hynny: brwydro gyda'r beic mae o. Tros ael y bryn daw newid cywair, daw gwynt i'w hwyliau, daw mwynhad.

Nid yw'n para'n rhy hir, gan fod cronfa ddŵr Pontsticill yn aros amdano, a chydag o, ambell allt serth i dorri ar y seibiant wedi'r dringo. O gyrraedd y pentref y tu pellaf i'r llyn, mae dau ddewis, dau lwybr yn cyflwyno'u hunain iddo. Dewis mynd ar i waered wna; dod i gyfwr â char a gweddïo am frêcs cryf, ac yna diolch. Yna croesi'r argae, yna diolch drachefn, wrth ymuno â llwybr breintiedig i'r di-fodur – Llwybr y Taf. Yna gogoneddu; gogoneddu yn yr hedd, yn yr heulwen yn dawnsio ar y gwyrddni, yn y gogwydd ffafriol. Yna dilyn y llwybr yn driw.

Cyrraedd un diwedd; pen un cymal, un cyfeiriad, un pwrpas. Cefncoedycymer, cyrion Merthyr Tudful, lle mae cinio'n aros amdano. Darllenodd am y lle: lle ac iddo un stryd "anolygus"; "estyniad blêr o dryblith digalon," "adeiladwyd ar wastraff".[3] Ond mae'n ymhyfrydu ynddo: ymhyfrydu yn yr haul mawr canol p'nawn. Ymhyfrydu yn y caredigrwydd. Canfod harddwch.

V

Mae'n troi am i fyny drachefn; pasio cronfa ddŵr drachefn. Llwyn Onn yw honno, a chwm Cadlan sy'n ei groesawu wedyn. Cadlan – lle y bu brwydr, lle y mae brwydr... i'r seiclwr, hwyrach? Dwy filltir o ddringo sydd iddo, ac er yn serth ar brydiau, mae'n un o'r dringfeydd hynny lle nad ydy o'n gallu peidio gwenu. Does dim i'w wneud ond mwynhau a rhyfeddu yn y golygfeydd ar ddiwrnod braf, mwynhau bod ar dir y byw. Mwynhau medru.

Daw alaw i'w grwydro mewn cyfyng gyngor ac mewn bodlondeb pefriog fel ei gilydd. Deryn y bwn o'r Banna, wrth gwrs, yw'r un sy'n dyfod ato heddiw. Mynd fel 'deryn, rhodio'r gwylia', y mae yntau hyd y disgyniad chwim. Ond efallai mai dyna ddiwedd ar y tebygrwydd; aderyn swil ydy aderyn y bwn, a'i blu hufennaidd yn rhoi cuddliw perffaith iddo. Ddaw o ddim i'r golwg yn aml, a fydd o byth ymhell o ryw guddfan neu'i gilydd. I'r gwrthwyneb, mae'r seiclwr – yr un yma beth bynnag – ar ei orau pan y caiff ledaenu ei adenydd mewn tir agored. Yn plygu i'r drefn sy'n ffafrio'i ysglyfaethwr – y moduron – ac felly'n ffafrio gwisg weladwy yn hytrach na chuddliw.

Mae'r cymal yma o'i daith yn llawn o'r cynfyd a chynhanes, ond daw i ben ym Mhenderyn – pentref atgyfodiad y chwisgi Cymreig. Nid yw'r seiclwr yma'n un am chwisgi ar y gorau – ac efallai na fyddai'n syniad rhy ddoeth i gael llwnc ohono rŵan. Nid yw'r ferch o blwy Penderyn, *wna 'nghalon glaf yn iach,* o gwmpas chwaith. Felly mae'n symud ymlaen drachefn.

Parhau i ddringo mae o, wedi ymuno â ffordd brysurach, tua'r tir agored o'r newydd. Nid yw'n troi am Ystradfellte, fel y mae pob arwydd yn ei annog i wneud. Â neb ar gyfyl y lle heb bwrpas, medden nhw. Ond mae'n fro unigryw er hynny, ac iddi fawredd na ŵyr y byd amdano. Mawredd na ŵyr yntau amdano, na ddaw i wybod amdano heb ddargyfeirio oddi ar ei lwybr. Mae wastad dro nesa', meddylia mewn ffydd, neu efallai mewn naïfrwydd.

Bwlch Maen Llia yw'r cymal nesaf ar ei daith, yn bylchu rhwng Fan Nedd a Fan Llia. Nid yw'r ddringfa'n or-galed o'r cyfeiriad yma, yn enwedig o gymharu â serthedd garw'r ochr gyferbyniol, a'r ffordd yn siâp penelin y diafol. Mae teimlad anghysbell i'r dringo yma, wrth i'r nant ddilyn ei daith tua'r dde, cyn dilyn ei thrywydd ei hun. Wedi hynny, daw i weld Maen Llia – y faen hir o dywodfaen – i sefyll yn unig, ond yn falch, yng nghanol y rhostir.

Mae'n hysbys fod Maen Llia'n un am grwydro, yn enaid cyfeiliorn. Mynd i yfed mae hi, llymeitian yn yr afonydd gerllaw. Afon Nedd yw ei thŷ potes pan fydd y ceiliog yn clochdar, Afon Mellte ar fore ganol haf. A rhwng Ebrill a Medi, bydd hi'n mynd ar ei hunion i yfed yn Afon Llia pan fydd yr haul yn isel gyda'r hwyr.[4]

Mae'r seiclwr yntau'n meddwi ar swyn y nentydd a'r afonydd hyn, wrth barhau ar ei daith a mynd dros ael y bwlch: gweld darlun o ehangder, a phlymio'n syth i mewn iddo. Drwy Gwm Senni siriol yr â gyda hyn, yng ngodreon y Bannau sy'n gymheiriaid ffyddlon i'r dde iddo.

VI

Gogoniant pur.

Cael bod ar Fynydd Illtud, medru seiclo ar Fynydd Illtud, a llyncu o rin yr aer fel llyncu diod ar ei dalcen.[5]

Llwybr tarw drwy'r rhostir sydd yma, a rhannau helaeth ohono'n unionsyth. Ehangle uchel o dir comin ydyw; gwlad anhygyrch, hyfryd. Gorwedd un ffermdy unig rhyngddo ef a'r bryniau draw; mae'n cenfigennu am gael y fath gilfan, y fath guddfan. Prin yw'r eneidiau'n gydymaith iddo; nid ei fod o'n malio am hynny, cystal yw'r profiad a'r berthynas.

Cynigir iddo olygfeydd arbennig o'i flaen, ac i'r dde, lle mae'r Bannau eto. O'i flaen, mynydd Epynt yn y pellter a ddaw i'w atgoffa o freuder yr hyn sydd anwylaf iddo. Cymuned – yn Epynt, golygai hynny y gellid gosod lliain wen y tu allan i'r tŷ os oedd angen cymorth, a byddai rhywun yn ateb y galw. Golygai 'Steddfodau a Chymanfeydd. Tir gwerthfawr. Cymreictod.

Gorfu i 52 o deuluoedd adael pan feddiannodd y Fyddin dir Epynt. Collwyd y gymuned a'r tir gwerthfawr yr oedd Cymreictod yn rhan mor annatod ohonynt. Beth sydd ar ôl ond hanesyn? Wel, mae gwaddol. Gwaddol y milwyr hyfforddwyd ar y tir; eu gwaddol yn holl ryfeloedd blin dau draean olaf yr 20fed ganrif, a chwarter cynta'r 21ain. Marwolaeth gynamserol, anghyfiawn sydd ar gerdded.

VII

Tynnu tua'r terfyn mae o. Neu yn hytrach, y terfyn sy'n tynnu arno fo.

Fe ddaw amser lle mae'n edrych ymlaen at ddiwedd y daith. Y daith olaf sigledig, amwys, sydd â thu draw na ŵyr amdano.

Eto, mae cadernid rywle ar bob taith, hyd yn oed y rhai

mwyaf sigledig ac amwys. Trefi sy'n cynnig hynny ar daith fel hon: Aberhonddu yw'r gyntaf. Does fawr ar ôl o hen waliau'r dref erbyn hyn, ond mae olion y Brythoniaid, y Rhufeiniad, a'r Normaniaid oll yn dal i fod yma. Wedyn, mae'n gadael i gyfeiriad Llanfihangel Tal-y-llyn; y llyn dan sylw yw Llyn Syfaddan filltir i ffwrdd, adwaenir hefyd yn Llyn Llangors. Gorwedd yn las a digynnwrf; eto, dyma'r llyn naturiol mwyaf yng Nghymru, ac eithrio Llyn Tegid. Ymlaen yr â wedyn am Dalgarth, sy'n ymhyfrydu yn ei chadernid fel prif dref hen dywysogaeth Brycheiniog – yma y trigai Brychan Brycheiniog. Bu ysbryd deffröad yn rhan bwysig o'i hanes, yn enwedig yn y 18fed ganrif: roedd yn ganolfan yr adfywiad Jacobaidd, ac yma y tarddodd yr adfywiad Methodistaidd, gan mai yma yn Nhalgarth y cafodd Howell Harris a William Williams Pantycelyn eu tröedigaethau.

Nid oes fawr o ysbryd deffröad yn y seiclwr erbyn hyn, er hynny. Wedi un allt fach arall drosodd i Lyswen, daw cau ar y cylch. Daw diwedd ar y daith, yn union lle dechreuodd hi. Pa bwynt oedd iddi, wedi'r cyfan? Can milltir o grwydro cyfeiliornus, heb na chyfeiriad na diben? Heb gyflawni dim?

"Mae'r diwedd yn y dechrau, ac eto, ymlaen â fo."[6]

Cychwyn: Llyswen

Gorffen: Llyswen

Pellter: 166km (103 milltir)

Dringo: 2,683m (8,800tr)

Amser gymerodd i mi, heb gynnwys egwyl: 7 awr, 54 munud

A'r alawon hen yn fyw

Dydd Mawrth, 18fed o Fehefin, 2024

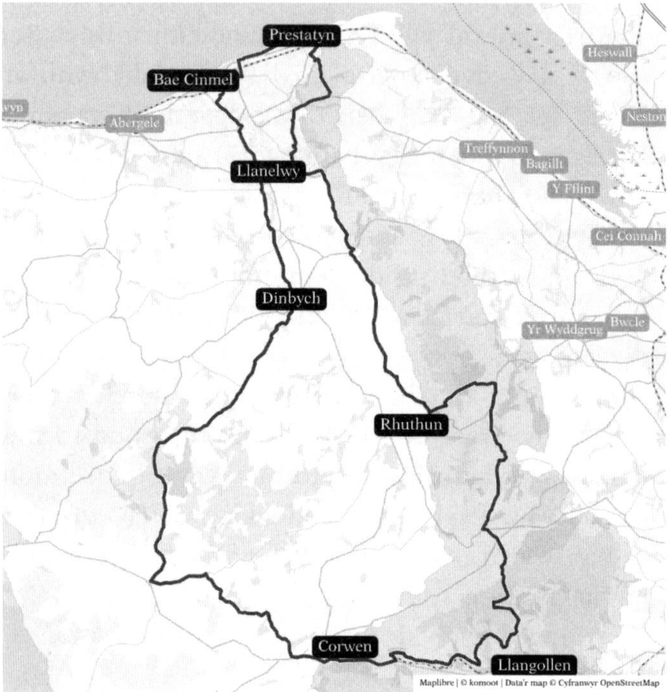

"The devotion of the Welsh to their land is proverbial, and homesickness is much the best-publicised of their national emotions – hiraeth, *that sense of longing which has been sentimentalised in so many treacly songs, and has even given its name to a range of hills, the* Hiraethog *mountains of the north. There are few more rooted peoples than the country* Cymry, *many of whose families have doubtless lived in the same district, pursuing the same callings, for a thousand years and more."*

detholiad o *Wales*, Jan Morris[1]

BETH YN UNION yw hiraeth erbyn hyn? Sut mae ei esgeiriau'n newid dros amser, wrth i'n perthynas ni â'n gwreiddiau, â phobl, â llefydd newid ac esblygu? Wrth i ddylanwadau o'r tu allan ddylanwadu, lliwio – darnio, hyd yn oed – ein dealltwriaeth o air, o gysyniad?

Mae'n air sydd wedi ennyn edmygedd rhyngwladol, ar raddfa sydd ar unwaith yn rhyfeddol ac yn chwerthinllyd. Hyd yn oed (neu efallai'n enwedig) ymysg y di-Gymraeg, fe welwch chi aml i gân, i ddarn o gelf, i flog neu bodlediad, sy'n honni dwyn ysbrydoliaeth ohono.

"Dwi'n siarad Cymraeg," byddwn i'n esbonio – ac mae'r hyn ddaw'n ateb yn eithaf rhagweladwy, ond mae ambell sgwrs benodol yn sefyll allan. *"Oh, I know a Welsh word,"* mae hi'n ateb. Dwi'n dal fy anadl. Pa un ddaw? Y gwatwar? Popty ping? Wibli wobli? Neu'r ddelwedd o gyfriniaeth (neu gyfrin iaith)? *"Hiraeth,"* meddai hi, a'r ynganiad ddim cweit yn taro deuddeg. "Hiraeth?" dwi'n ailadrodd. *"Yeah, here-ayth. Isn't it like this intense longing?"* meddai hi. "Wel… am wn i," meddyliwn innau. *"Me and my friend, we were going to make a short film about it,"* mae hi'n esbonio. O, felly?

Ai apêl cysyniad estron ydy apêl *hiraeth*? Cysyniad sydd ond, yn eu tyb nhw, yn gallu cael ei gyfleu mewn iaith arall? Yn air sy'n llenwi bwlch yn niffyg eu hiaith hwythau, y gair na ellir mo'i gyfieithu?

Mae sawl un wedi rhoi tro ar ei gyfieithu, fel y mae un pryd ar borfa fras y we'n ei awgrymu. Dyma ddewis tair enghraifft:

> *"A blend of homesickness, nostalgia and longing,* hiraeth *is a pull on the heart that conveys a distinct feeling of missing something irretrievably lost."* [2]
>
> *"At its core,* hiraeth *boils down to an awareness of the*

presence of absence, kindling a feeling in which pain and joy are braided too tightly to untangle."[3]

"L' hiraeth, *c'est la nostalgie d'une contrée dans laquelle nous sommes dans l'impossibilité indépassable de nous rendre."* [4*]

Ac eto, does 'na'r un ohonyn nhw'n taro deuddeg yn llwyr i mi. Wrth gwrs, mae aml i syniad yn weddol agos ati: mae'r syniad na ellir mo'i gyrraedd fyth yn rhy gyfyng, ond, mi wna' i dderbyn ei fod o'n tynnu ar y galon. Mae 'presenoldeb yr absennol' yn gymeradwy, os annelwig. Dydw i fy hun ddim yn meddwl ei fod o lawer gwahanol i'ch *longing* neu'ch *yearning*: er, yn eironig ddigon, efallai mai dirnadaeth Gymreig o'r geiriau hynny sydd gen i wedi'r cyfan. Byddwn i'n mentro dweud ei fod o'n deimlad neu'n brofiad mor ddwys oherwydd fy mod i'n hiraethu am ran ohonof i (sydd eto'n disgyn i fagl amwysedd) – boed yn lle, yn berson, yn atgof, yn gysyniad o gymuned neu o Gymru, er enghraifft.

Eto i gyd, wn i ddim p'un ai dyna 'ngwir ddirnadaeth gynhenid o'r gair, ac i ba raddau y mae o wedi'i ddylanwadu gan y rwdl-mi-ri o'i gwmpas.

Ond i mi, y peth pwysicaf yw'r canlynol: rhyfeddod iaith yw bod y rhan helaethaf o'i geiriau'n colli peth o'u hystyr, o'u hathroniaeth o'u cyfieithu. Geiriau beunyddiol fel 'glas' (gweler 'glaswellt'), 'gwyn' ("byd gwyn fydd byd a gano"[†]), 'bwrw' (bwrw glaw, bwrw bol, bwrw rhywun), 'cerdd' (dafod neu dant), 'canu' (ar dafod neu dant), 'tro' (am dro, tro trwstan, fy nhro i, yn ei dro).

---

* "Hiraeth yw'r nostalja am wlad sy'n amhosib, a hynny'n anorchfygol, i'w gyrraedd."

† "Byd gwyn fydd byd a gano, / gwaraidd fydd ei gerddi fo." (T. Gwynn Jones) yw arwyddair Eisteddfod Llangollen. Yn eironig ddigon, roedd bygythiad iddo gael ei ddiddymu yn 2023, oherwydd pryder y gellid dehongli cyfieithiadau peirianyddol ("white world") fel rhywbeth hiliol.

Mae 'hiraeth', fel rhan helaeth o'n geiriau, ac yn wir fel y mawn a'r grug ar fynydd Hiraethog, â'i wraidd ym mhridd Cymru, ac wedi tyfu dan siffrwd ei hawel.

*

Yn weledol, mentrwn i ddweud fod y darlun o hiraeth i mi'n debyg iawn i'r darlun o fynydd Hiraethog ar ddiwrnod niwlog. Y lliwiau'n pylu i ryw hagrwch sy'n anesboniadwy o hardd; mae iddo wytnwch, mae iddo barhad. Mae'n eang, a'r aer rywfaint teneuach, ac fe gewch chi olygfeydd am filltiroedd meithion i lawr am ddyffryn Clwyd a thu hwnt.

Ardal o dir uchel ydy o, yn hytrach na 'mynydd' yn yr ystyr arferol (sydd, mae'n siŵr, yn profi'r pwynt uchod); ardal o rostir sy'n gorchuddio oddeutu can milltir sgwâr. Fe'i lleolir ychydig i'r gogledd orllewin o Edeyrnion, ac ychydig i'r gogledd ddwyrain o Uwchaled. Erbyn heddiw, mae'n denu pobl am ei choedwigoedd, am ei throfeydd, am Lyn Brenig a Llyn Alwen sy'n atynfa i gerddwyr a beicwyr fel ei gilydd. Mae pobl wedi ymgartrefu ac ymddiddori yn y dirwedd ers canrifoedd lawer; mae yma hoel y cloddio am fawn, ac yn yr oes a fu, gallai'r mynydd ddigoni ei bobl, a'u ffordd hwy o fyw.

Am fynydd Hiraethog, felly, yr ydw i'n anelu yn rhan gynta'r daith. Yng Nghorwen mae ei dechrau, 'Tref Glyndŵr'. Fe'i magwyd ychydig ymhellach i lawr yr afon yng Nglyndyfrdwy, ac o fewn ychydig lathenni wedi i mi adael y maes parcio, dwi'n pasio'r cerflun ohono. Yn ei osgo ryfelgar, mae'n codi hiraeth am wrthryfel, am annibyniaeth, am Gymru gref; a fu cymeriad hanesyddol mwy pruddglwyfus na'r hwn sydd ynghudd yn y niwlen ar y Berwyn uwchlaw? Bydd eraill, o gyrraedd Corwen, yn hiraethu am ddyddiau'r pafiliwn, oedd yn un o gyrchfannau mwya'r sîn roc Gymraeg yn 80au a 90au'r ganrif ddiwethaf.

Diddorol yw nodi mai fel yma yr ysgrifennodd yr Almaenwr Julius Rodenberg am Gorwen yn ei ysgrif daith, 'Ein Herbst in Wales', ym 1856:

> Yn union fel y cwyd natur yma greigiau gwenithfaen olaf yr ucheldir, felly hefyd y cysegra hanes y tir hwn ag atgofion olaf a mwyaf hiraethus Cymru'r hen amser.[5]

Mae'r cyflwr neu'r "emosiwn cenedlaethol"[‡] yma o hiraethu am hen amseroedd yn un sy'n bodoli ar raddfeydd mawrion a rhai bychain, ac fel y gwelsom ni, mae a wnelo â gwreiddiau yn aml iawn. Mae gwreiddiau dwfn yn nodwedd o sawl teulu o Gymry, ac i mi, mae'r gwreiddiau dyfnion hynny i'w canfod yn yr ardal yma ar ochr fy Nhad. O bori a chwynnu'n ddi-ben-draw drwy luniau a chopïau o *Hel Achau*[§] yn ystafell gefn tŷ Nain ar gyrion Coedpoeth, daw'n amlwg cyn lleied y bu i'r ffrwd deuluol hon symud o gwmpas. Â'r papurach â ni'n ôl i'r 18fed ganrif, a'r un yw'r cyfenwau, yr un yw'r plwyfi sy'n ymddangos, a'r rheiny mewn dalgylch go gyfyng. Ond mae un wraig wedi dod cyn belled â Llanuwchllyn, cofiwch!

I Gorwen aeth Nain i'r ysgol, a dwi'n olrhain ei thaith hi adre i hen ystâd Melin Rhug. Er 'mod i, mewn gobaith, wedi rholio'r gôt law'n dwt yn fy mhoced, mae ei hangen arnaf o'r dechrau'n deg. Mae hi hefyd yn gythreulig o oer, ac felly fydd yr haenen ychwanegol o gynhesrwydd ddim yn ofer chwaith. Dwi'n troi i'r dde i ddilyn y lôn sy'n anelu am i fyny gyferbyn â'r casgliad o hen adeiladau fferm sydd wedi eu hailbwrpasu'n siop organig, cigydd,

‡ O epigraff yr ysgrif.

§ Cylchgrawn Cymdeithas Hanes Teulu Clwyd.

caffi, tŷ bwyta, a lle pryd ar frys, ymysg pethau eraill. Dilyn yr arwydd am Fetws Gwerful Goch ydw i – plwyf hollbresennol ym mhapurau tŷ Nain – ac yn ymwybodol fod 'na gyfle i gynhesu'r dyfroedd wrth ddringo dros y bryn i'r pentref. Dydy hi ddim cweit mor galed â'r ochr arall sy'n dringo o'r pentre'; honno oedd un o'r dringfeydd cyntaf oedd yn codi ofn arna' i fel plentyn ar feic. Mae ei harwyneb a'i serthedd yn ei gwneud hi'n anodd mwynhau unrhyw gyflymder neu gyfle am ysbaid wrth fynd ar i lawr, serch hynny.

Dwi'n hoff iawn o'r rhan yma o'r byd ar feic – y lôn sy'n mynd o Faerdy i Glawddnewydd yn enwedig, o bosib am fod copaon sir Feirionnydd i'w gweld o hyd.[¶] Dwi'n cyrraedd y groesffordd ym Metws GG – y ffordd hawsaf o osgoi unrhyw anghydweld ynghylch p'un ai Gwerful neu Gwerfyl neu Gwerfil ydy'r sillafiad cywir. Gwerful sydd yn y Geiriadur Enwau Lleoedd fel yr enw cyfoes; Gwerfyl a nodwyd ym 1730. Y naill ffordd neu'r llall, credir mai merch i Cynan ab Owain Gwynedd oedd Gwerful Goch, roddodd nawdd i godi'r betws yma, mae'n debyg, yn nechreuadau'r 13eg ganrif.[6]

Pe bawn i'n troi i'r dde, byddwn i ar drywydd y bachgen bach o Felin y Wig (welodd erioed damaid o gig, ys dywed yr hwiangerdd), ac mae 'na dipyn o allt allan o fanno hefyd i gyfeiriad Clawddnewydd. Ond heddiw, dwi'n troi i'r chwith, ac ar ôl croesi'r bont yn troi i'r dde i gyfeiriad Llanfihangel Glyn Myfyr. Gan mai mynd o ddyffryn i ddyffryn ydw i, mae 'na gryn dipyn o waith dringo ar gychwyn dydd fel hyn, yn gyfres o elltydd sy'n pentyrru nes cyrraedd pwynt ucha'r bore ar fynydd Hiraethog. Ar

¶ Mi'r oedd yr ardal yma'n rhan o'r hen sir Feirionnydd cyn dod yn rhan o Glwyd wedi diwygiadau 1974; bellach mae'n rhan o sir Ddinbych.

y cyfan, mae'r arwyneb yn dderbyniol iawn ar y ddringfa fach yma, dim byd gwirion o serth, a'r cyfan yn ymagor i gynnig golygfeydd o ddolydd gwyrddion sy'n ymestyn ymhell i'r dde ichi tua bryniau Clwyd.

Mae 'na gyfle am fymryn o ysbaid wrth wibio i lawr am Lanfihangel Glyn Myfyr; y glyn yn yr achos yma yw'r un grëir gan afon Alwen. Dwi'n mentro i sir Conwy am ryw ychydig fan hyn wrth ddringo llethr digon serth allan o'r pentref i gyfeiriad Cerrigydrudion. Yn y fan honno, dwi'n troi i'r dde gan ddilyn yr arwydd am Lyn Brenig, lle bydd stribyn o ryw chwe milltir lle bydd y pentyrru elltydd yn parhau. Mae'r ffordd yn un ochr o'r *Evo Triangle* drwgenwog, sy'n cysylltu Cerrig, Pentrefoelas a Llyn Brân, ac yn boblogaidd iawn ymysg rhai sydd â'u bryd ar yrru er pleser neu gyflymder. Cyn cyrraedd Llyn Brân, fodd bynnag, dwi'n troi i'r dde gan ddilyn yr arwydd am Nantglyn, lle bydd un ymdrech fach olaf i gyrraedd pwynt ucha'r daith yn ei chyfanrwydd, a ddynodir yn ddiseremoni gan rid gwartheg.

Efallai mai 'mhroblem i ydy hyn, ond bob tro fydda' i'n seiclo yng Nghlwyd, mae hi'n dywydd llwydaidd, yn ymylu ar fod yn big. Yn sicr, dydw i erioed wedi bod ar fynydd Hiraethog ar ddiwrnod braf, felly mae gen i ryw ddarlun yn y 'mhen o'r hyn dwi'n ei alw'n dywydd 'Clwydaidd'. Ond, er parch i'r lle, dyma'r unig dro drwy'r dydd y llwyddodd yr haul i wthio drwy'r cymylau am ryw hyd. Buan iawn, serch hynny, y daeth hi'n law eto.

Chewch chi ddim llawer o ddisgyniadau cyn hired â'r un sy'n mynd o Lyn Brenig i Ddinbych yng Nghymru gyfan, ac felly mae hi wastad wedi bod yn ffefryn gen i. Tua saith milltir o oriwaered sydd bron â bod yn ddi-dor, gan orffen reit wrth droed y castell. Mae gwreiddiau llinach fy Nhaid, ochr 'Nhad, yn y rhan yma o'r byd; eu cartrefi oedd ffermydd y fro, ac maen nhw bellach yn gorwedd yn hedd Nantglyn a Phentre Saron.

Pan dwi'n cyrraedd y groesffordd sydd â Nantglyn i'r chwith a Phentre Saron i'r dde, mae arwydd mawr coch drwgargoelus yn cyhoeddi fod y ffordd ar gau. Mewn sefyllfa fel hyn, mae 'na ddau ddewis. Ildio i awdurdod, a dilyn arwyddion melyn y gwyriad, neu goelio 'mod i uwchlaw hynny, a rhoi tro arni beth bynnag (effeithio moduron fyddai o p'run bynnag, ie ddim?). Heddiw, dwi'n penderfynu plygu i'r drefn o ddilyn y melyn, gan na fyddai gorfod troi'n ôl a dringo i'r un lle yn plesio o gwbl. Y ddwy ffordd bosib i barhau i'r cyfeiriad yma fyddai troi i'r dde am Ddinbych yn Nantglyn ei hun, neu ar y gwaethaf, fynd cyn belled â phriffordd Bylchau a'r Groes. Y naill ffordd neu'r llall, yn fy meddwl i, allai hyn ond bod yn beth positif, am ei fod o'n bownd o ymestyn y goriwaered.

Wrth gwrs, o fyw mewn gobaith, mae rhywun yn mynd i gael ei siomi o bryd i'w gilydd. Mynd cyn belled â'r briffordd oedd rhaid, a hynny'n golygu fod allt ag arwydd 25% i'w thaclo ar ôl Nantglyn: ddim cweit be' oedd gen i mewn golwg. Ond heblaw am hynny, dwi'n meddwl â gwydr hanner llawn, roedd y pedalu'n rhwydd ar y cyfan, hyd yn oed os nad oedd hynny'n golygu hwylio'r holl amser.

*

Yn Ninbych – 'Dimbech' neu 'Dimbach' i unrhyw un â mân gysylltiad â'r lle – mae'r gorffennol a'i hanesion yn fyw yma. Bydd sawl un yn meddwl am yr ysbyty meddwl, neu'r 'seilam' fel y'i gelwid gynt, agorwyd ym 1848 – er nad oedd dim triniaethau iechyd meddwl tan y 1930au – ac a gaewyd ym 1995. Yn y dref ei hun, mae sawl rhan wreiddiol o'r castell yn dal yno i'w gweld a'u cyffwrdd, ac mae i sawl ffigwr nodedig o'r gorffennol gysylltiadau â'r cyffiniau – Humphrey Llwyd (1527-68), hyrwyddodd le Cymru yn hanes Prydain;** Twm o'r Nant (1739-1810), y dramodydd ffraeth; y llenor Thomas Gee (1815-98) a sefydlodd Wasg Gee, a brynwyd gan Kate Roberts (1891-1985) a'i gŵr, Morris T. Williams, ym 1935.

Dwi'n pasio ail gerflun y dydd – yr un o Henry Morton Stanley ar y stryd fawr. Fe'i ganwyd yn blentyn siawns, dan yr enw John Rowlands, ond ar ôl dianc ar y môr a chyrraedd New Orleans, cymerodd enw'r sawl a'i mabwysiadodd, Henry Stanley. Ar ôl brwydro ar ddwy ochr Rhyfel Cartref America, fe ddaeth yn newyddiadurwr; un tra enwog erbyn 1869, ar ôl ei sgŵp o ddarganfod yr anturiaethwr David Livingstone – a'r geiriau honedig "Dr Livingstone, *I presume*?" – nad oedd 'neb' wedi'i weld ers dwy flynedd. Ym 1874, fe'i hanfonwyd i forio yn Affrica eto i olrhain cwrs afon Congo tua'r môr – dirgelwch i bawb yn y cyfnod – ac ysgrifennodd am yr antur yn ei lyfr *The Dark Continent*. Wedi'r profiad hwnnw, fe gafodd ei recriwtio gan Frenin Leopold II o Wlad Belg, ac fe chwaraeodd rôl allweddol yn sefydlu a chynnal cyfundrefn wladychol, ymelwol Gwladwriaeth Rydd y Congo.[7]

Yn 2021, fe gafwyd cryn gythrwfwl ynghylch p'un a ddylid diddymu'r cerflun; ar y pryd, roedd sawl cerflun o ffigyrau â chysylltiadau â gwladychiaeth yn cael eu difrodi, eu hanharddu, neu eu tynnu i lawr. Roedd y dadleuon o'r ddwy ochr yn Ninbych yn tueddu i ganolbwyntio ar hanes cymhleth Stanley ei hun, a chwestiynu ei union ran yn y fenter imperialaidd yn y Congo. Fe godwyd materion ehangach am ein perthynas â phenodau tywyll y gorffennol; 'allwch chi ddim â dileu hanes' yr egwyddor o blaid cadw cerfluniau o'r fath, 'mae cadw'r cerflun yn

** Ei waith *Cronica Walliae* oedd y mwyaf dylanwadol a chynhwysfawr ar hanes Cymru tan y 19eg ganrif.

mawrygu'r unigolion hyn i statws arwyr' ar ochr arall y geiniog. Wedi ymgynghoriad cyhoeddus, penderfynwyd cadw'r cerflun.

Yn fwy cyffredinol, dwi'n credu fod 'na duedd yng Nghymru i fychanu'n rhan yn y penodau tywyllaf hynny o'n gorffennol; cymerer er enghraifft y balchder a deimlir na ddefnyddiwyd trais wrth sefydlu'r Wladfa, yn 'wahanol' i ddulliau gormesol y 'Saeson' neu'r 'Prydeinwyr' neu'r 'Ymerodraeth'.[8] Wrth gwrs, mae i bob achos unigol ei gyd-destun unigryw a'i gymhlethdodau, a hwyrach na ddylem ni farnu'r gorffennol yn ôl safonau'r presennol. Ond y gwir yw fod agweddau hyd heddiw – megis y 'myth cyfeillgarwch'[9] â brodorion y Wladfa yng ngeiriau Lucy Taylor – yn gallu bod yn broblematig. Nid barnu'r gorffennol o reidrwydd, felly, ond herio delweddau rhamantus a gweithredoedd yr oes ohoni, sydd â delfrydoli hiraethus wrth eu craidd.

Na, allwch chi ddim â dileu hanes, ac oes, mae tuedd i fawrygu a chlodfori unigolion a digwyddiadau o'r gorffennol. Mae gwerth, felly, i gadw hanes yn fyw; cwestiynu, pwyso a mesur, a pheidio â gorffwys ar ein rhwyfau.

*

Dwi'n cael mymryn o drafferth gadael Dinbych. Gan fod fy mapio o flaen llaw ar y cyfrifiadur bach wedi mynd yn ffliwt am y tro o achos y gwyriad, dwi'n gorfod dilyn fy nhrwyn – rhywbeth dwi'n eithriadol o wael am ei wneud. Yn 'diwedd, dwi'n dod o hyd i'r ffordd gefn rhwng y dref a Llanelwy, a honno'n brysurach nag oeddwn i'n ei ddisgwyl. Mae'r cyfrifiadur bach wedi dod yn ôl at ei goed erbyn hyn, ac yn dangos i mi leoliad a hyd y gwahanol elltydd, a dwi'n llawenhau o weld nad oes un arall gwerth sôn amdani tan

Prestatyn, ryw bymtheg milltir i lawr y lôn. Dwi'n ymuno â'r lôn isaf yn Nhrefnant reit cyn y ddwy gornel dynn, ac fel yr o'n i wedi'i obeithio, yn cyrraedd Llanelwy o fewn tair awr o gychwyn y daith. Bellach, mae'r nifer o fetrau uwchlaw'r môr wedi disgyn i ffigyrau sengl, fel y tymheredd.

Mae yn Llanelwy gysylltiadau â'r modd yr ydym ni'n tueddu i dynnu o'r gorffennol – ceisio cadw neu adfer elfennau ohono – er mwyn cynnal y Gymraeg a'r (hen) ffordd Gymreig o fyw. Yn yr 16eg ganrif, newidiodd Elizabeth I y grefydd swyddogol o Gatholigiaeth ei chwaer i Broestaniaeth, ond roedd cohort tra niferus yn Llanelwy a safodd yn erbyn y Diwygiad, er mai yn y lleiafrif bychan oedden nhw ar raddfa genedlaethol. Rhoesant hwythau eu bryd ar adfer yr Hen Ffydd, lle'r oedd y pwyslais ar Sagrafen dros bregethu'r Gair. Roedd Rhosier Smyth (1541-1625), yntau o Lanelwy, yn un o bymtheg o glerigwyr aberthodd eu bywoliaeth dros eu safiad yn erbyn Sefydliad Elizabeth. Bu'n teithio ledled Ewrop, fel ambell un arall o'r mudiad; un rheswm dros ei fethiant oedd anghytundeb yn eu plith ynghylch yr hyn a berthynai i Gatholigiaeth gyfandirol, a'r hyn a berthynai i'r Hen Ffydd.[10]

Er i rai o arferion yr Hen Ffydd – fel pererindota, gwneud arwydd y groes, parchu ffynhonnau sanctaidd, gwyliau mabsant[11] – bara ymysg pobl gyffredin am ganrifoedd wedyn, yr eironi mawr yw fod y Diwygiad wedi esgor ar gyfieithu'r Beibl i'r Gymraeg, a hynny wrth gwrs yn un o'r ffactorau ddyfynnir fynychaf wrth olrhain parhad yr iaith, a chydag o'r ffordd Gymreig o fyw. Yr eironi mwyaf yw fod pensaer y cyfieithiad hwnnw, William Morgan, yntau wedi ei gladdu yn Llanelwy.

*

Dwi wastad yn betrusgar am lwybrau seiclo pwrpasol. Dwi'n gwybod, dwi'n siarad ar goedd am eu pwysigrwydd a'u gwerth. Ond, a bod yn deg, mae 'na lawer un sydd ddim cweit yn taro deuddeg, yn bennaf am nad ydyn nhw'n cael gwaith cynnal a chadw teilwng.

Roedd ymuno â Lôn Clwyd[††] yn rhyddhad ac yn bleser. Mae'n rhan orffenedig o lwybrau ehangach anorffenedig, gan fy arwain i o dref Llanelwy (nid dinas, er ei chadeirlan a sawl ymgais) hyd y bedair neu bum milltir i'r Rhyl. Mae'n cychwyn fel llain sy'n cyfochri â'r ffordd ddeuol cyn Rhuddlan, lle mae'n gwyro i ffwrdd o'r dre tua'r morfa heibio'r maes carafanau. Does dim elltydd yn rhwystrau wrth gwrs, ond am ei bod hi mor agored ar brydiau, mi 'ro'n i wir yn teimlo'r gwynt gogleddol yn gwthio'n fy erbyn. Mae ambell i giât hefyd yn lladd momentwm ryw ychydig, ac am ei bod hi'n llwybr amlddefnydd, mae gofyn bod yn wyliadwrus o eraill a'u cŵn ac ati. Rywle arni y mae'r ffin annelwig honno rhwng sir Ddinbych a sir y Fflint – annelwig yn yr ystyr fod Llanelwy a Rhuddlan yn sir y Fflint yn hanesyddol, ond bellach yn disgyn o fewn i awdurdod lleol sir Ddinbych.

Ar ôl bod yng nghefn gwlad y dyffryn am gyhyd, mae'r awyrgylch yn newid yn go sydyn o gyrraedd y Rhyl. Dwi'n sylwi mor drawiadol ydy'r newid clir o blacardiau gleision y Torïaid hyd llawr y dyffryn, i'r cyfresi o rai cochion Llafur hyd strydoedd y dref. Dydy hynny'n ddim syndod, wrth reswm, ond fe'm trewir gan eglurder y gwahaniaeth rhwng y gwledig a'r trefol.

Yn fy meddwl i beth bynnag, mae'r Rhyl yn gyrchfan, yn lle i fynd ar drip. Wedi'r cyfan, 'Y Trip' oedd enw'r bennod o C'mon Midffîld lle daeth y tîm yma i galifantio (a chwarae pêl-droed), ac fel llawer un arall dros y degawdau, "i'r Rhyl

†† Dilyn arwyddion 5 ac 84 y Rhwydwaith Seiclo Genedlaethol.

yr aeth o ar drip Ysgol Sul" meddai Hogia'r Wyddfa am Wil Tatws Trwy'u Crwyn.

Cymherir y Rhyl yn aml â'i chymdoges, Llandudno, ill dwy yn drefi glan môr Fictorianaidd yn denu ymwelwyr. Teg dweud nad pawb fydd yn canu clodydd y lle: doedd hi ddim help mai yma y taflodd rhywun wy at John Prescott yn 2001, a chael dwrn amdano. Ers canol y 19eg ganrif, mae'r Rhyl wedi denu ymwelwyr "llai dosbarth-canol".[12] Gyda hynny, mae'n siŵr, y daeth rhyw ddirmyg gan estroniaid at y lle: a dyfynnu un o bobl y Rhyl, Andy Welch, yn *Welsh (Plural)*: *"there's absolutely no way you'd say you were from Rhyl if you weren't"* (a ddywedir gyda thafod yn y boch bid siŵr).[13] Ei *Welsh accent* fondigrybwyll sy'n cael sylw ganddo yn yr ysgrif: mae'n debyg mai gyda dyfodiad twristiaeth Fictorianaidd, a'r orsaf drenau gydag o, y dechreuodd y broses hir lle ymdebygodd acen y Rhyl (fel gweddill y rhan yma o'r byd) yn raddol i acenion y tu draw i Fae Lerpwl.[14] Honnir i'r acen golli ei hen 'Gymreictod' – hynny yw tebygrwydd i dafodiaith sir Ddinbych ac ati. Dros amser, gyda sylw'r cyfryngau a diwylliant Cymreig yn aml yn hepgor eithafion y gogledd ddwyrain (ac mewn rhai llefydd bydd y signal yn rhoi BBC North West ymlaen beth bynnag), does ryfedd i Gaer, Lerpwl, Cilgwri, hyd yn oed Llundain, deimlo'n fwy hygyrch, agos, yn fwy cartrefol hyd yn oed, na Chaerdydd, er enghraifft.[‡‡] Eto i gyd, fel hyn y crynhöwyd y cyfan gan yr ieithegwr David Crystal: *"They sounded as Lancashire as anything. Not exactly Lancs, but that's the point. Even so, they felt as Welsh as the hills."*[15]

*

‡‡ "Does dim angen siwrne i Lerpwl / a Lerpwl 'di dod ataf i." – Grahame Davies, 'Lerpwl', yn *Adennill Tir*.

Yn y Rhyl, dwi'n ymuno â llwybr arall sy'n glynu'n dynn at lan y môr, a'i dilyn nes cyrraedd Prestatyn. Mae'n rhaid nadreddu fy ffordd o gwmpas sypiau o dywod o bryd i'w gilydd, ond fel arall, mae'n ddigon dymunol i'w seiclo, a'r tonnau'n gwneud twrw ar y chwith imi, ac ychydig o brysurdeb yn rhoi'r argraff o ardal hyfyw. Ym Mhrestatyn, mae'n ymddangos fel pe bai datblygiad lletygarwch eithaf ffyniannus i'w gael ar y ffrynt, ac nid nepell ohono, mae 'na gerflun go drawiadol siâp polo mint sy'n dwyn yr enw 'Dechrau a Diwedd', i nodi un pen i lwybr Clawdd Offa.

Dechrau ar her wahanol sydd i mi, fodd bynnag, wrth adael Prestatyn heibio'r hen Pontins: yr allt sy'n esgyn o'r dref glan môr i bentref Gwaenysgor. Heddiw ydy'r tro cyntaf i mi fod y ffordd yma, a minnau heb fod yn hollol siŵr o beth i'w ddisgwyl; er, mae'n rhaid bod rhyw reswm ei fod o'n teilyngu ei le ar wefannau ac mewn cyfrolau am seiclo.

Troi i fyny wrth y goleuadau traffig wrth ymyl tafarn y Cross Foxes sydd raid, ac mae'n dechrau'n gymedrol. Ond yn fuan iawn wedyn, dwi'n ffeindio'n hun yn clicio'n ffordd i lawr drwy'r gêrs, ac yn yr un leia', sydd ddim yn argoeli'n dda am weddill y ddringfa. Ar ôl troi i'r chwith mae pethau'n dechrau go iawn, a'r arwydd yn fy nghroesawu'n ôl i barth yr Ardal o Harddwch Naturiol Eithriadol. Mae'n gostegu ryw fymryn wedyn wrth i'r ffordd gulhau rhwng dwy wal isel, cyn codi eto rownd cornel dynn, a dwi'n parhau allan o'r cyfrwy'n dyrnu'r pedalau. O ymadael â'r coed, mae'r ffordd fel wal o 'mlaen, a gofyn tipyn o ymdrech er mwyn parhau i symud; 'dech chi'n gwybod fod dringfa'n un anodd pan fo hyd yn oed eich breichiau chi'n ddolurus o ymladd â'r graddiant. Â'm gwynt yn fy nwrn, mae'r pentref yn ymddangos ar ael yr allt, diolch byth, a golygfeydd yn ôl i lawr at Brestatyn, ymlaen i gyfeiriad Llandudno a chyn belled â'r Carneddau uwch dyffryn Conwy. Gan gofio 'mod i wedi cychwyn reit ym min y môr, mi wnes i esgyn i 200m mewn pellter byr.

*

Mae rhan nesa'r daith yn un eithaf tonnog o ran tirwedd: cwpl o elltydd i ymgodymu â nhw ond digon o gyfle i godi sbid hefyd ar hyd y ddrysfa o lonydd cefn culion sy'n nodweddiadol o ddyffryn Clwyd. Pontio rhwng pentrefi Dyserth a Rhuallt, cyn mynd ymlaen wedyn i Dremeirchion, a anfarwolwyd i selogion Midffîld yn 'Y Trip' gan gymeriad Lowri. Erbyn cyrraedd Bodfari, mae'n bryd stopio am ginio. Mae'n amhosib methu'r Dinorben Arms yng nghanol y pentref, reit o dan Eglwys San Steffan. Mae dyffryn Clwyd yn drysorfa o dafarndai gwledig wrth galon eu cymunedau, a dydy'r Dinorben yn ddim eithriad (er ei bod hi'n fwy chwaethus na'ch tŷ tafarn arferol). O'r herwydd, mae'n llawer mwy dibynadwy cynllunio cael lluniaeth yn un o'r tafarndai yma nag mewn caffi neu'i debyg wrth seiclo'n yr ardal hon, er efallai y bydd rhaid talu mymryn yn fwy nag arfer. Mae'r Dinorben yn eithaf adnabyddus yn yr ardal, ac mae'n brysur iawn i feddwl mai amser cinio dydd Mawrth ydy hi. Dwi'n cael llonydd, fodd bynnag, i eistedd allan yn y tu blaen.

Ar dalcen y dafarn, sy'n dyddio'n ôl i 1640, mae arfbais Dinorben, sydd â'r geiriau 'Rhad Duw a Rhyddid' oddi tano. Doedd ystyr y gair 'rhad' yn y cyd-destun yma ddim yn gyfarwydd i mi, cyn canfod mai gras neu fendith ydy ei ystyr. Felly, gan obeithio am rad Duw a rhyddid, ac y bydd y pryd yn gynhaliaeth weddill y daith, ymlaen â fi.

Cario 'mlaen â'r gwaith pontio dwi'n ei wneud o fanno, ond mae un ai arwyneb neu ogwydd y ffordd, neu'r gynhaliaeth o'r newydd, neu'r gwynt gogleddol, neu rad

Duw a rhyddid, yn golygu fod 'na rwyddineb newydd yn y pedalu ar ôl yr allt fechan allan o Fodfari. Dwi'n mynd drwy Landyrnog, ac oddi yma pe dymunech, fe allech chi roi tro ar ddringfa Moel Arthur, sy'n heriol ond werth yr ymdrech. Dwi'n hepgor honno am heddiw, a pharhau hyd Llanbedr Dyffryn Clwyd, gan ymuno â'r A494 am un gornel o'r ffordd sy'n mynd ymlaen at faenor Clwyd Gate, cyn troi i'r chwith eto ar Lôn Cae Glas. Dyma ddechrau un o ddringfeydd mwyaf dyffryn Clwyd, sef yr un sy'n arwain at Fwlch Pen Barras. Ar y ddringfa yma, ryw ddegawd yn flaenorol, y gwnes i ddatgan na fyddwn i byth yn mynd ar feic eto. Wrth lwc, wnes i ddim cadw at fy ngair.

Mae'r rhan fechan gyntaf yng nghysgod y coed yn rhoi rhyw fath o baratoad, cyn bod mymryn o ysbaid ar ôl troi i'r chwith. Wedi hynny, mae'r gwaith caled yn dechrau go iawn, heb ball nes cyrraedd y copa. Mae hyd yn oed y grid gwartheg cyntaf ar ogwydd, yn groes i 'ngobeithion, wrth i'r cyfan ymagor, a'r gornel fileinig tua'r chwith yn ymddangos. Ar ôl yr her aruthrol o gael o'i chwmpas hi, mae'n gostegu ryw fymryn ond yn dal i ofyn cryn dipyn. Mae'r ffordd yn codi'n serth eto wedyn am un waith olaf, a'r copa'n cael ei ddynodi gan faes parcio a chlwstwr o gerddwyr ar fin mentro am Foel Famau. Dwi'n gadael y golygfeydd i lawr am y dyffryn ac at gopaon Penllyn hoff y tu cefn i mi, ac i lawr y disgyniad ar wib. Dwi'n troi i'r dde'n ôl ymlaen i'r A494 a phasio drwy Lanferres cyn troi i'r chwith i gyfeiriad Llanarmon yn Iâl. Er mai pontio rhwng dwy ddringfa ydw i mewn gwirionedd ar hyd lonydd culion, mae gogwydd y ffordd ar y cyfan ar i fyny, yn cnoi'n gyson ar yr egni wrth ddynesu at ddiwedd y dydd.

*

Mae'r mast yn y pellter yn bwynt i anelu ato; ar ôl cyrraedd cyrion Llandegla a phontio o'r A525 i gylchfan y seidr, mae 'na fymryn o ysbaid i'r coesau cyn cychwyn ar ddringfa arall o gyfeiriad gwahanol i'r un sydd fwyaf poblogaidd. Mae Bwlch yr Oernant, neu'r *Horseshoe Pass*, yn denu seiclwyr o bob man, yn enwedig y rhai o dros Glawdd Offa sy'n chwilio am ddiwrnod da yn y cyfrwy. Mae dwy ffordd i'w thaclo o gyfeiriad Llangollen; y fwyaf poblogaidd yw'r briffordd sy'n cynnwys y tro pedol sy'n rhoi iddi'r enw Saesneg, neu opsiwn byrrach ond serthach ar yr hen ffordd, sy'n gwyro oddi ar y briffordd ger Eglwyseg. Beth bynnag, dydw i ddim yn malio am yr un o'r ddwy heddiw, gan mai dringo o'r cyfeiriad arall ydw i, a mynd i lawr am Langollen wedyn. Mae hon yn ddisgyniad i'w mwynhau, yn enwedig wrth ddynesu at ddiwedd dydd; ond bobol bach, mae'n gythreulig o oer. Am wn i mai fi sydd heb wisgo'n iawn, ond, chwarae teg, 8 gradd ym mis Mehefin?

Tuag Eglwyseg, mi gewch chi ddwy ffordd i fynd am ardal Wrecsam – un ai dros y mynydd a thrwy'r rhyd, sef ffordd World's End, fydd yn mynd â chi tuag olion y gweithfeydd plwm yng nghyffiniau Coedpoeth, neu ffordd y Panorama, fydd yn mynd â chi heibio i Gastell Dinas Brân i gyfeiriad Penycae a Rhosllannerchrugog. Bydd digon i'ch digoni'r naill ffordd neu'r llall – mae golygfeydd arbennig i'w cael a chryn dipyn o atyniadau, fel traphont ddŵr drawiadol Pontcysyllte i lawr yn y dyffryn. Pa ryfedd, felly, fod Llangollen yn gymaint o bot mêl, hyd yn oed pan na fydd yr Eisteddfod Ryngwladol yn dod heibio ym mis Gorffennaf? Wedi'r cyfan, mae pump o 'Saith Rhyfeddod Cymru' y rhigwm Saesneg o fewn cyrraedd hwylus i'r parth yma,[§§] a Phont Llangollen ei hun yn un ohonyn nhw.

---

§§ Tŵr Eglwys San Silyn yn Wrecsam, Coed Ywen Owrtyn, Ffynnon y Santes Gwenffrewi yn Nhreffynnon, Pistyll Rhaeadr ger Llanrhaeadr ym Mochnant, a Chlychau Gresffordd.

Ar hyd y ddwy ffordd hyd at ddinas fwyaf newydd Cymru, fe gewch chi'r ddoe, yr heddiw, a'r fory'n cyd-fyw. Rhwng yr hen ddiwydiant a'r diwylliant âi gyda hynny,¶¶ a Chymraeg disglair 'Rhos' – odi (bwrw eira), stryt, *nene ene 'ffen* – ac yna'r Cymreictod newydd, rhyngwladol, rhyfedd sydd wedi dod gydag oes aur ddiweddaraf y clwb pêl droed a'u perchnogion o Ogledd America. Rywsut, dwi'n teimlo 'mod i'n gweld hyn drwy lygaid y teulu. Clwb pêl droed Wrecsam, a sefydlwyd ym 1864, yw'r hynaf yng Nghymru, a'r Cae Ras ydy'r stadiwm rhyngwladol (sy'n dal i gael ei ddefnyddio felly) hynaf yn y byd i gyd. Er bod Dad wedi dilyn y tîm ers y 70au, mae rhyw newydd-deb i'r oes ddiweddaraf hon – efallai oherwydd y llwyddiant digynsail, a'r tîm yn dod y cyntaf yng Nghynghrair Lloegr i ennill tri dyrchafiad o'r bron (2023-25). Yn yr un modd, mae'r aelodau hynny o'r teulu arferai fethu â siarad Cymraeg yn cael gwersi – dwi'n medru sgwrsio'n Gymraeg efo nhw bellach – ac yn mynd i'r Saith Seren, i Tŷ Pawb, i'r Eisteddfod pan ddaw hi.

*

Nid mynd am Wrecsam ydw i heddiw chwaith, ond yn hytrach yn troi i'r dde ar waelod y disgyniad chwim. Mae cymal olaf y daith yn cychwyn gan ddilyn yr arwydd am Raeadr y Bedol, sy'n fy rhoi i ar y ffordd gefn sy'n cyfochri â'r A5 ar hyd afon Dyfrdwy. Dwi wedi cynhesu at y ffordd yma; ar y dechrau do'n i ddim yn or-hoff o'r arwyneb a'r elltydd ac ati ac roedd hi'n teimlo fel rheidrwydd, ond erbyn hyn dwi'n mwynhau bod arni. Dwi'n cofio darllen cyfrol Geraint

¶¶ Mae nifer o gerddi Grahame Davies – yn rhan 'Cerddi'r Clawdd' o'i gyfrol *Adennill Tir* er enghraifft – yn sôn am yr hen ddiwydiant yn yr ardal yma. "...a minnau'n ddyn llai cyfan / er pan ddiffoddwyd y tân." ('Oeri').

Thomas, *Great Rides According To G* a gwirioni o'i weld o'n sôn am yr union boulangerie (*Ma Première Boulangerie* yn La Turbie) y byddwn i'n mynd iddi'n ddefodol ar amryw deithiau yn fy nwy flynedd yn astudio ar y Côte d'Azur. Rhyfeddu wnes i o'i weld o'n sôn hefyd, dro arall, am yr union ffordd yma sy'n cyfochri â'r Ddyfrdwy – ffordd ddinod, sydd ag arwyneb digon trafferthus i feic drudfawr fel un Geraint, mae'n siŵr. Yr unig her nodedig arni ydy'r ddringfa fer ond ddigon serth rhwng Rhewl*** a Glyndyfrdwy, ond fel arall, mae'r pedalu'n weddol rwydd i'r cyfeiriad yma.

Yn y pen draw, dwi'n cyrraedd yn ôl i Gorwen, a chau cwlwm y gylchdaith hon. Er seiclo bron i gan milltir, dwi, fel fy nghyndeidiau, heb symud dim, heb gyrraedd unlle. A rywsut, dwi'r seiclwr, a'u disgynnydd, yn deall.

Cychwyn: Corwen

Gorffen: Corwen

Pellter: 153km (95 milltir)

Dringo: 2,485m (8,152tr)

Amser gymerodd i mi, heb gynnwys egwyl: 7 awr, 28 munud

*** Fe basion ni drwy 'Rhewl' arall yn gynharach yng nghyffiniau Rhuthun.

yn sir Gâr

Ledia'r ffordd

Dydd Gwener, 6ed o Fehefin, 2025

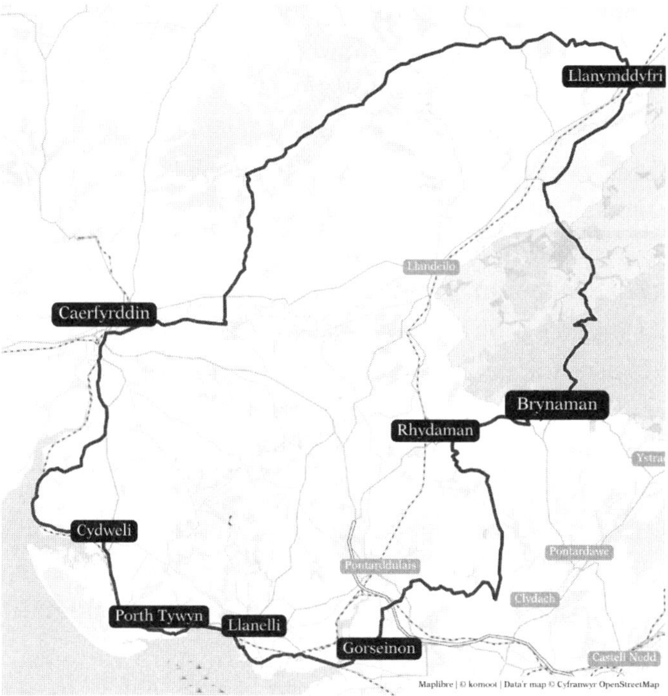

MAE 'NA RYWBETH cynhenid ynom ni sy'n ein hatynnu at arweinwyr. Hynny byth ers dechreuadau dynoliaeth, pan mai mater o oroesi oedd hi: roedd yn rhaid pennu pen er mwyn gallu hela ac amddiffyn yn effeithlon.

Ond ar ba sail y dyrchefir rhywun yn arweinydd? Doethineb a rhesymeg, fel awgrymodd Plato? Ai cydsyniad y dilynwyr yw unig sail dilyn arweinydd, fel awgrymodd Locke? Neu ydyn ni'n tueddu i ddilyn syniad Max Weber fod tri math o awdurdod i arweinydd: traddodiad (e.e.

brenhiniaeth), carisma (e.e. arweinwyr chwyldroadol), a'r cyfreithiol-resymegol (e.e. yr etholedig rai)?

Ystyriwn y gerddorfa – fe allasai'r offerynwyr chwarae gyda'i gilydd heb yr arweinydd i ryw lefel. Swyddogaeth yr arweinydd yn gyntaf oll yw peidio â distrywio hynny, gostwng y bar; dim ond wedyn *ychwanegu* rhywbeth, rhyw hud. Ac nid yr arweinydd fydd y cerddor gorau yn yr ystafell o reidrwydd; eto, mae yma barodrwydd i ddilyn, rhyw gysur o ildio awdurdod.

Ystyriwn hefyd y byd seiclo proffesiynol – microcosm o gymdeithas, os mynnwch chi. Mae yma hefyd hierarchaeth – yr arweinwyr, sydd fwyaf tebygol o ennill, y talentau mawr ar y cyflogau mwyaf, ac yna'r rhai sy'n eu gwasanaethu; yn rhoi o'u gorau i'w rhoi mewn lle delfrydol yn y ras, neu'n mynd yn ôl a blaen i gasglu cynhaliaeth iddynt. Yn yr achos yma, fel yn achos y gerddorfa, does dim angen arweinydd er mwyn goroesi – yn wir, byddai'r cadfridogion efallai'n mwynhau rhagor o ryddid pe na baent yn gorfod gwasanaethu arweinwyr. I'r gwrthwyneb, allith yr arweinwyr ddim â bod yn arweinwyr heb gadfridogion sy'n eu cydnabod felly, ac yn cydnabod fod buddiannau'r tîm uwchlaw (neu hyd yn oed yn gwasanaethu) eu buddiannau unigol hwy.

I ba raddau mae'r arweinwyr yma'n ein cyfoethogi, felly? A sut rai ydyn ni Gymry am ddarostwng i arweiniad, am chwilio am arweiniad?

*

Prawf tywydd dechrau Mehefin yn gymeriad go anwadal eto eleni; wrth lwybro'm ffordd tuag at Lanymddyfri hoff ar bedair olwyn, fe gyfyd sawl trochfa o boptu i'r ysbeidiau ysgafnach, goleuach. Gyda threigl rhan ola'r gyrru, ar ôl troi am Beulah hynny yw, fe dry pethau ychydig yn fwy sefydlog; y cymylau'n ymrwygo, gan neilltuo rhagor o le i lifeiriant yr haul. Ond eto, mae deg, ddeuddeg gradd yn teimlo'n anarferol, yn anFehefinaidd o oer.

Mae cyrraedd Llanymddyfri fel cwrdd â hen gyfaill; cyfaill yr ydw i wedi rhamantu mwy amdano na'i weld. Mae'r munudau cyntaf rhyngom braidd yn lletchwith; yr iâ'n gorfod meirioli o'r newydd. Mae'n gyfaill y gwyddwn i amdano ymhell cyn ei weld am y tro cyntaf, un oedd eraill wedi'i fawrygu a'i ganmol. Un fyddai'n byw yn y gilfach ramantus, beryglus yna o'r ymwybod.

Ond ar brydiau, hyd yn oed yn ei absenoldeb, mi fyddai'n llond pob lle.

Dywedir am Alzheimer's ei fod o'n gyflwr sy'n tanio'r gilfach ramantus honno o'r ymwybod, yn arwain ei chleifion i ganolbwyntio ar un cyfnod euraidd o'r gorffennol, a gerfydd atgofion melys y byddan nhw wedyn yn siarad am y cyfnod hwn fynychaf. Rhannu'r un straeon wrth glodfori'r dyddiau da.

Pan oedd Taid yn dal i fod o gwmpas ei bethau'n ddigon da i sgwrsio, hanesion Llanymddyfri gaem ni. Bu'n dysgu'n y Coleg yno yn y chwedegau; cael blas da ar griced, cwrdd â ffrindiau oes, ond, i mi o leiaf, y rygbi oedd yn disgleirio yn ei hiraeth. Byddai'n sôn am roi help llaw i dimau Carwyn – Carwyn James, wrth gwrs, aeth ymlaen i hyfforddi'r Llewod – maestro rygbi'r cyfnod. Fe gariodd y bêl hirgron, Llanymddyfri, a Carwyn yn ei galon i fyny i'r gogledd pan gymerodd o swydd y prifathro yn y Bala, ac yn ei galon y buon nhw'n gwlwm hyd ddiwedd ei ddyddiau.

Fe gymerodd bron i ddeunaw mlynedd i mi gyrraedd Llanymddyfri, ac ar ddwy olwyn y deuthum bryd hynny. Ar daith feic solo, ar drywydd prifio ac annibyneiddio, y cychwynnais o adre i lawr am Aberystwyth ar y diwrnod cyntaf, a threnynydd, gwau fy ffordd i Dregaron a dringo drosodd wedyn; i fyny drwy Gwm Berwyn a chyrraedd yr ysblander unig uwchlaw popeth. Ni fu cystal lle i brofi bod ar fy mhen fy hun yn llwyr, namyn gyr neu ddau o *highlands* neu ambell i lwynog. I lawr â fi wedyn heibio i gapel Soar y Mynydd, ymylu â Llyn Brianne isel ddiwedd haf sych, ac ymlaen am y dref drwy Randirmwyn a Chilycwm.

Mae'n ddwy flynedd bron yn union ers bod yma ddiwethaf, yn heulwen a haelioni Eisteddfod yr Urdd; dwi'n dal i ddibynnu, felly, ar y sat nav i ddod o hyd i'r Co-op, ac yna'r maes parcio ar droed bryncyn y castell. Mae'n teimlo fel sbel ers i mi wneud hyn ddwytha; 'nôl jeli bebis a jaffa cêcs i'w stwffio yn y bag bach ar flaen y beic, tynnu'r beic o'r bŵt (heb orfod ailosod yr olwyn rŵan bod gennym ni *estate*), llwytho'r map, ac ymbaratoi am y gwaith twyllodrus o syml hwnnw o fwrw'r pedalau.

Nid heb ymbalfalu am y pishyn ugain ceiniog olaf yn un o gilfachau'r car am y fraint o ddefnyddio'r lle chwech, dwi'n cychwyn arni, ryw hanner awr yn hwyrach nag o'n i ddisgwyl (ro'n i wedi gadael fy nghrys seiclo adre' a gorfod troi'n ôl i'w nôl o – rhestr sydd ei hangen arnat, Ruffudd). Ger y castell, mae cofeb o ddur gloyw i Llywelyn ap Gruffydd Fychan: ym 1401, fe'i dienyddiwyd a chwarterwyd ei gorff gan Harri IV am (yn honedig) arwain lluoedd y brenin ar gyfeiliorn, a hwythau ar drywydd Glyndŵr. Wrth adael y maes parcio, dwi'n pasio bwrdd gwybodaeth i ymwelwyr ac arno ddyfyniad gan George Borrow, a'i ddisgrifiad o Lanymddyfri fel y dref 'fwyaf dymunol' – *the 'pleasantest' town*. Yn *Wild Wales*, fel minnau, mynd dros y Mynydd Du am Frynaman oedd o ar y llwybr tarw tua'r de.

Cyn mynd am y Mynydd Du, fodd bynnag, mynychodd Borrow wasanaeth yn Eglwys Llanfair-ar-y-bryn. Nid oedd i'w weld wedi amgyffred pwysigrwydd y lle; ni soniodd mai yma y gorwedd llwch William Williams Pantycelyn, ac mai yn y plwyf hwn y'i magwyd. Mae cenedlaethau o Gymry, wedi'n trwytho yn y Fethodistiaeth yr oedd mor allweddol yn ei bywiocáu, wedi cyrchu (ac yn parhau i gyrchu) arweiniad ysbrydol yn emynau'r Pêr Ganiedydd. Mae'r ddelwedd o bererin yn chwilio am arweiniad yn hollbresennol yn ei waith, ac yn ei eiriau enwocaf, megis:

> Tyrd, Ysbryd Sanctaidd, ledia'r ffordd,
> Bydd imi'n niwl a thân;
> Ni cherdda' i'n gywir hanner cam
> Oni byddi di o'm blaen... (o 'Pererin Wyf')

ac hefyd:

> Arglwydd, arwain trwy'r anialwch,
> Fi, bererin gwael ei wedd,
> Nad oes ynof nerth na bywyd,
> Fel yn gorwedd yn y bedd...*

Mae'n ddichonadwy nad cyd-ddigwyddiad chwaith oedd hi fod hufen yr emynwyr o'r cyfnod yma, a'u profiadau'n codi o'r seiadau Methodistaidd, i gyd yn dod o sir Gaerfyrddin – Dafydd Jones o Gaeo, Morgan Rhys (y dychwelwn ato maes o law), a Dafydd William, Llandeilo Fach.

Mae hi'n werth sôn hefyd am emynydd cyntaf Cymru, fel honna rhai, yntau hefyd o Lanymddyfri, sef y Ficer Rhys Prichard (1579-1644). Cyn ei ddyddiau fo, rhoi salmau ar gân fyddai'r beirdd eglwysig, ond fo oedd y cyntaf i roi pregethau ac anogaeth (arweiniad, os mynnwch chi)

---

* Fe'i cenir fynychaf ar dôn Cwm Rhondda, ac enwocach byth ydy'r cyfieithiad Saesneg, 'Guide Me, O! Thou Great Redeemer / Pilgrim through this barren land...'.

ar gân. Yn ei emynau, byddai'n trosi'r wybodaeth a'r ddiwinyddiaeth gymhleth i eiriau y gallai'r gynulleidfa eu deall, a'u dilyn.[1]

*

Mi'r ydw innau ar gefn fy meic yn chwilio am arweiniad, ac fel rheol yn ei ganfod yn y cyfrifiadur bach ar flaen y beic, fel arfer yn dangos y map. Ond ar ba sail ydw i'n ildio awdurdod i'r map hwn? Yn aml, dwi'n ei regi am fy anfon ar gyfeiliorn, i lawr stryd un ffordd neu ar arwyneb garw. Heddiw, dwi wedi ildio awdurdod i lwybr wedi'i blotio gan seiclwr lleol sy'n hen law ar heolydd y parthau hyn – yn ildio i'w arweiniad ar sail ei wybodaeth, ei brofiad.

Ar ôl gadael yr hen dref farchnad, mae cyfle i ymgynhesu ar hyd dyffryn Tywi. Mae tair ffordd ar ei hyd, fwy neu lai. Y brif ffordd, a'i chwrs am Landeilo, yw'r fwyaf gorllewinol ohonynt, a'r bellaf i'r dwyrain yw'r ffordd gefn drwy Fyddfai. Ar drywydd y tir canol yr af innau, ar ffordd lydan hyd llawr y dyffryn sydd â'i chwrs am Langadog. Mae'r gogwydd yn ffafriol ar ei hyd, gan gynnig dechrau sionc i'r dydd. Ceir cyfle i lacio'r triog yn y coesau wrth i'r cilometrau cyntaf basio'n weddol rwydd.

Dwi'n dod at Langadog, ac fel y tro dwytha y bûm i ar drywydd y Mynydd Du, dwi'n methu'r tro. Y neges: pan fo gwesty'r castell yn eich wynebu, trowch i'r chwith. Ymlaen wedyn heibio'r feddygfa, a phery'r lôn yn go wastad am sbel eto, cyn dechrau gwyro tuag i fyny; yn hynny o beth, gellid ei thrin fel dringfa bum milltir, yn hytrach na'r bedair milltir sy'n cael eu dynodi gan yr arwydd brown ar y chwith.

Wedi pasio'r arwydd hwnnw, fel y byddai rhywun yn disgwyl, y mae'r gwaith dringo'n cychwyn mewn difrif.

Mae yma rannau digon serth rhwng y perthi talon, a daw pethau'n fwyfwy agored wrth i'r perthi hynny ddechrau disgyn dwmbal dambal. Mae'n fwy dymunol, os rhywbeth, cael gweld ystum y tarmac yn diflannu o 'mlaen, a'r olygfa tuag i lawr yn ffon fesur o'm gwaith hyd yn hyn.

Am ryw reswm, dwi'n gwneud y camgymeriad o feddwl 'mod i bron ar y copa: ael y bryn yn teimlo'n agos, y llwybr i'w gyrraedd bellach ynghudd. Wrth i mi droi'n ôl arnaf i fy hun ar Dro'r Gwcw, dwi'n sylwi fod cryn dipyn o wynt wedi bod yn chwythu'n fy erbyn hyd yn hyn; am ennyd dwi'n cael fy nghysgodi rhagddo, ac mae'n dipyn cynhesach mwya' sydyn. Mae'r graddiant yn gyson ac yn gyfforddus erbyn hyn; ei hirhoedledd, nid ei serthedd, yw her y Mynydd Du i'r deurodwr.

Ar ôl pasio man parcio bychan â llecynnau picnic, does fawr ddim dringo ar ôl, a buan y daw'r môr i'r golwg yn y pellter tu draw. Er mawr siom, mae'r arwydd brown oedd yma'n dynodi'r copa i'r seiclwr wedi mynd. Dydw i ddim yn stopio'n rhy hir felly, rhag rhynnu, ac yn cychwyn fy siwrnai tuag i lawr, tu draw.

*

Y tu draw i'r Mynydd Du, a'r tu draw i'm hadnabyddiaeth innau. Er bod tameidiau o'r darlun yn lled gyfarwydd, dwi ar dir sy'n newydd i mi. Mae'n teimlo fel petasai rhyw newid ar droed; yn gadael gwlad o wyrddni helaeth y tu cefn i mi, a mentro tuag at olion maes y glo carreg, tuag at y môr, a'r darlun prysurach sydd o 'mlaen wrth wibio fy ffordd tua Brynaman.

Dros y grid gwartheg â fi ac i mewn i dopiau'r pentref uwch afon Aman – Brynaman Uchaf – ac mae'n amlwg fod y Mynydd Du yn gaffaeliad i'r ardal, neu o leia'n rhoi rheswm i bobl ddod yma; o gyrraedd y gylchfan, mae arni Ganolfan y Mynydd Du. Yn hytrach na pharhau rownd ar y briffordd am Waun Cae Gurwen, mae llwybr tarw i'w gael; y ffordd yn esgyn tua'r dde ar y tro tua'r chwith. Ffordd Llandeilo yw'r enw ar hon, a dwi arni am sbel fach. Er nad oes gen i fawr o syniad o le ydw i ar yr heolydd cul, perthog hyn, gwn fod parc natur Ynys Dawela i'r chwith imi. Fferm oedd yma slawer dydd, ond erbyn canol y 18fed ganrif cyffyrddwyd y tir – sy'n frith o blanhigion ac anifeiliad sy'n prinhau – gan wastraff y diwydiant glo oedd yn prysur gydio'n y dyffryn. Yn y diwedd, fe'i prynwyd gan gyngor bwrdeistref Bro Dinefwr o ddwylo British Coal, ac erbyn heddiw mae'r parc ar agor i'r cyhoedd fwynhau a dysgu.[2]

Mae'n lwc fod gen i fap i'm harwain wedyn i lawr ffordd gul arall, Nant Gwineu, cyn croesi'r afon drachefn i gyrraedd Garnant. Fe allwn i fod wedi troi ar lwybr seiclo dyffryn Aman yn y fan yma, gan gadw at lan ogleddol yr afon. Dyma'r dyffryn lle bu'r cyrchu am y Twrch Trwyth yn y chwedl; heriwyd Culhwch gan dad Olwen i gipio'r crib, y rasal, a'r siswrn hudol rhwng clustiau'r Twrch Trwyth, er mwyn iddo gael ei phriodi. Er erlid y baedd yn llwyddiannus a lladd pum mochyn bach, llwyddodd y Twrch Trwyth i ddianc. Yn hwyrach ymlaen, llwyddodd cefnder Culhwch, y Brenin Arthur, i gipio'r crib cyn i'r Twrch neidio i'r môr: gyda hynny cyflawnwyd y tasgau, ac mi gafodd Culhwch ganiatâd i briodi Olwen wedi'r cyfan.

Drwy'r pentrefi eu hunain mae 'nhrywydd. Garnant yw'r cyntaf – magwrfa sawl arweinydd mewn amryfal feysydd: John Cale, cerddor ac aelod gwreiddiol o'r band The Velvet Underground; a'r actorion Dafydd Hywel a Hywel Bennett. Glanaman yw'r ail; man diwylliannol cryf, yn fagwrfa i'r diddannwr dihafal Ryan Davies, i'r actor Sharon Morgan, a'r cerddor Tecwyn Ifan; ac i ddau o sêr byd y campau: y gôl-geidwad Dai Davies, a 'Chwaraewr Rygbi Gorau'r Byd' yn 2008 – Shane Williams.

Treiglo i'w gilydd wna Garnant a Glanaman, a'u rheseidiau o dai teras sy'n nodweddiadol, ledled Cymru, o anheddau ôl-ddiwydiannol fel y rhain. Gyda'r pentrefi hyn yn arfer bod yn rhai â'u hanian mewn un diwydiant – y diwydiant glo yn yr achos yma – byddai hynt y diwydiant a hynt y gymuned ynghlwm: 'Cau Pwll, Lladd Cymuned' oedd ar un poster gan NUM† De Cymru adeg Streic y Glowyr ym 1984-5, er enghraifft. Cymhlethach yw hanes y streic honno na brwydr seml rhwng y llywodraeth a'r undebau, a'u harweinwyr, Margaret Thatcher ac Arthur Scargill (neu'r arweinydd lleol yn ne Cymru, Emlyn Williams). Hynny gan na lwyddodd Scargill i ddwyn perswâd ar drwch y glowyr ym Mhrydain (er bod cefnogaeth iddo bron yn unfrydol yn ne Cymru), er ei garisma a'i areithiau perswadiol, yn tynnu ar ieithwedd emosiynol yn aml: gwrthododd bleidlais genedlaethol ar y streic, gan nad oedd o'n grediniol y byddai'n ei hennill. Ac wrth gwrs, roedd rhoi bwyd ar y bwrdd i'w teuluoedd yn bryder amgenach i lawer un o'r glowyr; mae'r hyn sy'n ein harwain i benderfyniadau'n aml yn bethau llawer iawn mwy sylfaenol na swyn arweinwyr.

Y tu hwnt i Garnant a Glanaman i gyfeiriad Rhydaman, mae talp unionsyth o ffordd, ac o gyrraedd Pontaman, mae'r arwyddbyst yn fy nghyfeirio'n rhwydd at ran nesa'r daith, sef Mynydd Betws. Mae'n cymryd ychydig i weithio fy ffordd drwy gyrion y pentref, sy'n troi'n bentref y Betws, bron heb i mi sylweddoli. Ar ffordd Maescwarrau – cwar(rau) yn gyfystyr â chwarel(i) – ydw i, a'r gwaith dringo'n dechrau cydio'n barod. Unwaith mae'r tai o boptu'n troi'n berthi y mae'r dringo'n dechrau difrifoli, a phrysurdeb yn troi'n ddihangdod drachefn. Mae'r defaid

† Undeb Cenedlaethol y Glowyr, *National Union of Miners.*

sy'n trigo yma'n ymddangos fel petaen nhw heb weld cynifer o feics ag y mae eu cefndryd mewn mannau eraill, ac mae'r ffordd oedd gynt yn ddwy lôn bellach yn ffordd fynydd un lôn go iawn. Mae pethau'n gwastatu fymryn ar ôl un ymdrech arall, wrth i mi ddechrau pasio'r melinau gwynt bob yn un, sy'n troelli'n bwyllog, er yr awgrym fod y gwynt ychydig yn gryfach na hynny.

Dydy hi ddim yn hawdd i ddau gar basio'i gilydd, na 'mhasio fi, ac mae'n syndod fod diben i'w teithiau modur hwy, o ystyried yr argraff o unigedd yr ydw i'n ei gael. Braf yw peth cwmni, serch hynny, mewn bro anghyfarwydd; mae ehangder i lawr i'r chwith eto, a'r olygfa'n un brysurach tua'r dyffryn, ac ambell i hoel diwydiant blith draphlith. Mae'r gwastadedd heibio'r fferm wynt yn para am gilometr dda, a chyfle go lew am ysbaid, cyn bo un herc fach arall cyn cyrraedd y pwynt uchaf.

Ar Fynydd y Gwair ydw i erbyn hyn, ac mae ystum y ffordd fel petai'n fy ngwahodd tua'r chwith, ond mae gofyn fforchio tua'r dde heibio i arwydd 30 milltir yr awr, sy'n fy nhrawo i'n anarferol am y fath leoliad. Rywle rhwng y ddwy ffordd, mae Penlle'r Castell – adfeilion cadarnle un o Arglwyddi'r Mers, mae'n debyg, ac fe geir hyd yn oed awgrym iddo gael ei godi gan Gwilym Brewys II oddeutu 1252. Daw hynny i esbonio'r ychydig fwrlwm sydd o gwmpas; y ceir a'r cerddwyr llwythog.

Mae gofyn cryn ymdrech oddi yma i gyrraedd y pigyn, a'r graddiant yn goglais y ffigyrau dwbl. O'i gyrraedd, mae modd gwerthfawrogi'r olygfa tua'r môr o'r newydd, ac o 'mlaen, mae'r lôn yn rhyfeddol o unionsyth am gryn bellter. Drwy hynny, daw cyfle i godi sbid – gymaint ag y bo modd o gofio 'mod i yn nannedd y gwynt yn y fangre agored, uchel yma. Ar y dde imi, mae cronfa ddŵr Lliw Uchaf, sydd â sawl atyniad i ymwelwyr – caffi, chwaraeon dŵr, llwybrau cerdded – a hynny eto'n esbonio pam fod rhaid i ambell i gar neilltuo lle i mi wrth geisio pasio.

Dwi'n fodlon o allu rhoi ffydd yn y map a'r môr i'm harwain i am sbel wrth barhau i dreiglo tua'r de, hyd yn oed os nad ydy'r goriwaered yn ormod o wobr; yn parhau'n eithaf lympiog tra 'mod i yn dal yn y 'tir agored' fel petai. Ar ddiwedd un o'r elltydd ar i fyny ar y ffordd i lawr, mae trofa am Glydach, ond parhau ar y lôn lle mae'r môr ar y gorwel ydw i, a hynny'n bodloni fy synnwyr cyfeiriad.

*

Fe ddaw'r goriwaered i ben wrth y Masons Arms, gyda thro tynn i'r dde, a'r arwydd yn cyfeirio tuag at Felindre; o wneud hyn, mi ydw i'n symud oddi wrth gyfeiriad Abertawe, ac mae'r lonydd cefn culion, perthog yn fy nghofleidio o'r newydd. Mae mymryn o allt i fyny ac yn ôl i lawr wrth ddynesu at Felindre, lle dwi'n pasio arwydd am ffordd go serth yr olwg yn mynd yn ôl am Rydaman – Mynydd Pysgodlyn yw'r enw ar y ffordd fynydd agored arall yma, fyddai'n gaffaeliad i unrhyw daith. Ystum i fyny-ac-i-lawr sy'n parhau wedyn – prin yw'r arwyddion sy'n rhoi syniad i mi o le'r ydw i, a dim ond o bryd i'w gilydd y mae'r perthi'n ymrwygo i ddatgelu'r môr yn y pellter.

Ychydig ar ôl pentref Alltwern, dwi'n ôl mewn tir agored, gwyrdd, ac yn dod at groesffordd. Troi i'r chwith unwaith ydw i, a pharhau i gyfeiriad Pontarddulais. Mae cyfeiriad fy nhaith wedi amlygu'i hun o'r newydd, a'r môr yn angor am ryw fymryn, cyn bod goriwaered perthog, serth arall i gyfeiriad y dref. Dof at gyffordd ar y ffin annelwig rhwng Pontarddulais a Phontlliw, a chroesi'r ffordd bron yn syth i ddilyn ffordd Allt y Graban heibio i'r ganolfan arddio, lle dwi'n dod i stop sawl gwaith wrth i ddau gar wasgu heibio'i gilydd. Af o dan yr M4, a throi ar ffordd letach yn Waungron am sbel, cyn troi oddi arni drwy Benyrheol am Gasllwchwr, ac aroglau'r *fish and chips* wrth un set o olau traffig yn ddigon i godi blys. Ond, dwi'n awyddus i gario 'mlaen dros hanner ffordd, neu ddo 'i byth i ben â hi.

Dwi'n ddiolchgar o'r ychydig balmant dros y bont dros afon Llwchwr, a phrysurdeb rhyfeddol fel petai wedi ymddangos o nunlle ar y ffordd. Mae'n rhaid 'mod i wedi gwneud camgymeriad wedyn, achos dwi'n cael fy ngwasgu i'r llain galed ar ffordd brysur gythreulig ar gyrion Llanelli – o edrych yn ôl, mae'n amlwg y dylwn i fod wedi troi i'r dde am Bynea neu ymuno â'r llwybr beicio pwrpasol ar y chwith imi am Forfa Bacas. P'run bynnag, dwi'n dod i ben â hi rywsut; Parc y Scarlets yn cuddio i'r dde rywle, ac o droi am Fachynys, dwi'n sylweddoli cryfder ysgubol y gwynt am y tro cyntaf, ac mae'n teimlo fel pe bawn i'n pedalu drwy driog.

Wrth y doc a gwesty St. Elli's, dwi'n cael ymuno â'r llwybr aml-ddefnydd – llwybr arfordir y Mileniwm. Fel sydd wedi dod yn amlwg hyd y daith, mae sir Gâr yn rhagori – o gymharu â gweddill Cymru – mewn darpariaeth o lwybrau i gerddwyr a seiclwyr fel ei gilydd. Mae'n consýrn ni ar ddwy olwyn yn troi o'r ceir i'r cŵn ar y fath lwybr; ond mae hwn yn gyfoeth o lwybr ag arwyneb safonol, heb fod yn union syth nac union wastad chwaith. Yr unig rwystr i'm mwynhad ydy'r gwynt, wrth i'r pedalu deimlo'n anos nag y dylai fod. Mae cryn ddifyrrwch a dihangdod, wrth basio'r gwarchodfeydd natur ar y dde, a dydy hi ddim yn annymunol o brysur arni chwaith; does dim stopio i agor giât bob dau funud nac arafu i oddiweddyd cyd-ddefnyddwyr. Fe ddaw i ben mewn maes parcio ar gyrion Porth Tywyn, a dwi'n ymuno â'r briffordd wedyn sy'n mynd yr holl ffordd i Gaerfyrddin.

Dwi'n teimlo cryn newid gêr erbyn cyrraedd y ffordd yma, wrth fwrw 'ngolygon yn ôl am wyrddni'r wlad, a geiriau Gwenallt o'i gerdd 'Sir Gaerfyrddin' yn addas:

> Ni wyddom beth yw'r ias a gerdd drwy'n cnawd
> Wrth groesi'r ffin mewn cerbyd neu mewn trên:
> Bydd gweld dy bridd fel gweled wyneb brawd,
> A'th wair a'th wenith fel perthnasau hen...[3]

Mae newid gêr i'r coesau a'r hwyliau hefyd: mae'r ffordd yn wastad a llydan a chyflym ar y gorau, ond o fod wedi newid cyfeiriad, dwi'n teimlo'r gwynt y tu cefn i mi am y tro cyntaf heddiw. Gyda hynny, mae'r cilometrau'n tician yn fuan heibio tua throthwy'r hanner ffordd yng nghyffiniau maes awyr Penbre, a hwnnw'n hwb seicolegol ar unrhyw ddiwrnod ar gefn beic. Dwi'n addasu'r map fel bod Cydweli'n bwynt i anelu ato; dwi 'di bod isio cyrraedd Cydweli cyn stopio, yn y gobaith o ail-lenwi'r tanc am ran ola'r daith. Ond, ar ôl troi oddi ar y briffordd, heibio i Gravell's, a gwau'n ffordd drwy'r pentref – nid heb sylwi ar y murlun rygbi – dwi'n amlwg wedi cael camargraff o'r lle. Er mawr siom, dwi'n methu dod o hyd i le deche i stopio am luniaeth, a dydy cinio Londis ddim yn apelio rywsut. Roeddwn i wedi gobeithio, mae'n amlwg, fod mwy i'r pentref cysglyd hwn na'r castell sy'n tyrru drosto.

Dwy alaw sy'n troelli'n fy mhen gydol y dydd: Hen Fenyw Fach Cydweli, wrth gwrs, ac yna un o'r darnau mwyaf poblogaidd gan gorau SA, sef 'Gwenllian' – geiriau Peter Hughes Griffiths ar gerddoriaeth Eric Jones:

> Arwain ni, Gwenllian, arwain ni,
> Dy ysbryd, dy hyder yw'r hyn a geisiwn ni...

Ac yng Nghydweli y lladdwyd Gwenllian – Gwenllian ferch

Gruffydd – ym 1136, pan roedd hi'n arwain gwrthryfel yn erbyn y Norman Maurice de Londres. Mae'n bur debyg mai hi oedd yr unig ferch o Gymru'r Canol Oesoedd i arwain byddin i ryfel, ac fe'i cymherir â Buddug (Boudicaea), yr arweinwraig Geltaidd. Mae ei gwrthryfel wedi para yn ysbryd y Cymry byth ers hynny.

*

'Gariwn ni 'mlaen am Gaerfyrddin,' meddyliaf, ac o'r herwydd, dwi'n hepgor y mymryn dargyfeiriad oedd gen i mewn golwg am Lanyfferi i chwifio ar Lansteffan dros y foryd, ac yn hytrach yn ailymuno â'r briffordd, a bwrw'r maen i'r wal am Landyfaelog.

A bod yn gwbl onest, dydy hi ddim yn ffordd ddelfrydol i fod arni – mae hi braidd yn brysur, ac yn dod yn wasgfa ar un allt go egr arni. O gyrraedd ei brig, mae modd troi golygon ymlaen am y gwyrddni helaeth eto, a rywle wedyn dwi'n cymryd tro i'r chwith, ac i lawr y goriwaered yn go handi am Groesyceiliog. Llwybr tarw o fath ydy hwn hefyd er mwyn fy arwain i am Gaerfyrddin; ar ôl pasio Ysgol Bro Myrddin, dwi'n ymuno â'r brif lôn o'r newydd wrth safle'r coleg, ac oddi yma mae gofyn bod yn ofalus iawn, rhag landio ar gylchfan bedair lôn, ar ffordd ddeuol, neu waeth, yr M4. Dydy fy amseru ddim gyda'r gorau chwaith, a hithau'n dynesu at ddiwedd y diwrnod ysgol; mae gofyn i mi fod ar y llwybr seiclo – palmant o beth am ychydig ond yn arwain at basej o dan y briffordd, a hwnnw'n fy rhoi i ar gwr yr orsaf drenau. Wedi peth ymbalfalu i ffeindio 'nhraed ar ddrysfa'i ffyrdd, dwi'n llwyddo i gyrraedd beth sy'n ymddangos fel canol y dref. Dwi'n canfod y fferyllfa wrth lwc – mae tymor y paill wedi cydio eto, a'm llysnafedd dros fy nillad, y beic, a sir Gâr ben baladr – i brynu ychwaneg eto o'r tabledi drudfawr. Nid nepell ohono mae becws cadwyn, sy'n gorfod gwneud y tro am heddiw.

Mae gwrthryfela'n codi'i ben yn aml wrth edrych ar hanes Caerfyrddin: roedd yma reiat yn erbyn cyni'r oes ym 1818, ac roedd y dref yn un o gadarnleoedd y Siartwyr dan arweiniad Hugh Williams yn y 1830au.[4] Er efallai y'u cysylltir â thu mwyaf gorllewinol y sir, yr oedd Caerfyrddin ei hun yn un o'r llefydd cyntaf lle hyrddiodd Merched Beca drwy dollborth – cofiwn mai Caerfyrddin oedd tref fwyaf Cymru ar y pryd, cymaint felly nes ei galw'n 'Llundain Cymru'.[5] Dyma enghraifft arall, yn dilyn Gwenllian a'r Duwdod, lle gallwn ystyried apêl arweinyddiaeth anweledig, haniaethol:

> Pwy yw Beca? Nid person mohoni, ond haniaeth wleidyddol, neu os oes ganddi unrhyw ffurf gorfforol neu hanfod, yna dywedwn ei bod yn ymgorfforiad o egwyddorion chwyldro.[6]

Yng nghymeriad Beiblaidd Beca y rhoddodd ei dilynwyr eu ffydd, wrth ymateb i gynnydd mewn tollau mewn cyfnod o dlodi enbyd – roedd ymosod ar dollbyrth felly'n ffordd weledol, ddiriaethol o ddangos eu hanghydfod. Mae rhai wedi honni nad oedd Twm Carnabwth ei hun yn arweinydd naturiol, neu o leiaf yn arweinydd tebygol; haws neu fwy effeithiol felly oedd dilyn persona a chael gwisg gyffredin, wrth ymuno mewn gwrthryfel.

Cyn ymadael â Chaerfyrddin, mae'n werth crybwyll ambell i beth arall. Fe wyddom ni am ddefnydd y gair *staple* yn y Saesneg i ddisgrifio nwydd sylfaenol – tarddiad ei ddefnydd felly yw mai *staple* oedd y gair am brif borthladd ar gyfer allforion penodol yn y Canol Oesoedd: Caerfyrddin oedd un o 14 o *staples* tiriogaethau brenin Lloegr ym 1326, a gwlân oedd ei *staple*.[7] Pe ceid rhagor o amser i archwilio'i strydoedd, fe ellid treulio amser o gylch y castell, olion yr hen amffitheatr Rufeinig, neu'r felodrom hyd yn oed: hwnnw, ers 1900, yn dyst i le canolog Caerfyrddin a'r sir yn seiclo Cymru. Ers 2007, y felodrom yw cartref y clwb seiclo ieuenctid Towy Riders, sydd wedi profi'n feithrinfa i lawer un sydd wedi cyrraedd uchelfannau'r byd seiclo proffesiynol.

*

Dwi'n pendroni p'run ai i gymryd y ffordd gyflymaf yn ôl am Lanymddyfri, neu ddilyn y trywydd yr o'n i wedi'i gynllunio. Dim ond hanner awr ychwanegol ddylai hi gymryd beth bynnag, felly cadw at y cynllun yw'r dewis. Dwi'n methu'n lân â dod o hyd i gychwyn y llwybr seiclo newydd sbon danlli sy'n rhedeg hyd ddyffryn Tywi, y dyffryn Aur – bydd rhaid cael tro nesa'. Yn y cyfamser, dwi'n bwrw 'mlaen ar y ffordd tua Llanarthne, ac ymhen ychydig yn cyrraedd croesffordd. Tua'r dde, mae'r ffordd yn mynd am y gerddi botaneg, ond i'r chwith ydw i'n mynd, dros yr afon a thrwy Nantgaredig. Diolch i stand-yp Elis James, dwi'n gwybod y gallwn i stopio yn y Cresselly Arms ym Mhontargothi, nid nepell o'r man ydw i'n dod i gwrdd â'r briffordd, ond mae *carb overload* y Gregiau yn golygu nad ydy hynny'n angenrheidiol heddiw.

Dwi'n gwybod i ddisgwyl dringo wedyn, fwy neu lai nes cyrraedd pentref Horeb. Mae'r wlad yn wyrdd i gyd o 'nghwmpas, ac fel am y rhan fwyaf o weddill y daith, mae'r ffordd yn ddigon llydan i ddwy lôn. Y tu draw i Horeb, mae cyfle imi ymlacio'r coesau ychydig, a hwythau'n dal gorchwylion y dydd, ac wedyn mae ystum fwy cyson, fwy gwastad i'r lôn wrth ymylu â choedwigoedd Brechfa. Mae'r ffordd yn dechrau culhau ar ôl y pentref ei hun, wrth barhau am Abergorlech, ac mae gofyn mynd dros ychydig o allt er mwyn cyrraedd Llansawel. Yn y parthau yma, dwi fel petawn i'n croesi sawl ffordd – yr un am Dalyllychau er enghraifft – bron heb sylwi, a phasio drwy fân anheddau nad ydy'u henwau nhw'n aros yn y cof, er mor swynol ydyn nhw fel rheol. Byddai'n werth treulio orig yn Nhalyllychau, ac esgyrn yr abaty: fe'i codwyd gan yr Arglwydd Rhys yn y 1180au, a honnir gan rai mai yn y fan yma y gorwedd gweddillion Dafydd ap Gwilym, ac nid yn Ystrad Fflur.

Mae mwy o gadernid i'w gael o gyrraedd yr A482 yng nghyffiniau Crugybar, lle dychwelwn at arweiniad y llyfr emynau drachefn – mae Crugybar yn dôn boblogaidd: alaw Gymreig draddodiadol wedi'i henwi ar ôl Crugybar oherwydd cysylltiad honedig â 'Nancy Crugybar' (1760-1833), oedd "yn enwog am dorri ar draws pregethau â'i chanu gorfoleddus yng nghyfnod y diwygiadau".[8] Priodir y dôn â geiriau David Charles "Mae ffrydiau 'ngorfoledd yn tarddu...", a gyda gogwydd mwy ffafriol i'r lôn rhwng rŵan a diwedd y daith, gall y seiclwr uniaethu â'r llinell, "ein henaid lluddedig gaiff orffwys".

Troi i'r dde ar yr A482 ydw i, a'i dilyn am ambell i dro nes dilyn y ffordd sy'n fforchio tua'r chwith, a'r arwyddbyst yn fy nghyfeirio at enwau cyfeillgar Porthyrhyd a Chilycwm. Cilycwm oedd man geni'r emynydd mawr Morgan Rhys a grybwyllwyd ar ddechrau'r daith, yntau hefyd dan ddylanwad y diwygiadau a ffigyrau mawr fel Howell Harris a Daniel Rowland.[9] Yn hanesyddol, mae ei emynau ymysg y mwyaf poblogaidd a'r rhai sydd wedi eu canu fynychaf,[10] ac er mai'r ddelwedd o Iesu'r meddyg neu'r iachäwr sydd amlycaf yn ei waith, mentraf arfogi fy mhwynt ar gyrchu arweiniad ysbrydol ar sail yr emyn canlynol (briodir â thôn Llanddowror, enw lle ar ben de-orllewinol sir Gâr):

Gwnes addunedau fil
i gadw'r llwybyr cul
    ond methu 'rwy';

Breswylydd mawr y berth,
chwanega eto nerth
i ddringo'r creigiau serth
    heb flino mwy.

Llwybrau sy'n llythrennol gul sydd rhyngof i a diwedd y daith, ac er gogwydd cyffredinol ffafriol, nid cwbl rwydd fo gweddill y daith chwaith. "Chwanega eto nerth i ddringo..." ambell i allt serth yw 'nyhead innau, cyn 'mod i'n croesi afon Tywi a chyrraedd ffordd Cilycwm – prin yw'r pedalu sy'n weddill wedyn nes cyrraedd y car. Mae'r cyfrifiadur bach, fy arweinydd innau, wedi gwneud ei waith – dwi'n dod o hyd iddo'n union lle y'i gadewais.

Cychwyn: Llanymddyfri

Gorffen: Llanymddyfri

Pellter: 160km (100 milltir)

Dringo: 2,316m (7,600tr)

Amser gymerodd i mi, heb gynnwys egwyl: 7 awr, 50 munud

Parhad

Dydd Gwener, 12fed o Ionawr, 2024

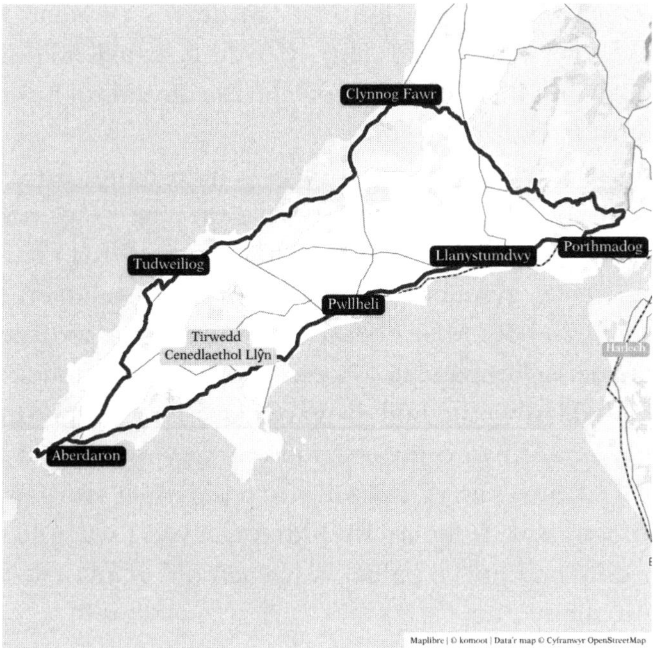

'Draw o ymryson ynfyd
Chwerw'r newyddfyd blin
Mae yno flas y cynfyd
Yn aros fel hen win...'

'Eifionydd', R. Williams Parry

'Mae Llŷn yn estyn wastad
Ei braich i'r sawl fynn barhad.'

Cywydd Clo Eisteddfod Boduan 2023,
Gruffudd Eifion Owen

CARLAMU AT GANOL mis Ionawr mae hi; dechrau blwyddyn newydd. Yr adeg yma flwyddyn dwytha, mi fyddai rhan helaeth fy nhaith heddiw wedi bod yn anghyfarwydd. Ond dros y deuddeng mis blaenorol, a'r haf yn enwedig, mi ges i bleser mawr o ddod i'r ardal ar sawl achlysur, gydag wythnos yr Eisteddfod yn uchafbwynt. Afraid dweud, dwi heb dreulio digon o amser yma i ddod i 'nabod yr ardal yn iawn, er fod llecynnau fan hyn fan draw yn fannau hoff gennyf. Dwi'n gobeithio, felly, y bydd fy nghylchdaith yn gyfle i dynnu llinell rhwng y pwyntiau a gosod un llwybr o adnabyddiaeth drwyddynt.

Dwi'n parcio'r car mewn maes parcio handi dros ben yn Llanystumdwy. Er mawr gyfleustra, mae'n faes parcio di-dâl, ac felly dwi'n gwneud adduned i ddod 'nôl i dafarn y Plu, menter gymunedol, yn o fuan i dalu amdano (os yn anuniongyrchol). Mae'n nesáu am hanner awr wedi wyth ar fore oer, a lampau blaen y ceir yn dechrau diffodd.

Wrth ddadlwytho holl drugareddau'r cit gaeafol o'r car, mae 'na ryw linyn o liw orenaidd ar y cymylau sydd fwy neu lai'n llenwi'r awyr. Does dim arwydd o law – mi gawson ni ddigon dros 'Dolig a'r flwyddyn newydd i wagu tanc y nefoedd – ond ma'i'n gafael, a haenen o rew ar ffenestri'r ceir tu allan i'r tai.

Pentref digon bychan ydy Llanystumdwy, sy'n brolio'i hun fel pentref David Lloyd George. Dwi dafliad carreg o'i fedd ar lannau 'Dwyfor lon' a'i 'dyfrliw hardd', ys dywed yr englyn coffa arno gan ei ŵyr W.R.P. George; o'i gartref wedi'i ymddeoliad sef Tŷ Newydd (bellach yn ganolfan ysgrifennu genedlaethol); ac hefyd o gartref ei blentyndod, Highgate (bellach Amgueddfa Lloyd George). O'r dechrau'n deg, felly, mae taith y dydd yn gwahodd ystyriaethau o hanes gwleidyddol Cymru – a minnau'n ymddiddori'n fawr ynddo, gwaetha'r modd... ar ôl darllen portread o'r dinistr personol a achosir gan wleidyddiaeth yn *Cysgod y Cryman* (Islwyn Ffowc Elis) flynyddoedd yn ôl, mi benderfynais i nad oeddwn i eisiau dim i'w wneud ag o. Ond mae'r pwnc yn dal i 'nifyrru fi, a'r gair *political* yn nheitl fy ngradd. Ta waeth.

Mi gynrychiolodd Lloyd George sir Gaernarfon yn San Steffan am 55 o flynyddoedd. Roedd yn Brif Weinidog y Deyrnas Unedig rhwng 1916 a 1922, gan lywio Prydain drwy gyfnod hynod gythryblus: ail hanner Rhyfel 1914-1918 a sefydlu Cynghrair y Cenhedloedd ar ei chynffon, ymestyn y bleidlais i fenywod dros 30 (1918) wedi cythrwfl y Swffrajetiaid (losgodd ei gartref yn Llundain), sefydlu mandad Prydain ym Mhalesteina ym 1920,* deddfu i hollti Iwerddon ym 1921. *"No other statesman has had to grapple such gigantic problems"* oedd barn yr Arglwydd Rothermere amdano ym 1922;[1] y datganiad hwnnw'n fan cychwyn i gnoi cil dros ei waddol.

*

Mae'r daith yn cychwyn am Gricieth – sylwer nad ydy 'c' fyth yn dyblu yn y Gymraeg – a'r brwgaij dros y llwybr seiclo sy'n cyfochri â'r lôn yn fy atal rhag ei ddefnyddio. Cyn mynd dim pellach, mae'n rhaid sôn am seiclwr brwd o'r cyffiniau hyn, sef y dramodydd Wil Sam. Ar glawr ei hunangofiant a chofiant Ioan Roberts iddo, fe'i gwelir yn pwyso'n erbyn ei feic; mecanic oedd o cyn mynd i 'sgwennu'n llawn amser, ac roedd y beic neu'r moto-beic yn aml yn cael lle yn ei ddramâu. Yng Nghricieth ei hun, roedd yn un o sylfaenwyr Theatr y Gegin (1962-1976), cwmni theatr ar ddelfryd

* Cabinet Lloyd George, a uniaethai fel Seionydd, o 1916 roddodd gychwyn ar lunio'r Balfour Declaration, gan sefydlu cefnogaeth y wladwriaeth Brydeinig i sefydlu gwladwriaeth Iddewig ym Mhalesteina, gyda goblygiadau pellgyrhaeddiol a dweud y lleiaf.

cenedlaetholgar Theatr y Pike yn Nulyn. Bu'n feithrinfa i lawer actor, gan gynnwys Stewart Jones, aeth ymlaen i bortreadu Ifas y Tryc, un o gymeriadau mwyaf cofiadwy Wil Sam.[2]

Dim ond amser i chwifio ar y castell mawreddog sydd heddiw, ac mae hi'n llawer rhy gynnar ac oer am hufen iâ, felly drosodd â fi i Bentrefelin. Yn fa'ma mae bedd John Ystumllyn, Cymro du enwoca'r 18fed ganrif a'r "Affricanwr cyntaf i gael englyn coffa".[3] Bu'n gweithio fel garddwr mewn tai bonedd yn Eifionydd ac yn Ardudwy, gan ddysgu'r Gymraeg a'r Saesneg, ac mi briododd â Margaret Gruffydd o Drawsfynydd.[4]

Ymhen dim o dro, dwi'n cael dihangdod cymharol wrth droi oddi ar gylchfan Tremadog drwy'r pentref. Ar ddiwrnod braf, mae hon yn lôn ogoneddus ar lawr y dyffryn. Dydy hi ddim yn olygfa ry ffôl heddiw chwaith, er bod eithafion y mynyddoedd fel petaen nhw'n chwarae mig. Goleuni gwantan, gaeafol yr haul yn gadael i ambell un ohonyn nhw ymrithio o dro i dro wrth iddo chwarae triciau â'r cymylau; yn procio'r gobaith ynof i yn llymder Ionawr.

Dwi'n dechrau dod i hwyl wrth ddod at bentref Prenteg, a bryd hynny, dwi'n troi oddi ar y ffordd ac i galon y pentref bychan hwn, sy'n fy nghroesawu i ag arwydd 1 mewn 6. Ro'n i'n disgwyl dringfa egr i fyny o'r pentref, a honno'n un reit ddrwgenwog – sonnir amdani mewn cyfrolau seiclo ac yn y blaen. Do'n i ddim cweit yn disgwyl iddi hi edrych fel wal, chwaith. Ond dyna ni; try rhwyddineb pedalu'r ffyrdd prysurach yn driog, a'r anadlu'n fwy llafurus yn niffyg ffitrwydd y gwledda a'r diogi. Mae serthedd y lôn, ar gyfartaledd o bron i 12%, yn glir i'w weld wrth gymharu'r llethr â'r dyrnaid o dai teras sydd wedi'u gwasgu at ei gilydd. Buan yr ydw i'n gadael y pentref y tu cefn i mi; troi'r gornel yn rhoi ennyd o ymryddhad, cyn bwrw iddi eto yng nghysgod y coed. Ymhen ychydig mwy o frwydro'r beic yn erbyn y graddiant, mae fel petai rhywun yn troi swits y golau ymlaen, ac yn sydyn reit, mae'r dirwedd wahanol yn amlygu'i hun, yn greigiog a gwyrdd.

Felly mae'r ddringfa'n parhau i fod; yn gofyn brwydr galed yn erbyn ei graddiannau, cyn cynnig mymryn o ysbaid am yn ail; o'r herwydd, gellir ei goddef. Mae'r gydran serth olaf un yn gofyn am un ymdrech lew olaf, cyn bod y lôn yn gwastatu a rhoi cyfle am ennyd o ymryddhad. Wrth i mi wneud hynny, mae'r haul wedi dod o hyd i agendor yn y cymylau i lafoerio'i olau gwan dros dref Porthmadog; mae'n ddarlun go drawiadol, yn gyferbyniadau i gyd o fôr a thir, o oleuni a thywyllwch.

Dwi'n ddiolchgar 'mod i wedi cynllunio'r daith fel bod dringfa fwya'r diwrnod o Brenteg wedi'i chwblhau mor fuan â hyn yn y daith. Wrth i'w heffaith setlo yn y coesau, dwi'n ailgychwyn ar y lôn gul sydd, yn fy nhyb i, yn ddelfrydol i seiclo arni, gan adael y Moelwynion a'u gemau y tu cefn i mi.

Dwi'n ddiolchgar hefyd o gael cyfle i roi'r gwynt yn ôl yn fy hwyliau wrth i'r lôn, yn anochel, wyro tuag i lawr am sbelen go hir. Mae'r olygfa'n newid rhywfaint wrth basio Llyn Du, ac awyr las onest y gaeaf yn datgelu'i hun o'r tu ôl i'r cymylau; rhai o'r rheiny'n pwyso'n drwm ar y moelydd, sydd â'u llechweddau yn eu gwisg o liw daearol, hyfryd yn y golau. Mae hon wir yn lôn o'r radd flaenaf, wrth i'r tirlun digyffwrdd ymestyn yn eang dan oruchwyliaeth Moel Hebog a'i chriw. Dwi'n gwneud adduned i gofio dychwelyd pan ddelo'r haf, a chymryd mwy o bwyll ar grwydr i Gwm Ystradllyn.

Mae'r lôn yma'n dod i ben, gwaetha'r modd, ar groesffordd sy'n rhan o we pry cop y lonydd cefn yn ardal

Dolbenmaen. Dwi'n cymryd ambell droead i gyfeiriad Cwm Pennant, ac mae fel petawn i'n pedalu drwy ddrws rhewgell; mwya' sydyn, mae'r gwyrddni wedi diflannu, a charpedi o wynder yn ei le. Ar yr un pryd, dwi'n sylwi fod y tymheredd ar y cyfrifiadur bach wedi plymio o dan y rhewbwynt mewn mater o eiliadau. Wrth nesáu i gyfeiriad un o'r llefydd oedd yn deffro'r chwilfrydedd ynof i fwyaf, am ei anfarwoldeb diolch i gerdd Eifion Wyn,† mae'n amlwg nad ydy'r faniau halen wedi bod yn y cyffiniau, a'r lôn o 'mlaen i megis llawr sglefrio. Dim ond un dewis doeth sydd mewn sefyllfa fel hyn; rhoi caead ar y chwilfrydedd am y tro, a'i gadw'n saff tan dywydd cynhesach. Dwi'n gwneud adduned i ddychwelyd, i gael gweld os mai dyma wir 'gwm tecaf y cymoedd'. Mae'n debyg nad ydy hynny'n ddrwg i gyd chwaith; efallai y bydd fy stôr egni'n ddiolchgar o fod wedi cael cwtogi pum neu chwe milltir o'r daith erbyn nes ymlaen.

Ymlaen i Ddolbenmaen felly, cyn cyrraedd Garndolbenmaen, a pharhau ar hyd lôn wefreiddiol arall. Mae'r tirlun yn wyrdd unwaith eto, a'r tymheredd wedi codi uwchlaw'r rhewbwynt. Mae'r lôn yn dynodi ffin Parc Cenedlaethol Eryri am sbel, wrth ddilyn trywydd paralel i briffordd yr A487 ar yr ochr ddwyreiniol, ac ymhen ychydig, dwi'n ymuno â'r briffordd honno yng nghyffiniau Pant Glas.

Dwi'n gwybod 'mod i angen troi i'r chwith ryw ben a phontio draw am Glynnog Fawr, wrth i mi sylwi ar yr halen sydd ar wasgar hyd y lôn. Dwi'n gweld arwydd am Glynnog, ond mae'r map ar y cyfrifiadur bach yn ymbil arnaf i barhau am sbel eto. Yn y math yma o sefyllfa, dwi'n dangos i ba genhedlaeth dwi'n perthyn, ac yn rhoi ffydd yn y map yr ydw i wedi'i blotio a'r cyfarwyddiadau deilliol o'r dechnoleg. Mae'n dweud wrtha' i am droi i'r chwith; hynny,

† "Yng nghesail y moelydd unig, cwm tecaf y cymoedd yw..."

yn addas ddigon, reit wrth yr arwydd sy'n dynodi'r ffin ag Arfon.

Dwi'n cael fy arwain wedyn drwy'r hyn sy'n teimlo bron fel byd sy'n hollol wahanol i'r tirlun dwi'n ymadael ag o yn Eifionydd, ac yn hollol wahanol i'r dirwedd dwi'n anelu tuag ati yn Llŷn. Dwi wastad fymryn yn betrusgar wrth gynllunio taith ar hyd lonydd culion mewn ardaloedd anghyfarwydd, rhai sydd ddim ar unrhyw rwydwaith seiclo nac unrhyw beth felly. Ond weithiau, dim ond weithiau, mae'n talu ffordd, fel yn yr achos yma. Mae'r tarmac yn esmwyth ar gydran o 'nhaith sy'n pasio chwarel Graianog i gychwyn a dilyn trywydd afon Desach am orig; mae'r tirlun yn eang am filltiroedd o 'nghwmpas, a hwnnw dan wyliadwraeth trindod Gyrn Goch, Gyrn Ddu a Bwlch Mawr. Drwy wneud hyn, dwi'n croesi Lôn Eifion (llwybr tua 12 milltir o Fryncir i Gaernarfon), lle y bûm i a sawl plentyn arall yn bwrw prentisiaeth ar ddwy olwyn. Dyma'r lôn seiclo orau o ran hyd, diogelwch a safon yr arwyneb drwy'r gogledd i gyd. I'r rhai sy'n ddigon ffodus o fyw nepell ohoni, byddwn i'n dychmygu ei bod hi'n naturiol i feddwl bod y fath gyfleuster yn normal – mae honno'n fraint sy'n dal i fod yn destun cenfigen gen i.

Mae 'na ychydig bach o waith dringo cyn i'r môr ymddangos, ac wedi hynny, mae'r lôn yn disgyn yn serth iawn i Glynnog Fawr, lle dwi'n cael ymuno â llwybr y pererinion. Mae maint Eglwys Sant Beuno'n fy nharo i; am bentref mor fach, mae'n anarferol o sylweddol. Fe'i codwyd yn y 15fed ganrif gydag arian pererinion; dyma oedd y man pwysig cyntaf ar eu llwybr o Gaernarfon i Aberdaron.[5]

O'r fan honno, gan efelychu'n fras drywydd y pererinion, mi ga' i gyfle i godi mymryn bach o sbid ar wastadedd y lôn sy'n cyfochri â phentref hoff Trefor. Ystyrir Trefor yn "un o bentrefi Cymreiciaf Cymru gyfan": hyd yn oed yn dilyn ehangu'r chwarel ithfaen o'r 1850au ymlaen, pan y cymathwyd y mewnfudwyr o Saeson, Albanwyr, a Gwyddelod yn Gymry Cymraeg.[6] Mae'r môr ar y dde imi, a'r Eifl a'i chriw'n esgyn ar y chwith; yr Eifl yw'r man uchaf yn Llŷn ac felly'n help mawr i'ch lleoli'ch hun ble bynnag y boch ar y penrhyn. Dwi'n gwneud adduned arall; dychwelyd yma â 'sgidiau cerdded am fy nhraed ar dro i Dre'r Ceiri, y fryngaer drawiadol o Oes yr Haearn, a Mynydd Gwaith, lle'r oedd yr ithfaen ar gyfer meini crynion cyrlio yng Ngemau Olympaidd y Gaeaf yn arfer dod.

Er efallai mai'r ddringfa o Brenteg oedd yn peri'r mwyaf o ofid i 'nghoesau ddechrau'r dydd, mae 'na goblyn o waith i gyrraedd Llanaelhaearn ar ddwy olwyn. Mae'r lôn yn codi i gyrraedd y gylchfan, lle dwi'n dilyn yr arwydd am Nefyn gan droi i'r dde, sy'n teimlo reit arwyddocaol wrth i hwnnw fy arwain i berfeddion Llŷn. Ar ôl cymryd y drofa honno, mae'r lôn yn esgyn yn serth iawn nes cyrraedd y pentref. Mae'n disgyn fymryn cyn bod angen ymdrech fach arall yn dilyn hynny cyn cyrraedd Llithfaen, a bryd hynny, o edrych o 'nghwmpas a gweld deupen y fraich a'r môr o boptu, mae 'na ryw deimlad cynnes yn dod drosta' i.

*

Dwi'n cael fy atgoffa'n gyson ar y rhan yma o'r daith o'r holl lefydd yr ydw i'n eu hepgor oherwydd diffyg golau dydd, ac angen gwneud adduned droeon a thro i ddychwelyd. Bydd y seiclwr sy'n mynd i Nant Gwrtheyrn yn cael ei wynebu gan gryn allt i ddod o 'no, os y bydd o'n ddigon lwcus i osgoi'r felltith honedig sydd ar y lle ar ôl i'r trigolion wrthod lloches i'r pererinion. Dyma hefyd leoliad marwolaeth unig y brenin Celtaidd, Gwrtheyrn, a lleoliad chwedl drasig Rhys a Meinir. Erbyn heddiw, mae mwy o obaith yma, diolch i'r ganolfan dysgu Cymraeg fawr ei hanrhydedd. Ychydig yn nes ymlaen, dwi'n anwybyddu'r sŵn ym Mhorthdinllaen; mae hi ychydig yn fuan yn y flwyddyn i anelu am orig heulog ar y traeth neu yn nhafarn Tŷ Coch.

Ar ôl Llithfaen, mae 'na ddisgyniad gwerth chweil i'w fwynhau, yn wobr am y gwaith dringo. Dwi'n cael cyfle i fwynhau ystum y lôn ar fwy o gyflymder, wrth iddi nadreddu'i ffordd drwy'r dirwedd drwy bentref bach Pistyll, lle mae eglwys ganoloesol a ffynnon arall i Sant Beuno, a'r holl ffordd i lawr i Nefyn, fwy neu lai. Dwi'n mynd ar ormod o ruthr i sylweddoli a dod i stop yn ddigon sydyn i gymryd llun o'r arwydd 'Ardal Gymraeg yw hon', sy'n drawiadol yn ei ddu a gwyn yn erbyn y lliwiau egwan, wrth i faes carafanau ddod i'r golwg fymryn wedyn.

O gyrraedd Nefyn, dwi'n teimlo rhyw newid arall yn llif y daith, fel petasai pethau'n setlo i rythm cyson; tonnedd naturiol, mwy cyfforddus i'r cyfan. Llai o frys, efallai. Erbyn hyn, mae'n dynesu at ganol dydd, ac wrth i mi ddechrau setlo i'r rhythm cysurus newydd yma, mae'n bryd rebelio'n erbyn y map ar drywydd cinio – chwant bwyd yn cydio, yn benodol chwant am gawl (h.y. sŵp, nid lobsgows) i 'nghynesu o'r tu mewn. Ar drothwy Tudweiliog, dwi'n cymryd trofa i'r dde, er mawr brotest y cyfrifiadur bach sy'n mynd i ryw stad o banig a'i oleuadau bychain yn fflachio'n goch. Dwi'n cyrraedd Cwt Tatws a gosod y beic i wyro'n erbyn y wal. Dwi'n treulio rhyw awren yn eistedd wrth y tân yno, yn mwytho paned neu ddwy, a theimlo coflaid y cawl (pys a ham – arbennig). Un rheswm dros aros cyhyd, heblaw am fymryn o gynhesrwydd i ffwrdd o oerfel y dydd, ydy 'mod i angen aros tan bum munud wedi un i gofrestru ar lein gyfer cyrsiau prifysgol y tymor sydd i ddod. Mae'n debyg nad ydy dihangdod llwyr yn bosib byth, hyd yn oed yn Llŷn.

*

Does dim oerfel fel yr oerfel sy'n taro rhywun wrth bedalu unwaith eto ar ôl bod mewn caffi cynnes ganol gaeaf noethlwm. Mae'n fy ngorfodi fi i dynnu'r balaclafa'n uwch i fyny 'ngwyneb, nes 'mod i'n ymdebygu i leidr pen ffordd; does 'na'm byd gwaeth na thrwyn oer, nag oes? Wrth i mi ailymuno â'r 'brif' lôn drwy Langwnnadl tua Pengroeslon, dwi'n falch o gael setlo'n ôl i'r rhythm, a phob chwant yn fy stôr egni wedi'i ddiwallu rhywfaint. Dwi'n falchach byth o'r graddiant ysgafn tuag i fyny, sy'n cynnig digon o wrthiant i mi gynhyrchu 'nghynesrwydd fy hun.

Mae 'na fantais seicolegol i'r cyfrifiadur bach am ei fod o'n rhoi proffil i mi o'r elltydd; lle maen nhw, pa mor hir ydyn nhw ac yn y blaen. Gwell y drwg a wyddom na'r drwg na wyddom. Ar ôl troi i'r dde ar y gyffordd ym Mhengroeslon, dwi'n gwybod fod 'na gyfle i ogwydd mwy ffafriol y lôn drwy Roshirwaun roi mymryn mwy o ffresni yn y coesau cyn bo cyfres o dair dringfa yn fy wynebu rhwng rŵan a diwedd y daith.

Mae'r gyntaf o'r rheiny'n golygu 'mod i'n troi i'r dde jyst cyn cyrraedd Aberdaron, gan anelu am Uwchmynydd. Mae'r lôn yn ystumio yma a thraw am ychydig, wrth i mi basio sawl un yn cerdded, cyn bo'r gwaith dringo'n cydio go iawn ar ôl pasio Tŷ Newydd ar y chwith a chroesi'r grid gwartheg. Hwnnw eto'n dynodi newid yn yr awyrgylch: mae'r gwrychoedd cyfyng o boptu'n diflannu, popeth yn ymagor, a bron 'mod i'n teimlo ryw ryddid newydd i ledaenu'n adenydd. Mae'r glesni a'r gwyrddni'n cael mwy o sylw, tra 'mod innau'n gwthio'r pedal rownd cwpl o gorneli tynn a serth rhwng y grug noeth. Mae 'na newid i'w deimlo o dan yr olwynion yn ogystal, wrth i'r tarmac droi'n goncrid, a brig Mynydd Mawr yn nesáu. Yn y fan honno ceir, mae'n siŵr, un o'r golygfeydd gorau o Enlli yn ei gogoniant i un cyfeiriad, a golygfa werth chweil o hyd a lled Llŷn i'r cyfeiriad arall. Dwi wedi mynd cyn belled ar hyd trywydd y pererinion ag y mae modd ar ddwy olwyn, a'r dŵr yn llonydd rhyngof i a sancteiddrwydd yr ynys.

Wrth i mi ddychwelyd am Aberdaron, dwi'n pasio arwyddion am Borth Meudwy, sy'n dwyn fy mhenwythnos yn Aberdaron ac ar Ynys Enlli ddechrau Medi i gof. Do'n i ddim cweit wedi dallt pa mor arbennig oedd yr ynys nes bod arni; mae 'na rywbeth pur iawn am yr aer, rhyw lonyddwch ysbrydol, os ga' i ddefnyddio'r fath air. 'Nôl ar y tir mawr, mae 'na lonyddwch pur i'w gael hefyd; dwi'n pasio'r mymryn o lwybr yr arfordir y gwnes i'i droedio ddechrau Medi, lle y dois i o hyd i ryw dawelwch na wna i fyth anghofio, i fyfyrio'r newid byd oedd ar y gorwel. Dwi'n cofio siarad efo'r ddynes oedd yn rhoi brecwast i mi ar y maes gwersylla amdano, a hithau'n dweud fod rhaid bod modd ffeindio'r tawelwch pur yna yn fy mro innau hefyd, ond mynnu wnes i, "ddim tawelwch fel'na". Yng ngeiriau Sioned Erin Hughes yn ei cherdd 'Mae 'na dduw yn Uwchmynydd', "mae'n fwy na hud".[7]

Dwi'n pasio'r maes gwersylla hwnnw ar yr allt serth i lawr am y pentref, a hwnnw'n fy neffro o'r atgof. Mae'r olygfa o'r allt yn ei gwneud hi'n hawdd iawn deall apêl y lle i'r bardd: yma y daeth R.S. Thomas i fyw a ficera yn Eglwys Sant Hywyn ym 1967, a'r unigedd, y Cymreictod, a'r purdeb sanctaidd hwnnw'n apelio ato. Dymuniad i symud yma "pan fwyf yn hen a pharchus / ag arian yn fy nghod" oedd gan Cynan yn ei gerdd enwocaf, "mewn bwthyn sydd â'i ddôr / at greigiau Aberdaron / a thonnau gwyllt y môr."

Mae hi lawer iawn tawelach yma heddiw nag oedd hi'r penwythnos heulog hwnnw o ddiwedd haf, a buan iawn ydw i'n gadael ar ben arall y pentre', a dechrau ar yr ail ddringfa o'r tair. Mae'n codi'n go serth allan o Aberdaron, cyn gostegu fymryn, a chyfle am gip tua'n ôl; y fynwent yn glynu at y llechwedd, ac ewyn y don yn sgrialu dros y tywod yn y cefndir.

Mwy graddol ydy'r dringo wedyn am sbel, ond codi'n go serth mae hi yn y pen draw wrth gyrraedd pentref y Rhiw, sy'n enw digon addas o ystyried y gwaith dringo sydd i'w gyrraedd o'r naill gyfeiriad a'r llall. Wrth gymryd cryn dipyn o ofal i lawr yr ochr arall a'i graddiannau o 20%, a Phorth Neigwl yn edrych yn ysblennydd fel arfer, dwi'n reit falch o fod wedi cael dringfa a'i thempo'n fwy ymlaciedig o'i chymharu â lladdfa'r esgyniad hwn. Nid disgyniad cyflym mo hwn, oni bai fod gennych chi ddigon o ffydd i roi'ch bywyd yn nwylo'ch brêcs, yn enwedig wrth ymgodymu â chornel gas ar ei ddiwedd, ond ar ôl honno, mae'n gwastatu fymryn i ddisgyniad mwy graddol, lle gellir codi sbid eto.

Mae'r drydedd a'r olaf o ddringfeydd diwedd y dydd yn gofyn llai ohona' i na'r ddwy flaenorol, wrth lwc, wrth i gannwyll golau dydd ryw ddechrau pylu. Dwi'n rhygnu 'mlaen yn erbyn y graddiant i gyrraedd Mynytho, lle bydd gwaith dringo'r dydd yn dod i ben, ac felly hefyd y rhythm tonnog yr ydw i wedi dod i arfer ag o ar gylchdaith o'r penrhyn. Dybiwn i mai englyn R. Williams Parry yma yw'r enwocaf o'r cerddi ar dalcenni neuaddau Cymru, hwyrach am iddi grisialu ysbryd cymuned:

Adeiladwyd gan dlodi; – nid cerrig
Ond cariad yw'r meini;
Cydernes yw'r coed arni,
Cyd-ddyheu a'i cododd hi.

Mae Mynytho'n cynrychioli rhyw groesffordd ar y daith; dwi'n ymadael â llonyddwch y lôn gefn, gul drwy'r Rhiw i gyrraedd yma; pe bawn i wedi dod mewn car, byddwn i wedi dod drwy Sarn Mellteyrn a Botwnnog i gyrraedd yma. Mi ydw i, felly, yn ymuno â'r hyn sy'n cael ei ystyried yn llwybr y twristiaid; y trywydd deheuol o un pen y penrhyn i'r llall. Gallwn i droi i'r dde am Abersoch yn fan hyn, hefyd; pentref glan môr sydd, ers cryn amser, wedi'i ystyried yn ganolbwynt y drafodaeth am (or-)dwristiaeth, llety gwyliau, a thai haf. Yn ôl rhai, mae poblogaeth y pentref yn ystod yr haf 50 gwaith yr hyn y mae yn ystod y gaeaf.[8] Roedd cau'r ysgol gynradd yn 2021 yn ergyd drom a symbolaidd i gymuned Gymreig gref.

Mae'r farchnad dai, wrth reswm, wedi'i hysgwyd gan y twf yn y galw am dai haf a llety gwyliau. O'r herwydd, mae pobl ifainc, yn enwedig ond nid yn unig, yn ei chael hi'n anos byth i gael eu gafael ar allweddi i gartref yma. Mae gweld cynifer o dai'n wag dros y gaeaf yn gynnen bellach. Mae'r pryder hwnnw am y newid ddaw i'r gymdeithas wedi dod o hyd i fynegiant celfyddydol gan y genhedlaeth iau yn y blynyddoedd diwethaf; yn benodol, y berthynas ddofn sydd rhwng Llŷn a'i phobl, perthynas sy'n gymhleth ambell waith hefyd. Deuir o hyd iddo yng ngwaith gonest Sioned Erin Hughes; yn nofel gyntaf Ffion Enlli, *Cwlwm*, sy'n dilyn cymeriad bendilia rhwng Llŷn a Llundain; yn hynt yr Hen Ŵr a'r llwynog yn Llyfr y Flwyddyn 2023, *Pridd* gan Llŷr Titus. Mae Llŷn wedi'i thaenu'n drwch dros albwm Cymraeg y flwyddyn Eisteddfod Genedlaethol 2024, *Mynd â'r tŷ am dro* gan Cowbois Rhos Botwnnog, a'r teitl drac yn enwedig yn crisialu ing y newid, yr hiraeth, y dyhead i warchod.[‡]

*

‡ Dylid nodi nad ydy'r corff cyfan diweddar o lenyddiaeth, barddoniaeth, a cherddoriaeth o Lŷn ac Eifionydd yn drwm a hiraethus; ceir sawl ennyd lon neu ddiniwed yn y gweithiau hyn. Gweler hefyd, er enghraifft, albwm Twm Morys a Gwyneth Glyn, *Tocyn unffordd i lawenydd*, cyfeiliant addas i unrhyw daith i Lŷn.

O Fynytho dwi'n anelu am Lanbedrog, ac yn fanno'n ymuno â phrysurdeb y brif lôn. Yn raddol, mae'r teimlad chwithig o adael yn setlo. Mae batri'r cyfrifiadur bach wedi darfod yn gynamserol, a minnau, yn fy angen tragywydd am gyfeiriad ac arweiniad, yn dibynnu bellach ar fy adnabyddiaeth, ac ar yr arwyddion du a gwyn, hen ffasiwn. Mae'r rheiny'n rhan annatod o'r darlun sydd gen i o Lŷn; gwisg o symlrwydd ac o barhad. Ar ôl croesi beth fydd o hyn ymlaen yn gylchfan Steddfod Boduan i mi, dwi'n cyrraedd Pwllheli, ac mae'r arwyddion yn ôl yn eu gwyrdd a melyn modern.

'Eu gwyrdd a melyn modern': petawn i wedi dychwelyd ychydig fisoedd yn ddiweddarach, mae'n debyg y byddai arwyddion deuliw felly'n amlycach byth, ar drothwy'r Etholiad Cyffredinol. Ar y gylchfan hon, mi ydw i newydd basio Penyberth, lleoliad anfarwol yn nychymyg cenedlaetholwyr Cymreig. Ar safle sydd bellach yn faes carafanau, cynheuwyd y Tân yn Llŷn, ymgyrch yn erbyn sefydlu ysgol fomio yma ym 1936, gan 'Y Tri': D.J. Williams, Lewis Valentine, a Saunders Lewis.

Mi ydw i'n pasio wedyn drwy dref Pwllheli, lle sefydlwyd Plaid Cymru ar ei ffurf bresennol ym mis Awst 1925, gan ddechrau ar y broses hir o ffurfioli lle cenedlaetholdeb Cymreig ar y llwyfan gwleidyddol Prydeinig. Hynny ychydig ddegawdau ar ôl cwymp y mudiad dros ymreolaeth, 'Cymru Fydd' – cohort Cymreig o Ryddfrydwyr, yn cynnwys Lloyd George. Honnir gan rai mai Lloyd George oedd y 'cenedlaetholwr Cymreig modern cyntaf' am ei ymroddiad i ymreolaeth, er y bydd eraill yn gwrthod hynny am mai tila oedd ei ymdrechion, a'r rheiny dim ond er mwyn troi'r cwbl yn ôl i'w felin ei hun. Hawdd dod i gasgliad, felly, fel y gwna Simon Brooks, mai "Llŷn ac Eifionydd yw crud symbolaidd cenedlaetholdeb Cymreig modern".[9]

Yr oedd, ac y mae, angen mynegiant a chynrychiolaeth

wleidyddol i'r dyhead i warchod, i gynnal; y dyhead am barhad. Er lleoli Plaid Cymru ar asgell chwith y sbectrwm wleidyddol, mae rhywbeth cynhenid geidwadol am y dyhead hwn am barhad – ac yn wir, roedd elfennau ceidwadol cryfion yng ngwleidyddiaeth Saunders Lewis, pensaer syniadaeth gynnar y blaid (a hynny yn ei dro'n ei droi'n "wrthodedig" gan genedlaetholwyr).[10] O ran parhad yr iaith a'i chymunedau cryfaf, o leiaf, mae'r fantell honno'n cael ei chario'n fwyfwy gan Gymdeithas yr Iaith – sefydlwyd ar droed darlith 'Tynged yr Iaith' Saunders Lewis, cofier – gydag ymgyrchoedd megis am Ddeddf Eiddo.

Ar ei fwyaf eithafol, mae'r dyhead yma am barhad yn un sy'n gallu troi'n atgas, yn wrth-estron. Defnyddir y term *anti-English* yn fynych y dyddiau yma wrth gyfeirio at bolisïau megis trethi uwch ar ail gartrefi neu dreth twristiaeth (er gwanned y ddadl honno o ystyried fod yr un polisïau i'w cael, mewn mannau, dros Glawdd Offa). P'run a oes yna wirionedd i'r goel hon o wrth-Seisnigrwydd ai peidio, mae Brooks, er enghraifft, yn dadlau nad oes tystiolaeth hanesyddol ohono yn Llŷn ac Eifionydd.[11] Y gwahaniaeth allweddol iddo yntau yw'r gwahaniaeth rhwng, ar y naill law, *gorfod* Seisnigo i ateb y twf mewn pobl yn prynu tai neu ail dai yma, ac ar y llall, cymathu â'r rhai sy'n derbyn y Gymraeg a'i diwylliant. Â Brooks ymlaen i sôn am gyfraniad y cohort 'Eingl-Gymreig' fu'n byw yn yr ardal: yn eu plith, er enghraifft, Clough Williams-Ellis, pensaer Portmeirion, a'r llenor Jan Morris. Eu disgynyddion? Y nofelydd Robin Llywelyn yn ŵyr i'r naill, y cerddor a'r bardd, Twm Morys, yn fab i'r llall. "Difyr iawn yn wir yw fod y Cymreiciaf o lenorion Gwynedd yn hanu o'r bonedd Eingl-Gymreig."[12]

*

Ar ôl Pwllheli, dwi bellach wedi hen ymadael â'r rhythm tonnog ac wedi taro'r lôn wastad lle mae gofyn pedalu cyson, di-baid i gadw'r beic i fynd. Dwi'n croesi'r ffin yn ôl o Lŷn i Eifionydd yn Abererch i gychwyn; man geni'r cenedlaetholwr pybyr Thomas Roberts, Llwynrhudol (1765/6-1841), un o sylfaenwyr Cymdeithas y Cymreigyddion yn Llundain. Wedyn heibio i Benychain a maes gwyliau Hafan y Môr – dyna lwc mai ym mis Ionawr y penderfynais i deithio'r ffordd hyn ar feic. A'r trydydd lle ar y gyfres o gylchfannau ydy Afon Wen, lle mae un pen pum milltir y Lôn Goed a'i "llonydd gorffenedig", fel y'i disgrifwyd gan R.Williams Parry yn ei gerdd y dyfynnir ohoni yn epigraff yr ysgrif.

Yn absenoldeb y cyfrifiadur bach, does gen i ddim syniad faint o'r daith sydd ar ôl, a dwi'n ildio i reddfau plentynnaidd o ofyn i mi fy hun, 'yden ni yno eto?', 'pa mor bell sydd ar ôl?' ac yna llawenhau o weld castell Cricieth yn dod i'r golwg yn y pellter. Mae 'na rywbeth reit braf am hynny hefyd, rhaid i mi gyfaddef; y fath ddiniweidrwydd.

Dwi'n cyrraedd y diwedd yn y pen draw, yn ôl yn Llanystumdwy, wrth i'r ceir ddechrau cynnau eu lampau blaen.

Cychwyn: Llanystumdwy

Gorffen: Llanystumdwy

Pellter: 123km (76 milltir)

Dringo: 1,540m (5,050tr)

Amser gymerodd i mi, heb gynnwys egwyl: 5 awr, 50 munud

ym Maldwyn

Cadw'r Fflam yn Fyw

Dydd Mawrth, 25ain o Fehefin, 2024

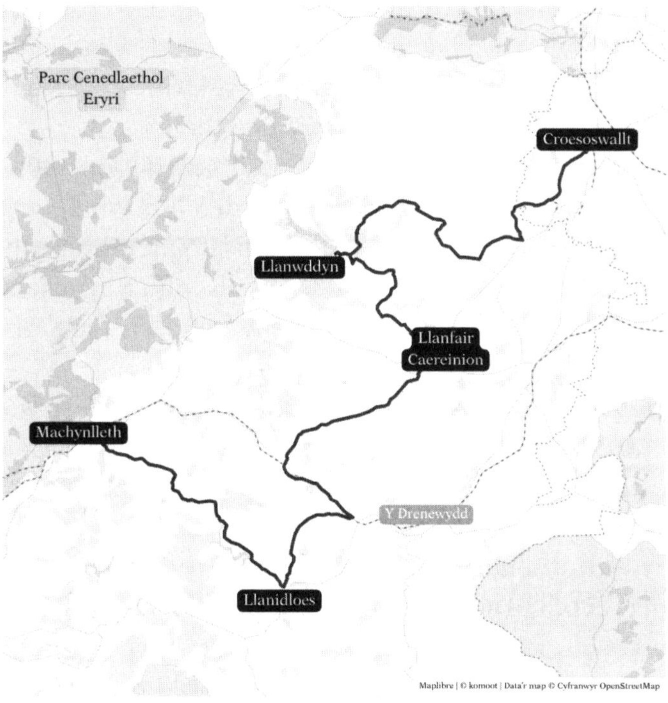

"DWI'N HANNER MALDWYN, hanner Gog," meddai plentyn wrtha' i unwaith yng Ngŵyl Maldwyn, Meifod. Mae'n bosib mai dyma un o'r siroedd sydd â'r hunaniaeth gryfaf ledled Cymru, y tu hwnt i wahanfa or-syml y de a'r gogledd. Daw'r cadarnle hwn o ganlyniad i'r wasgfa hanesyddol o'i amgylch – o'r Mers, o Wynedd, o'r Deheubarth – yn ymestyn o un pen o'r wlad i'r llall, a'i bryniau'n donnau o forfa'r Ddyfi hyd Glawdd Offa. Ei mwynder ar yr awel, dros ystumiau ei thiroedd a'i dyfroedd, yn y gân, yn y gair; cymaint felly bod 'Mwynder Maldwyn' bron yn *cliché*.*

Fe ddaw dylanwad y ffin â her i Gymreictod yr hunaniaeth honno. Mae brwydro cyson ym mhob cwr o'r sir am addysg Gymraeg i'w phoblogaeth wasgar, er bod y 'bywyd Cymreig', y diwylliant Cymraeg, yn ferw hyd sawl un o'i dyffrynnoedd. Mae cadarnleoedd Glyndŵr, un o ffigyrau pwysica'r meddylfryd Cymreig, ar wasgar hyd y sir. Dim ond esgyrn sy'n weddill o'i gadarnle yn Sycharth, a'i ddiflaniad ar y Berwyn namyn myth.

Ym Machynlleth hefyd y galwodd senedd ym 1404, a'i Wrthryfel ar ei anterth, a chyhoeddi'i hun yn Dywysog Cymru. Yn fanno hefyd y mae dechrau 'nhaith ar y bore cymylog hwn; mae 'na ysgafnder yn llwydni'r cymylau, ac mae'n eithaf mwyn – cymaint felly 'mod i'n penderfynu gadael fy llewys dros dro ar ôl yn y car.

Dwi'n cychwyn ym merw'r bore ar y stryd fawr, y tŵr cloc arddull Baróc yn fy ngwylio i'n gadael. Dwi'n pasio senedd-dy Glyndŵr ar y chwith; parwydydd y tai ar y dde yn balet o wahanol liwiau. Mae ychydig o ias yn fy nghrwydro – efallai mai camgymeriad oedd diosg y llewys wedi'r cyfan. Dwi'n falch, felly, fod tipyn o ddringfa'n fy wynebu, i gynhesu'r dyfroedd. Dilynaf yr arwydd am Lanidloes a Llyn Clywedog, 'ar hyd ffordd fynyddig, gul'. Ffordd Dylife yw hon; dwi'n ymatal rhag dweud ffordd drwy 'galon' Cymru, rhag pechu ambell ardal ymhellach i'r de sy'n hawlio'r teitl hwnnw. 'Crombil' Cymru, efallai.

Enw ar y pentref sydd ryw hanner ffordd rhwng Machynlleth a Chlywedog yw Dylife, ac mae cryn dipyn o waith dringo i'w gyrraedd. Ar ôl pasio rhesaid o dai ar y chwith a'r ystâd ddiwydiannol ar y dde, yn raddol, try

* Mae 'Mwynder Maldwyn' hefyd yn deitl ar ddarn cerddorol o waith Delyn Evans i delyn, soddgrwth, a ffliwt.

bwrlwm y dref yn angof wrth i'r wlad fy nghofleidio. Mae rhannau cynta'r dringo'n ddigon graddol; mae'r cyfan yn hynod agored, ond dydw i ddim wedi cyrraedd tir neb cweit eto. Dwi'n croesi ail rid gwartheg, a dod at bentref bychan Y Bontfaen (Forge), gan groesi'r bont gul dros afon Dulas. O'r fan yma, mae pethau'n dechrau poethi, wrth i ogwydd y ffordd godi'n serth allan o'r pentref; y perthi a'r coed yn crymu'n fwa drosof, ac olion olaf gwareiddiad yn prinhau. Er bod y gwaith dringo'n galetach nag y bu, pan mae'r awyr a'r tir yn ymagor unwaith yn rhagor, mae rhyddid ar y gwynt. Mae'n fangre ddelfrydol i fod ar ddwy olwyn, ac mae aml i feiciwr llwythog yn dod i 'nghyfwr i, a hwythau, fwy na thebyg, ar lwybr rhif 8 – Lôn Las Cymru – yn mynd tua Chaergybi o Gasgwent neu Gaerdydd.

Dal i rygnu'n erbyn y graddiant sy'n gynyddol serth yw fy hanes, wrth i'r bryniau o'm cwmpas ddechrau amlygu eu hunain. Ar ôl pasio fferm ar y chwith, mae un o gyfrannau sertha'r dringo, gan gyrraedd graddiant o tua 12%. Mae'n ddigon i dynnu 'ngwynt, ond pe cawn gyfle i edrych tuag yn ôl, fe welwn ysblander bryniau a mynyddoedd bro Ddyfi a Meirionnydd yn eu gwisg haf. Mae mymryn o oriwaered i fagu momentwm cyn bod y lôn yn codi o'r newydd, a'r patrwm hwnnw'n ailadrodd. Dros y grid gwartheg a rownd y gornel, dof at gofeb i Wynford Vaughan-Thomas ar y dde. Bwrdd cyfeiriannu siâp cilgant mewn llechen ydyw, a darlun ohono wedi'i naddu arno. Mae ei fraich yn pwyntio tuag at yr Wyddfa, sydd i'w gweld oddi yma ar ddiwrnod clir, mae'n debyg. Pan ddaw'r dydd y gwela' i'r Wyddfa o'r fan yma, mi brynaf i docyn loteri. Wedi dweud hynny, mae'r golygfeydd i bob cyfeiriad yn werth eu gweld, yn gorchuddio talp go sylweddol o Gymru.

Darlledwr oedd Vaughan-Thomas wrth ei alwedigaeth; daeth i enwogrwydd cenedlaethol am ei ddarllediadau i'r BBC yn ystod Rhyfel 1939-1945, ac roedd yn un o sylfaenwyr Harlech Television (HTV, sef ITV Wales erbyn hyn). Cyflwynodd aml i raglen boblogaidd, gan gynnwys y gyfres *The Dragon Has Two Tongues* ganol yr wythdegau, lle mae'n trafod hanes Cymru yn frwd gyda Gwyn Alf Williams.[†] Roedd Cymru a'i chefn gwlad yn rhan fawr ohono; bu'n Llywydd ar Ymgyrch Diogelu Cymru Wledig, ac ysgrifennodd doreth o gyfrolau ar Gymru. Y gyntaf ohonyn nhw oedd *Madly in All Directions*, a gyhoeddwyd ym 1967. Yn hytrach na theithio Cymru ar ddwy olwyn fel minnau, ar gefn ceffyl yr aeth o, a phrofiad gwahanol o'r herwydd – "*don't treat your horse like a bicycle*" oedd y cyngor a roddwyd iddo.[1] Mae ei daith o'r de tua'r gogledd yn daith, ar yr un pryd, o'r Gymru a adnabu tua Chymru'r dyfodol.

Un ymdrech olaf sydd ei hangen o'r gofeb i gyrraedd y copa, sydd 510m (1,673 troedfedd) uwchlaw'r môr. Daw'r llwydni i bwyso'n drymach, ac mae'r oerni'n tynhau ei afael. Mae'n wyth milltir i gyd i gyrraedd yma o Fachynlleth, ac yn ei sgil, daw cyfle am ysbaid ar y goriwaered. Ymhen ychydig filltiroedd wedyn, dof at bentref Dylife.

Mi sylwn ni, yn 'Dylife', ar safiad Maldwyn yn ymryson yr 'a' a'r 'e'; mae'r sain sy'n gwyro tua'r 'e' yn nodweddiadol o'r dafodiaith, nid yn unig ar ddiwedd gair. 'Dylifau', ffurf lluosog 'dylif', fyddai'r ffurf safonol, a hwnnw a ddefnyddid ar enw'r pentref ddechrau'r 19eg ganrif. Cyfeirio mae, fwy na thebyg, at lifeiriant neu lifogydd; nid nepell o'r pentref mae Ffrwd Fawr, rhaeadr mawreddog 40 metr o uchder ar afon Twymyn. Y gweithfeydd plwm oedd wrth galon y pentref drwy'r 19eg ganrif, ac wrth i'r rheiny ddarfod, fe gwympodd y boblogaeth; fe gaewyd yr ysgol, ac adfeiliodd

---

† Roedd modd i mi ddod o hyd i'r gyfres, a'i gwylio, yn eithaf hygyrch ar y we, er diddordeb.

yr eglwys. Yma hefyd y ganwyd yr awdur Mari Ellis (1913-2015; née Headley), a fagwyd drwy gyfrwng y Gymraeg (yn groes i arfer y cyfnod); yn ei gwaith, bu'n lladmerydd dros hawliau merched ac yn hanesydd pybyr ar Eglwyswyr Cymru. Yn 2024, cyhoeddwyd detholiad o'i gwaith ar yr hen bersoniaid llengar – clerigwyr a hyrwyddai Gymreictod yn Eglwys Lloegr – yn y gyfrol *Yr Enwog Bererinion: Gwarchod y Fflam*, a olygwyd gan ei merch, Meg Elis, sydd hefyd yn awdur toreithiog.

Ychydig wedyn, dwi'n cyrraedd cyffordd, sy'n dynodi diwedd y gyfran benodol yma o 'nhaith. Troi tua'r de ydw i, troi i'r dde, i gyfeiriad Llanidloes yn hytrach na Llanbrynmair. O wneud hyn, dwi'n cyrraedd Llyn Clywedog. Mae'n parhau i deimlo fel pe bawn i wedi fy nyrchafu, fel pe bawn i ar blatfform, â Chymru'n helaeth o'm cwmpas ac oddi tanodd. Mae'r pedalu'n ysgafn nes cyrraedd Penfforddlas *(Staylittle)*, ac yna mae patrwm newydd yn datblygu. Patrwm o bendilio rhwng yr eithafion; mae'r lôn un ai'n codi'n serth (iawn, ar adegau) neu'n syrthio'n serth. Yn un o'r pentydd hynny, dwi'n dod at lan Clywedog, ac argae Bwlch y Gle. Wrth blymio lawr i gyrraedd yma, mae'r darlun yn un hardd; y cychod yn simsanu'n araf, y pysgotwyr yn eu helfen. Enw fferm yn nyffryn Clywedog oedd Bwlch y Gle, un o'r rhai a foddwyd i greu'r gronfa ddŵr sydd i'w gweld heddiw. Rhoddwyd dechrau ar y gwaith ym 1963, ac fel yn Nhryweryn rai blynyddoedd ynghynt, fe gafwyd cryn wrthwynebiad; ffrwydrodd bom yma ym 1966 gan oedi'r gwaith, a honnir mai Mudiad Amddiffyn Cymru oedd yn gyfrifol. Fe'i hagorwyd ym 1967, gyda'r bwriad o reoli lefelau a llif afon Hafren.

I fyny o'r argae mae'r hiraf a'r serthaf o'r elltydd sy'n cyfochri â'r llyn, ac o gyrraedd ei phen, fe ddaw rhan nesa'r daith i'r golwg, yn donnau o wyrdd tua'r ffin. Yn wobr am yr holl waith dringo hyd yn hyn, mae tair millir gyfan o hwylio i lawr i dref Llanidloes. Erbyn diwedd y 1830au, roedd Llanidloes yn ganolfan y mudiad Siartaeth, a frwydrai'n bennaf dros chwyldro democrataidd i roi hawl pleidleisio i drwch y boblogaeth wrywaidd (ar y pryd, un dyn ym mhob pump oedd gan hawl i bleidleisio, a'r rhan fwyaf ohonynt yn dirfeddianwyr). Yn Llanidloes y bu terfysg cynta'r mudiad. Ym mis Ebrill 1839, rheolwyd y dref gan y Siartwyr mewn chwyldro byr a barodd gwta wythnos; dyma destun drama gerdd Cwmni Theatr Maldwyn, *Pum Diwrnod o Ryddid*. Y tlotai oedd prif destun yr atgasedd yma yn nyffryn Hafren, ac nid diwygiad democrataidd o reidrwydd.[2] Pylodd y mudiad erbyn 1848, ac ni chymeradwywyd deddf ddiwygio yn San Steffan tan 1867. Erbyn heddiw, serch hynny, mae holl amcanion y Siartwyr, ac eithrio etholiadau seneddol blynyddol, wedi eu gwireddu. Caiff Llanidloes – neu 'Lanny' fel y'i hadwaenir – enw am fod yn dref go Seisnigaidd, fel aml i un arall yn y parthau hyn.

Fel mae afon Clywedog yn ymuno ag afon Hafren, felly ydw innau'n ymuno â ffordd Trefeglwys, a honno â'i thrywydd yn adlewyrchu un yr A470, gan bontio rhwng Llanidloes a Chaersŵs. Mae allt ar i fyny i gychwyn, ac ar ôl disgyniad byr, mae'r ffordd yn gwastatu am gyfnod hir, a hynny am y tro cyntaf ar y daith. Ar ôl sbel, dwi'n croesi afon Trannon a chyrraedd Trefeglwys; pentref bychan, tawel, ag eglwys go sylweddol, a'r fynwent o'i blaen, yn hawlio'r sylw. Mae oddeutu chwe milltir wedyn, a Thrannon yn gwmni, o bedalu rhythmig, cyson nes cyrraedd Caersŵs. Ni wyddys yn union pwy oedd Swys, ond yn ôl traddodiad, brenhines landeg oedd hi; gelwid yr hen gaer Rufeinig yma yn Gaer Swys Wen neu Ddinas Swyswen rai canrifoedd yn ôl.

Rheidrwydd yw ymuno â'r A470 yn fanno, am sbel ychydig hirach na fyswn i'n ystyried yn ddymunol. Eto i gyd, dydy hi ddim yn rhy brysur ar fore Mawrth di-nod fel hwn, ac eithrio ambell lori, ac mae'r gyfran benodol yma'n llydan ar y cyfan hyd dyffryn Carno. Dwi'n gorfod aros am olau gwyrdd i 'ngadael i drwodd rywle yng nghyffiniau Pont-dôl-goch a Clatter, wrth i'r dolydd yr ydw i'n anelu atyn nhw godi ar y dde imi.

Dwi'n cyrraedd Carno â'm gwynt yn fy nwrn, ac mae'n cymryd sbel i weithio fy ffordd i ben pella'r pentref, sydd fel petai'n ymestyn am yn hir. Heibio i eglwys y Bedyddwyr yr af gyntaf, lle mae'r dylunydd ffashiwn arloesol Laura Ashley (1925-1985) wedi'i chladdu. Carno hefyd oedd man geni'r bardd a'r cerddor Iwan Llwyd (1957-2010), un o leisiau disgleiriaf a mwyaf poblogaidd ei genhedlaeth.

Gyda Chapel M.C. Peniel ar y chwith, dwi'n troi i'r dde; mae arwydd ynghudd yn y berth, yn dynodi deuddeng milltir i Lanfair Caereinion. Ymhen ychydig eiliadau, dwi'n croesi'r rheilffordd; ar y dde imi mae'r hen orsaf a gaewyd gyda thoriadau Beeching yn y 1960au, a lle'r oedd ffatri wreiddiol Laura Ashley, a gaewyd yn 2005.

Mae rhan nesa'r daith yn gwbl anghyfarwydd i mi, wrth i mi ddringo drosodd o ddyffryn Carno draw i ddyffryn Banw. Mae'n ffordd sy'n mynd "drwy leoedd geirwon, enbyd iawn," chwedl T.I. Ellis yn *Crwydro Maldwyn*,[3] ond mae'n hynod ddymunol ar ddwy olwyn. Heb sylwi, bron, mae'r ffordd wedi bod yn gwyro tuag i fyny'n ysgafn iawn ers Caersŵs, ond mae'r gwaith dringo'n galetach o lawer ar ôl cychwyn am i fyny heibio i gapel annibynwyr Creigfryn. O'r pwynt hwnnw 'mlaen, mae'n datblygu'n fwyfwy anghysbell, a'r orchwyl yn difrifoli. Mae'r ddringfa'n sicr yn teilyngu parch ac ymdrech; cyfeirir ati fel Mynydd Hendre yng nghyfrol Simon Warren ar 75 o ddringfeydd Cymru.

Rhyw dair milltir a hanner sydd o Garno i'r copa; yn yr ail hanner y mae'r dringo ar ei galetaf. Mae'n annioddefol o serth ar brydiau – 20%, neu'i debyg – ac yn codi fel wal o 'mlaen pan fo barryn metal llwyd yn dilyn ystum y lôn ar yr ochr chwith. Dwi'n cymryd ysbaid ar y gornel olaf – allan o raid mwy nag o ddewis – ond yn falch o wneud; o edrych yn ôl, mae'r lôn fel neidr lwyd o 'mlaen, cyn diflannu dros y llechwedd am y dyffryn, a'r dolydd lle bûm yn gynharach yn helaeth yn y cefndir. Dim ond un gornel arall sy'n weddill o'r dringo, cyn bod y lôn yn gwastatu i lwyfandir agored iawn, a rheseidiau o felinau gwynt yn troelli'n ysgafn uwch y gweundir.

Mae cryn hwylio i'w wneud oddi yma'r holl ffordd lawr i Gaereinion. Dafliad carreg o'r ffordd mae Llanllugan, lle sefydlwyd lleiandy Sistersiaidd (un o'r unig ddau yng Nghymru, ynghyd â Llanllŷr) gan Maredudd ap Rhobert ddechrau'r 12fed ganrif. Canodd Dafydd ap Gwilym am leianod Llanllugan yn 'Cyrchu Lleian', y gynharaf o'r cywyddau serch i leianod:

Dewis lyry[‡], dos i Lan falch
Llugan, lle mae rhai lliwgalch.[4]

Mae'r eglwys – Eglwys y Santes Fair – wedi goroesi hyd heddiw; rhaid troi i'r dde ym mhentref Cefn Coch i'w chyrraedd. Petawn i'n parhau ar y trywydd hwnnw, fe awn i ymhellach i ddyfnderoedd hen gantref Cedewain tuag Adfa, Llanwyddelan, ac ymhellach am neuadd Gregynog, a ffordd Manafon yn y pen draw. Ond am heddiw, mynd ar fy union am Gaereinion ydw i.

Dwi'n cyrraedd Llanfair ac ymuno â'r ffordd sy'n mynd

‡ 'Dewisa lwybrau' yw'r aralleiriad ar dafyddapgwilym.net (Prifysgol Abertawe). 'Dewis lun' sydd yn *Crwydro Maldwyn*. Mae 'Lynn', 'lyn', a 'lan' hefyd wedi eu cofnodi.

am Dregynon, gan droi i'r chwith tua canol y dref, sy'n un o brif ganolfannau'r sir. Dwi'n troi i'r dde ar y stryd fawr, cyn troi tua'r chwith eto am y bont, gan basio heibio Capel Moreia. Yma oedd gofalaeth gyntaf y Parchedig Islwyn Ffowc Elis, a'r ardal o'i chwmpas yw cefndir nofelau Lleifior.[5] Fe ddewiswyd *Cysgod y Cryman* yn nofel fwyaf nodedig yr 20fed ganrif gan Gyngor Celfyddydau Cymru; dwi'n meddwl 'mod i wedi cael mwy o flas byth ar ei dilyniant, *Yn Ôl i Leifior*.

Yn Llanfair, ac ar hyd rhan nesa'r daith, ar gynffon ymweliad Eisteddfod yr Urdd, mae'r lonydd yn dal i fod yn eu gwisg o goch, gwyn a gwyrdd. Wele waddol byrdymor yr ŵyl, a'r trionglau trilliw'n stamp gweledol ar ochr y lonydd. 'Croeso i Faldwyn' medd un, 'Croeso i Fwynder Maldwyn', medd un arall. Ond beth am waddol hirdymor yr ŵyl? Ar drothwy'r wythnos o gystadlu ac o ddathlu, fe gymeradwywyd y cynllun i newid darpariaeth iaith Ysgol Bro Caereinion (ysgol gydol oes yn Llanfair) o fod yn ddwy ffrwd i fod yn ysgol cyfrwng Cymraeg.[§] Dyma fydd y tro cyntaf y bydd darpariaeth uwchradd cyfrwng Cymraeg yn unig i'w gael ym Mhowys gyfan.

Ar ôl croesi'r bont gul, dwi'n troi i'r dde, ac aros ar y lôn gyflym hon am sbel fach, nes bod gofyn troi i'r chwith tuag i fyny, yn hytrach na pharhau i gyfeiriad y Trallwng. Dwi'n dringo am ychydig, fel petawn i'n mynd am Feifod, ond cyn cyrraedd pen yr allt, dwi'n troi i'r chwith gan ddilyn yr arwydd am Ddolanog. Dwi'n disgyn nes cyrraedd y briffordd, cyn codi'n syth yn ôl i fyny ar lôn sy'n cyfochri â'r un o Fathrafal i Bontrobert. Mae'n ddigon serth ar brydiau, a'r lôn yn hynod doredig mewn mannau. Parhau felly y mae, gydag ystum fyny-ac-i-lawr cyson, nes cyrraedd pentref tawel, dymunol Dolanog. Ar y chwith imi,

§ Y bwriad oedd newid y ddarpariaeth yn raddol o fis Medi 2025.

mae wal nobl yn gwarchod Eglwys Sant Ioan a'i mynwent, a mymryn o hwylio nes bo'r lôn yn crymu tua'r chwith. Yn fforchio tua'r dde, mae lôn fechan yn arwain at Gapel Coffa Ann Griffiths.

Y capel hwn sy'n dynodi fy mynediad i wlad Ann Griffiths. Mae hi wedi'i disgrifio fel un o feirdd crefyddol mwyaf Ewrop, heb sôn am Gymru, a hynny ar sail cwta ddeng mlynedd o waith. Dwi'n bwrw 'mlaen ar allt o tua milltir, nes cyrraedd mynediad ei chartref, Dolwar Fach, lle'i ganwyd hi ym 1775. Mae'n anodd methu'r tro, gydag arwyddion y llwybrau cyhoeddus yn eich cyfeirio ffor'na, a physt gwynion yn borth i gartref y 'danbaid, fendigaid Ann'. Mae naws anghysbell, dawel i'r lôn hon erbyn hyn, ond mae'n debyg ei bod hi'n ffordd gymharol brysur yn ei chyfnod hi.

Fflam ei ffydd sydd wrth wraidd mawredd ei hemynau; gweler, er enghraifft, "Gwna fi'n ddychryn yn dy law". Rhoed bri ar deimlo yn y mudiad Methodistaidd y trodd ato, ac mae'n mynegi hynny heb rwystrau safonau iaith a mesurau pendant. Serch hynny, iaith y Beibl yw ei chyfrwng: gair Duw ydoedd iddi, ar unwaith yn cyfyngu ac yn meithrin ei phrofiad.

Un o ddeuoliaethau gwaith Ann Griffiths yw'r pellter a'r agosatrwydd at ei Duw:

> Dŵr i nofio heb fynd trwyddo,
> Duw yn ddyn a dyn yn Dduw.

Drwy hynny, daw'r Duwdod yn wrthrych ei serch, a hynny ynghyn yn ei geiriau enwocaf (a dwi'n dueddol o gytuno â T.I. Ellis nad yw Cwm Rhondda'n dôn sy'n teilyngu'r geiriau):

Beth sydd imi mwy a wnelwyf
Ag eilunod gwael y llawr?
Tystio'r wyf nad yw eu cwmni
I'w gystadlu â'm Iesu mawr.

Ei dymuniad eithaf yw uno â'r Duwdod y tu hwnt i'r bedd, "tros gopa bryniau Sir Drefaldwyn".[6]

Ychydig dros ddwy filltir ymhellach na Dolwar Fach, wedi mwy o ymgodymu ag ystum anghyson y lôn, dwi'n cyrraedd Llanfihangel yng Ngwynfa. Yn yr eglwys hon, mae cofeb iddi, ac yma mae ei bedd; yma y cafodd ei bedyddio, ac yma y priododd â Thomas Griffiths ym 1804. Llofnododd yng nghofnod ei phriodas â chynnwrf... 'Ann! Ann!' – *Ann!* yw teitl y ddrama gerdd gan Gwmni Theatr Maldwyn, a berfformwyd yn Eisteddfod Meifod 2003, sy'n olrhain hanes trasig ei bywyd – "cwbwl groes i natur yw fy llwybyr yn y byd". Yng Ngorffennaf 1805, ganwyd ei chyntafanedig, Elizabeth. Bu farw bythefnos wedi'i geni, a bythefnos wedi hynny, bu farw Ann, yn 29 oed. Yn yr unig lythyr yn ei llawysgrifen ei hun sydd wedi goroesi, rhoes le canolog i'r adnod o lythyr Paul at y Philipiaid: "Canys byw i mi yw Crist, a marw sydd elw." Efallai mai T.H. Parry-Williams darodd yr hoelen ar ei phen, felly, gan ddweud: "druan ohoni, ac eto gwyn ei byd."[7]

Does dim llawer o'r lôn yn weddill ar ôl Llanfihangel, a buan ydw i'n cyrraedd lôn lydan rhwng Llanfyllin a Llyn Efyrnwy. Troi i'r chwith wnaf yn y fan yma, a'r arwydd yn nodi tair milltir i Lanwddyn, a phedair at y llyn. Mae 'na allt wedyn cyn bod gofyn troi am Lwydiarth – lle tra adnabyddus ar un adeg oherwydd yr hen blasdy a'r gerddi. Mae hi dipyn yn fwy agored ar y pwynt yma, a choblyn o oriwaered yng nghanol gwyrddni mwyn Maldwyn. Ymhen ychydig wedyn, dwi'n dod at bentref Abertridwr, ac yn hytrach na throi i'r dde, fel y byddai trywydd y daith yn ei awgrymu, dwi'n dargyfeirio fymryn tuag at y Fyrnwy. O wneud hyn, mae'r lôn yn gwyro tuag i fyny ryw ychydig, wrth i'r coed ddod i dyrru drosof, a'r awyrgylch yn ymdywyllu.

Dwi'n cyrraedd golau dydd wrth argae Llyn Llanwddyn, a dwi'n falch o'i chroesi er mwyn cyrraedd y caffi am damaid o ginio. Bob tro yr ydw i yma, mae'r argae'n fwrlwm o bobl ar droed, ar feic, neu fel arall, yn stopio i dynnu lluniau o'r olygfa ddymunol. Y dyfroedd yn sgleinio yng ngolau'r haul yn nythfa'r bryniau o'u cwmpas, a'r tŵr 'tylwyth teg' yn rhoi awgrym o hud. Gwaith George Frederick Deacon, Lerpwl, yn arddull y dadeni Gothig yw'r tŵr hwn sy'n hidlo dŵr y llun. Dwi'n gresynu nad oes yma unrhyw beth yn sôn am yr hanes. Adeiladwyd yr argae rhwng 1881 a 1888, ac fe'i hagorwyd yn swyddogol ym 1892, a hynny dan nawdd Corfforaeth Dinas Lerpwl i ddiwallu anghenion cynyddol ei phoblogaeth. Dyma oedd y prosiect cyntaf o'i fath yng Nghymru, ac ar y pryd, dyma oedd y gronfa ddŵr fwyaf yn Ewrop.

Pan foddwyd dyffryn Efyrnwy, a phentref Llanwddyn gydag o, roedd y boblogaeth oddeutu 400.[¶] Roedd y boblogaeth wedi cwympo'n raddol yn y degawdau blaenorol, a hynny'n rhannol oherwydd llif tua chyfleon cyflogaeth yng nghanolbarth Lloegr. Amaethyddiaeth oedd prif ddiwydiant yr ardal, ac yn ôl pob tebyg, roedd y gymuned yn hunangynhaliol. Trawsblannwyd pentref Llanwddyn i bob pwrpas ymhellach i lawr yr afon; fe basion ni'r tro am eglwys newydd Sant Wddyn ar y ffordd yma. Does fawr ddim i goffáu'r stori, heblaw am y gofeb i'r 44 o weithwyr fuodd farw wrth adeiladu'r argae, sydd i'w chael nid nepell o Lake Vyrnwy Hotel & Spa. Mae'r diwydiant ymwelwyr wedi elwa o'r gweithgarwch o gwmpas y llyn;

¶ Yng Nghyfrifiad 1871, 433 oedd y boblogaeth.

mae gwarchodfa natur, man i logi beiciau, a ras hanner marathon ymysg pethau eraill yn denu llaweroedd.

Ar ôl dychwelyd am yn ôl i Abertridwr wedi'r lluniaeth, mae gofyn troi i'r chwith ar hyd ffordd sy'n datblygu'n raddol yn fwy cyfyng a throellog am Benybontfawr. Gwaith dringo sydd i gychwyn, a hynny am ryw ddwy filltir dda, ac wedi hynny mae arwyneb y ffordd yn gwaethygu, wrth geisio ymgodymu â'r troeon ar y goriwaered. Mae digon o gyfle, serch hynny, i godi mymryn bach o sbid, yn enwedig wrth nesáu am y pentref yn nyffryn Tanat. Yn y cyffiniau yma oedd man genedigol Robert Ellis, 'Cynddelw' (1812-1875), oedd â'i fys mewn sawl potes; yn fardd, golygydd, yn bregethwr meistrolgar. Ei waith enwocaf, mae'n debyg, fyddai 'Cywydd y Berwyn': "Yn fore af i Ferwyn, / I'w frig iach ar fore gwyn." "Llawn o siffrwd brwd yw'r bryn", meddai, wrth i mi ymadael â Phenybontfawr a pharhau i gyfeiriad y ffin. Ymlaen â fi heibio i'r tro am Lanraeadr ym Mochnant; y ffin rhwng Maldwyn (neu Bowys) a Dinbych yw afon Rhaeadr, ac arni mae un o saith rhyfeddod Cymru, Pistyll Rhaeadr. Mae'n debyg fod Syr Watkins Williams Wynne yn arfer plesio ymwelwyr gan ddal y dŵr yn ôl, cyn ei ollwng dan sŵn mawr.[8]

Mae dyhead Cynddelw, "O am orwedd ym Merwyn" yn galw wrth i mi orfod dringo drachefn. Pery hyn am ddwy filltir a hanner, cyn bo disgyniad troellog, chwim am dref farchnad Llanfyllin. Mae rhyw swyn yn perthyn i'r dref a'r "olion henaint" sydd drosti;[9] mae'n teimlo fel cryn newid yn yr awyrgylch ar ôl dod ar hyd y dyffryn, a'n bod ni ar drywydd y gororau. Wrth lwc, mae gogwydd y lôn o 'mhlaid i y tu draw i'r dref, a thipyn o fynd ynof i wrth wibio drwy Bentre Llymry. Dyma enw fu'n peri chwilfrydedd ynof, yn enwedig am nad oes cofnod ohono yn y geiriaduron enwau lleoedd. Gwnaed llymru (nid annhebyg i sucan yn y de) drwy drwytho ceirch, dŵr, a llaeth enwyn; ei suro, ac yna ei ferwi. Roedd yma felin ŷd, ac felly mae'n debyg y gellid damcaniaethu bod cysylltiad. Neu efallai ei fod yn rhan o deyrnas y Llipryn Llwyd, ac yntau'n byw ar lan Llyn Llymru.

Oddi yno, dwi'n dilyn trywydd afon Cain, a throi i'r chwith oddi ar y ffordd yma, fyddai'n mynd â fi'n ôl am ddyffryn Meifod ar ddiwrnod arall. O wneud hyn, dwi'n dod at fro Mechain. Mae gogwydd y ffordd yn parhau'n ffafriol, a honno'n unionsyth am dros i gilometr yng nghanol y dyffryn llydan. Pâr yr amodau cyflym imi gyrraedd Llanfechain mewn dim o dro. Mae arlliw cochaidd i'r bensaernïaeth ers Llanfyllin; dwi'n pasio 'Tŷ Coch' ar y dde wrth fynd heibio, ac mae rhywbeth cochaidd am Eglwys Sant Garmon lawr y lôn tua'r chwith, sy'n dyddio'n ôl i Oes y Tywysogion.[**] Ar ôl rhyw filltir a hanner bellach a rhagor o dameidiau unionsyth, dwi'n cyrraedd Llansanffraid ym Mechain.

Mae'r enw Mechain, enw'r cantref sy'n dod o 'meysydd Cain',[10] yn dwyn beirdd i gof; yn *Crwydro Maldwyn*, ceir tipyn o sôn am Gwallter Mechain (1761-1849), a aned yn Llanfechain, un o eglwyswyr amlycaf ei oes fu'n hyrwyddo'r traddodiad Eisteddfodol. Ond ers cyhoeddi'r gyfrol honno, mae cryn ddiddordeb (a hynny'n rhyngwladol) wedi codi am waith Gwerful Mechain. Ni wyddys fawr ddim amdani, heblaw ei bod yn ferch i Hywel Fychan o Fechain, a'i bod wrth ei gwaith yn ail hanner y 15fed ganrif. Hi yw'r Gymraes gyntaf y mae corff o'i barddoniaeth wedi goroesi, ond ni ddaeth ei gwaith yn destun sylw nac edmygedd eang tan ddiwedd yr 20fed ganrif. Mae'n debyg i hynny ddod yn sgil twf yn y diddordeb ysgolheigaidd mewn ffeministiaeth o'r 80au ymlaen. Ni chyhoeddwyd golygiad cyfan o'i cherddi

** Cyfeirir at Lanfechain fel Llanarmon ym Mechain weithiau.

tan 2001, er bod ei gwaith yn dyddio o gyfnod sydd wedi hen ennyn diddordeb. Dichon fod natur fasweddus neu 'erotig' ei chanu wedi cadw sylw ysgolheictod gwrywaidd draw – hynny er mawr y clod i weithiau Dafydd ap Gwilym o'r math hwnnw. Credir fod un o'i cherddi enwocaf, sef 'Cywydd y Gont', yn rhyw fath o ateb i 'Cywydd y Gal' o'i waith yntau, gan barhau arfer o gyfleu rhyfeddod, pos, a dychymyg i "aelodau bondigrybwyll" y corff.[11] Er y dadleuir weithiau mai darlleniadau cyfoes o'i gwaith sy'n peri iddo ymddangos yn 'feiddgar', yr oedd erfyn sylw a mawl i organ rywiol y ferch (gan ddyn a chan Dduw) yn herio statws eilradd y fenyw yn y cyfnod:

Gado'r canol heb foliant
A'r plas lle'r enillir plant.

Trwsglwyn merch, drud annerch dro,
Berth addwyn, Duw'n borth iddo.

Mae tystiolaeth bellach o'i pharodrwydd i herio confensiynau'r cyfnod, megis yn 'I Wragedd Eiddigus', lle mae'n gwatwar ffyddlondeb y bourgeoisie at fonogami.[12]

Y cerddi yma sydd wedi denu'r mwyaf o sylw, er na ddylai hynny daflu cysgod dros ddisgleirdeb ei chanu crefyddol. Mae lle i gredu fod rhai o'r cerddi hyn, gyda 'Dioddefaint Crist' yn enghraifft bennaf, wedi profi'n boblogaidd iawn ar lafar am ganrifoedd wedyn:[13]

Goreudduw gwiw a rodded
Ar bren croes i brynu Cred,
I weled, gweithred nid gau,
O luoedd Ei welïau;
Gwaed ar dâl gwedi'r dolur,
A gwaed o'r corff gwedi'r cur.

Mae'n debygol y cyfyngwyd llawer o gerddi'r merched i'r traddodiad llafar, a hithau'n llawer llai tebygol i fenyw gael ei cherddi wedi eu cofnodi mewn inc (mantais Gwerful Mechain oedd iddi hanu o deulu o uchelwyr). Cofiwn sylw enwog Virginia Woolf: *"indeed, I would venture to guess that Anon, who wrote so many poems without signing them, was often a woman"* [14] – credir bod lleisiau benywaidd yng Nghanu Heledd o'r 9fed ganrif, er enghraifft, ond fe'u cofnodwyd yn ddienw.

Rhyw bedair canrif yn ddiweddarach, roedd un arall o lodesi'r fro ar dân i wneud ei marc. Cadwyd ei hanes hithau dan gêl am ddegawdau, hyd nes y daeth ei heiddo ar ocsiwn yn 2018.[15] Kate Williams-Evans (1866-1961), Bod Gwilym, Llansanffraid, oedd hi, a ddatblygodd gryn ddiddordeb mewn gwleidyddiaeth wrth deithio yn Paris yn y 1890au. Wedi dychwelyd, daeth yn Syffrajét, ac erbyn mis Mawrth 1912, roedd wedi ei harestio am achosi difrod maleisus i ffenestri adeiladau'r llywodraeth yn Llundain. Mae'n werth nodi mai prin yw cofnodion o weithredoedd milwriaethus gan ferched Cymreig y mudiad; credir mai hi yw'r unig Gymraes i dderbyn medal am fynd ar streic lwgu. Gwnaeth hynny yng ngharchar Holloway; treuliodd 54 diwrnod yno, a chyfrannodd dair cerdd at gasgliad *The Holloway Jingles* gyhoeddwyd gan Undeb Cymdeithasol a Gwleidyddol y Merched (WSPU), cangen Glasgow. Dychwelodd i Lansanffraid wedi hynny; yn fanno ym mis Awst 1913, cadeiriodd gyfarfod o Gynghrair Rhyddid y Merched (WFL), oedd yn llai milwriaethus na'r WSPU. Bu'n byw gyda'i chwaer, Margaret, ym Mod Gwilym hyd ei marwolaeth.

Eiliadau cyn cyrraedd y brif gyffordd yn Llansanffraid, dwi'n troi i'r chwith ar dro tynn iawn am Lynclys a Chroesoswallt. Mae 'na dipyn o allt i fyny o fanno, yn para am ryw filltir dda; yn gyfyng ar brydiau, yn agored droeon eraill, a'r bryniau fel petaen nhw'n ymbellhau oddi wrthyf. Wedi hynny, mae cyfle i hwylio i lawr i Benybont Llannerch Emrys – enw arbennig arall – y pentref sydd fwy neu lai'n dynodi'r ffin â Lloegr; ar ôl i mi droi i'r dde i ymuno â'r 'brif' lôn, dwi'n cyrraedd y bont dros afon Cynllaith, a'r arwydd yn fy nghroesawu i sir Amwythig. Does fawr ddim i ddweud 'mod i yng ngwlad y Saeson, yn enwedig o ystyried yr enwau Cymraeg llachar, heblaw efallai am y ffaith mai *Slow* yn hytrach nag 'Araf *Slow*' sy'n diflannu dan yr olwynion. Mae hon yn gallu bod yn ffordd go brysur i gyfeiriad Llanyblodwel a Llynclys, yn llwybr rhwng Cymru a gweddill y byd. Dydw i ddim arni'n hir iawn, gan 'mod i'n troi i'r chwith wrth dŷ carreg bychan iawn, a'r arwydd gwyn hen ffasiwn yn fy nghyfeirio tuag at Bryn a Nantmawr.

Oddi yno, dwi'n dringo drwy bentrefi Nantmawr a Threflach, gan ddilyn trywydd Clawdd Offa. Yn Nhreflach, mae'r lôn yn lledaenu nes bod lle i ddwy res o draffig, ac mae'r daith o fanno drwy Drefonen tua'r diwedd yng Nghroesoswallt yn un hwylus. Mae tameidiau unionsyth o lôn ag arwyneb boddhaol, yn ogystal â gogwydd tuag i lawr, yn golygu bod modd mwynhau'r rhan olaf yma o'r daith.

Mae rhywbeth go swynol am Groesoswallt; mae wedi bod yn destun hoffter ers canrifoedd lawer, ac yn hanesyddol wedi'i galw'n 'Llundain Cymru'.[16] Erbyn heddiw, fe'i hystyrir yn gilfach o Gymreictod y tu hwnt i'r ffin, yn ganolfan hefyd i aml i gymuned Gymraeg o'i chwmpas. Perthyn hyd heddiw i'r tir amwys hwn rhwng Cymru a Lloegr, Y Gororau, fel noda Nerys Ann Howells:

> Yr oedd yn enghraifft brin iawn ymhlith cymunedau trefol Cymru'r Oesoedd Canol a'r Gororau o'r modd y gallai diwylliant y wlad a'r dref ymdoddi i'w gilydd ac y gallai'r Cymry a'r Saeson gyd-fyw yn heddychlon.[17]

Daw'r daith i ben yn y dref hybarch hon, ddaw'n brawf nad oes raid i Gymreictod adnabod ffiniau. Dyma'r tro cyntaf i mi bedalu ar dir Seisnig; popeth, a dim byd, wedi newid.

Cychwyn: Machynlleth

Gorffen: Croesoswallt

Pellter: 145km (90 milltir)

Dringo: 2,310m (7,680tr)

Amser gymerodd i mi, heb gynnwys egwyl: 6 awr, 47 munud

Anhreuliedig haul

Dydd Iau, 3ydd o Orffennaf, 2025

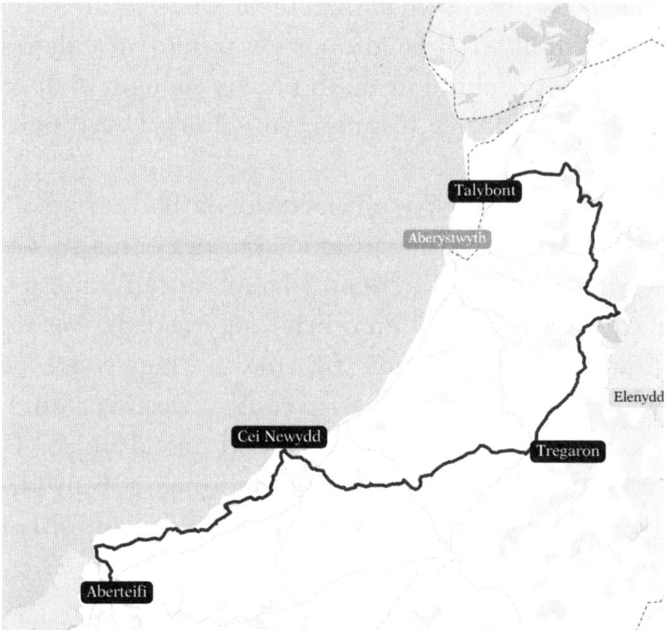

"Clock-time, however punctual it may purport to be, is distorted and deceptive. It runs under the illusion that everything is moving steadily forward, and the future, therefore, will always be better than the past. Story-time understands the fragility of peace, the fickleness of circumstances, the dangers lurking in the night but also appreciates small acts of kindness. That is why minorities do not live in clock-time.

They live in story-time."

Elif Shafak, *There are Rivers in the Sky*

'...ac anhreuliedig haul Gorffennaf gwych
yn gwahodd tua'r mynydd...'

R. Williams Parry, 'Y Llwynog'

MAE DECHRAU EIN taith, dechrau ein stori, yn Aberteifi. Yr heli'n ein hawlio; ffrwd fechan afon Mwldan, ar un llaw, yn treiglo i'w diwedd yn afon Teifi, ar y llaw arall. Honno'n gyrru gweddillion dirgelion nos i'w treulio yn y dyfroedd diwaelod, yn dechrau ar daith na ŵyr neb am ei diwedd. Ffrydiau'n cwrdd, yn cymuno; yn egino'n fywyd newydd droeon a thro.

Priodol, felly, fod hyn oll yn corddi dafliad carreg o *New Life Church*, Eglwys Efengylaidd* Saesneg ei hiaith, wedi'i lleoli yn yr hen archfarchnad yma ar waelod Stryd y Cei.† Bywyd tragwyddol yw un o brif ymgyrchoedd (personol) yr Efengylwyr; *un* bywyd, a hwnnw'n dragwyddol, neu'n amgenach, yn anfeidrol. Sy'n codi'r cwestiwn: onid yn y bywyd meidrol hwn y mae canfod anfeidroldeb? Onid ydym ni'n byw nifer anfeidrol o weithiau bob dydd? Yn cyrchu rhagor o *fywyd* anhreuliedig, fel ffrydiau Teifi ar eu taith tua'r diwaelod?

Mae dechrau, mae diwedd yn y ffrydiau hynny:

Fel glaw hallt, fel awel glyd, fel hiraeth,
fel y wawr a'r machlud;
mae ffarwél a dychwelyd
yn yr afon hon ynghyd.

---

* Mae arweinwyr yr Eglwys yn rhan o dîm '*Love Wales* Caru Cymru', sefydliad cenhadol Efengylaidd sydd â'r weledigaeth o "ail-efengylu Cymru ymhen deng mlynedd" yn ôl eu gwefan, sydd, fel gwefan *New Life Church*, yn uniaith Saesneg.

† Gyferbyn â *New Life Church* mae'r *Cardigan Islamic Cultural Centre*. Mae Simon Brooks yn *Hanes Cymry* yn honni fod lle i gredu fod poblogaeth Iddewig gref yma yn ystod cyfnod y Normaniaid yn y ddeuddegfed ganrif, ac o bosib hyd yn oed wedi i'r Arglwydd Rhys ddod i rym ym 1155.

Geiriau'r Prifardd Ceri Wyn Jones, y down i'w cyfarfod wedi'u hysgythru ar wal ar Stryd y Bont, a'r afon yn gefndir. Y tu hwnt i'r corddi yn y geiriau, daw i'n hatgoffa o gyfoeth barddonol a llenyddol y parthau hyn; y Prifardd T. Llew Jones, ein hawdur plant mwyaf ei fri mae'n siŵr, oedd ei athro barddol, yntau'n wreiddiol o Ben-cwrt yng nghyffiniau Llandysul. Daw hefyd yn symbol o Gymreictod cymhleth y dref hon; esgorodd naddu'r englyn ar anniddigrwydd ymhlith Cymry Cymraeg, y di-Gymraeg, ac eraill, gan ei fod yn uniaith Gymraeg.[1] Oddeutu hanner y boblogaeth yma sy'n medru'r iaith; mae ychydig eiriau yn y Saesneg i egluro'r englyn ar blac gerllaw. Seisnigeiddiad o 'Ceredigion' yw'r Saesneg 'Cardigan'; nid oes cysylltiad rhwng y dilledyn a'r diwydiant gwlân yn y dyffryn.‡

Yn fan ffarwél i ni, yn ganolbwynt i eraill, yn ddychwelfan i eraill eto: deil Aberteifi ddechrau, canol, a diwedd stori. Yma oedd canolbwynt gwleidyddiaeth Cymru am gyfnod yn ystod Oes y Tywysogion (yn rhannol oherwydd gwendid awdurdod yng Ngwynedd a Phowys): a gyda hynny, y dechreuodd bywyd Eisteddfodol Cymru ym 1176, a'r ŵyl wedi'i chynnal gan Rhys ap Gruffydd (yr Arglwydd Rhys). Parodd yn ganolfan fasnach bwysig yn y canrifoedd canlynol, yn arbennig gyda datblygiad y porthladd, ac felly mae'n parhau hyd heddiw. Ar ddechrau stori wahanol aeth y setlwyr Cymreig cyntaf i Ganada oddi yma ar yr *Albion* ym 1819, a sefydlu Cardigan, New Brunswick.

Â'r dydd yn anhreuliedig eto, mae'n rhaid rhoi taw ar ddilyn trwyn yn ei syrcas o liw a stori; rhaid cychwyn arni, rhoi dechrau i'r daith. Mae ffarwél.

---

‡ 7fed Iarll Cardigan, a'i arfer o wisgo dilledyn o'r fath i gadw'n gynnes mewn brwydr, yw tarddiad yr enw ar gardigan.

Wn i ddim, wir, lle'n union oedd dechrau'r daith, dechrau'r stori.

Mae taith y dydd yn fy ngwahodd i'w gyrchu.

Ai yn y lle y mae ei diwedd oedd dechrau'r daith, dechrau'r stori – yn Aberystwyth, lle'm ganwyd ar ddiwrnod penodol, ar ennyd benodol ar y cloc... lle anadlais gyntaf, lle troediais gyntaf, lle gwelais liw gyntaf?

Neu fyddai hynny'n rhy syml?

Os ydy ffrydiau'n cwrdd, yn cymuno – yn egino'n fywyd newydd droeon a thro – onid oes sawl 'bywyd' mewn un 'Bywyd'? Ac os felly, sut mae olrhain eu dechrau, a'u diwedd?

Ydy'r 'bywyd' hwn gyfystyr â 'chyfnod' neu 'bennod' mewn Bywyd?

Wrth 'fyw' sawl gwaith, mae ystum fyny-a-lawr i'r lôn, mae stori... stori sy'n deall breuder amser, breuder byw; y pethau na chaent eu dal rhwng bysedd cloc.

Efallai mai dyna lle mae mantais y syniad o gael nifer o 'benodau' o fewn un stori – dwi wedyn yn gallu cyffelybu â chymeriad. Mae ambell ddydd, ambell ennyd yn bwysicach na'i gilydd, oes, ond mae 'na fwa dros hyn i gyd, llinyn storïol sy'n gwau drwy'r fyny-a-lawr, yn perthyn i neb ond fi.

Ond eto ydy'r 'penodau' yn rhy ffurfiol, yn gaeth i gledrau'r dyfodol: wedi'u gosod ar ein rhan, eu gorthrymu arnom bron... "Pob lwc ar dy bennod newydd yn y brifysgol!" Iawn, ond beth am y dechreuadau bychain, annelwig hynny sydd y tu hwnt i'r fath derfynau?

Onid peth annelwig ydy dechrau byw?

Ffarweliwn ag Aberteifi â'n trwynau am y môr: dilynwn ystum y foryd, y dref a phrysurdeb y briffordd y tu cefn i ni. Wedi trofa'r Ferwig, daw'r gwyrddni i'n cofleidio; yna, mae disgyn ar gryn serthedd i lawr i gymuno â'r dŵr o'r newydd. Rhydd hynny gychwyn ar batrwm fyny a lawr ddaw i brysur ymsefydlu: wedi ennyd wastad ar y lan, cwyd y lôn i gyfeiriad yr entrychion. Hynny nes cyrraedd llwyfan uwch y gilfan o'r môr sy'n gwahanu Ceredigion a Phenfro, lle cawn godi llaw ar draeth Poppit a thrwyn Cemaes tu draw cyn hwylio am ennyd fach i lawr am Gwbert. Dim ond ym 1897 yr adeiladwyd y ffordd yma er mwyn ymagor tuag Aberteifi, pan oedd bwriad i roi bywyd newydd i'r lle, a datblygu 'Gwbert-on-Sea' yn gyrchfan "gystal â Brighton neu Scarborough"[2] o gylch Gwesty'r Cliff. Cymerwn dro egr i'r dde yng nghanol y pentref, sydd, wrth lwc, heb ei ddatblygu i faintioli Brighton neu Scarborough, ac ymadael gydag ychydig o ddringo rhwng rheseidiau o dai.

Wedi hynny, mae'r ffordd yn culhau, ac mae lle i ni ddeurodwyr deimlo rhyddid, perchnogaeth bron. Perchnogaeth dros yr ennyd hon ar y llain hon o darmac; mae ymdeimlad o bwys, efallai. A chyda thipyn go lew o allt, mae ychwaneg o amser i werthfawrogi'r ennyd sydd ohoni. Disgyn wnawn am ychydig i blwyf Y Ferwig, sy'n dipyn mwy o le na Gwbert, ac iddo dreftadaeth dra amaethyddol. Mae hynny'n dra amlwg, wrth i ni barhau ar i fyny'n gyson nes dod at Felinwynt. Ymddengys fod pob ffordd yn arwain at Mwnt, o basio sawl arwydd tua'r chwith am y lle – llecyn sy'n enwog am ei draeth, ac am wyngalchog Eglwys y Grog. Aberporth yw'n cyrchfan nesaf ni, serch hynny, lle mae'r môr yn disgleirio wrth lyfu'r cilcyn o draeth yn lafoeriog; mae'n syniad cymryd ennyd i'w werthfawrogi cyn ymgymryd â serthedd yr allt allan o'r pentref.

Mae modd briwsioni'r daith yn dameidiau bychain, treuliadwy. Mae diwedd y tamaid nesaf yn Nhresaith, nyth o bentref, sydd eto wedi cael bywyd newydd fel llecyn gwyliau poblogaidd er canol y 19eg ganrif, pan mai dim ond tafarn y Ship ac un bwthyn oedd yma.[3] Afon Saith sy'n rhedeg drwyddi: yn ôl y chwedl, rhoddodd brenin Gwyddelig saith o'i ferched trafferthus ar gwch, ac fe lanion nhw yma a phriodi â saith o ffermwyr lleol, a hynny'n esbonio'r enw.

Mae llety i grwpiau yn Nhresaith, a elwid yn ganolfan ieuenctid Gristnogol yn y 1990au, fydd yn gyfarwydd i rai ohonom; ond pur debyg y bydd nifer fwy yn gyfarwydd â gwersyll yr Urdd, Llangrannog, ac am y fan honno y mae'n cwrs ni'n awr. Mae'n tynnu am gan mlynedd ers sefydlu'r gwersyll ym 1932, ac mae lle teilwng iddo yn ysbryd y Cymry: boed hynny o achos y ddefod o fynd i ffwrdd am y tro cyntaf, neu o achos sïon y 'lleian ddu'. Mae'r gwersyll ryw filltir ar hyd yr arfordir o'r pentref ei hun, sydd, fel aml un arall o'r pentrefi arfordirol hyn, dros y canrifoedd, wedi ffurfio clwstwr o gylch yr eglwys, yna clwstwr o gylch y traeth, a 'rhuban' o dai rhyngddynt i'w clymu ynghyd.[4] Â'i thrwyn tua'r môr oddi yma mae Ynys Lochdyn a'i bywyd gwyllt a'i holion cynhanesyddol: yn y fan yma hefyd y clywodd Edward Elgar fân alawon "rhwng y weilgi a'r wybren" ym 1902, a gafodd fywyd tragwyddol yn ei *Introduction and Allegro for Strings, op.47.*[5]

*

Mae Ceredigion yn fangre ddelfrydol i fwrw golwg ar stori'r Gymru gwiar.[§] Onid arwyddocaol yw pwyso a mesur yr hanes hwnnw ym mherfeddion y genedl? Nid peth llygredig, allanol mo'r 'cwiar', felly, ond rhan greiddiol, bur ohoni. Yn ogystal â'r olwg ar hanes unigolion yr ardal, yn wir, mae Ceredigion yn rhan o'r Gymru wledig sydd wedi ei phortreadu fel lle delfrydol i gynnal perthnasau cyfunrywiol. Ym marddoniaeth un o drigolion y sir, Katherine Philips, o'r

§ Cymerir 'cwiar' i olygu hunaniaeth sydd y tu hwnt i normau traddodiadol o ran rhywedd a rhywioldeb – dyma'r term mwyaf cyffredin yn hanesyddiaeth pobl LHDTC+. Er nad yw'n derm Cymreig, nac yn un y mae pawb o blith y gymuned yn uniaethu ag o neu'n ei gymeradwyo, mae'n hygyrch, ac yn un yr ydw i'n bersonol yn gyfforddus ag o, ac felly bydda' i'n ei ddefnyddio gydol yr ysgrif.

17eg ganrif, er enghraifft, mae tynnu cyswllt rhwng encilio i gefn gwlad a chwant cyfunrywiol.[6]

Yn Llangrannog y down i gyfarfod cymeriad cyntaf ein stori, sef Sarah Jane Rees (1839-1916), a adnabyddir fynychaf yn ôl ei henw barddol, Cranogwen. Daeth ei cherdd 'Y Fodrwy Briodasol' yn fuddugol yn Eisteddfod Genedlaethol Aberystwyth, 1865: credai nifer ar y pryd fod rhyw "faw yn y caws"[7] – *sut allai merch ennill pan oedd beirdd fel Islwyn a Ceiriog yn cystadlu?* [8] Ond y gerdd sydd efallai fwyaf poblogaidd o'i gwaith, yn arbennig felly wedi ei marwolaeth, yw 'Fy Ffrynd' (neu 'Fy Ffrind'). Mae hanner cyntaf y gerdd yn darlunio cyfeillgarwch fel blodyn teg, hardd ("A oes rhyw un o fewn yr ardd / yn fwy ei fri a'i degwch?"), y cwestiwn yn ein temtio, nes yn raddol gyrraedd ei throbwynt wedi datgan cariad yn "*frenin* cain y blodau" (ei phwyslais hi). Gweler wedyn:

Mae miloedd eraill, sêr o fri,
Yn gloewi y ffurfafen;
Edmygaf hwy, ond *caraf* di,
Fy Ngwener gu, fy "Ogwen."

Bron nad ydy'r ymdriniaeth gwestiyngar o gyfeillgarwch a chariad yn ein gwahodd ninnau i gwestiynu natur perthynas adroddwr y gerdd a'i gwrthrych: mae "serchiadau pura'm calon" yn llechu'n y gerdd, a chyfeiria 'Ogwen' at destun serch benywaidd mewn baled boblogaidd yn y cyfnod.[9] Mae lle i gredu mai cerdd at ei chymar cyntaf, Fanny 'Phania' Rees o Droedyraur, fu farw'n 21 oed, yw hon. Ac am bron i chwarter canrif olaf ei hoes, bu Cranogwen yn byw gyda Jane Thomas: er yn groes i arferion Cristnogol y cyfnod, nid oedd hi'n gweld cyd-fyw ffyddlon gyda menyw arall yn bechod. Ceir enghreifftiau ohoni hefyd, fel golygydd cylchgrawn i ferched *Y Frythones* yn negawdau diwethaf y 19eg ganrif, yn herio normau rhywedd deuaidd yr oes: "nid yw gwahaniaeth rhyw yn ddim yn y byd," meddai un tro.[10]

Gadawn Langrannog a Chranogwen gyda'r briwsionyn yma o'i cherdd 'Y Gwanwyn':

> Mae'm calon yn dy hoffi;
> Mae gweled serch dy heulwen dêg,
> A llonder dy friallu chwêg,
> Yn fywyd newydd imi.[11]

Yn ysbryd yr hoffter heulog hwnnw yr awn ymlaen am ddiwedd tamaid arfordirol y daith yng Nghei Newydd, ac mae'r patrwm fyny a lawr yn fwy pendant fyth drwy bentrefannau â'u henwau mor swynol â'r alawon glywodd Elgar gynt… Blaencelyn, Penbontrhydyfoethau, Llwyndafydd, a Nanternis. Wrth y groesffordd ym Maenygroes yr ydym ni'n ymuno â phriffordd am y tro cyntaf, wrth i'r môr ein gwahodd ni ar wib i lawr am yr harbwr. Gellir troi at Gei Newydd fel man geni diwygiad 1904-5, gan mai yma y bu'r cyfarfodydd cyntaf a briodolir iddo, dan law'r pregethwr Methodistaidd lleol, Joseph Jenkins. Y sôn am y rhain ysbrydolodd Evan Roberts, a gydnabyddid maes o law fel ffigwr mwya'r diwygiad. Ers hynny, ei ddatblygiad fel llecyn gwyliau yw prif thema hanes y dref.

Y tu draw i Gei Newydd, a'n cwrs bellach am y mewndir a Llanarth, mae'r ffordd yn prysuro cryn dipyn, a mwyaf sydyn, mae'r seiclwr yn y lleiafrif bychan, ochr yn ochr â cherbydau mawr y gwyliau. Ond mae a wnelo bod mewn lleiafrif â mwy na maint a nifer: mae a wnelo â'r ymdeimlad. Pa sawl gwaith ydw i wedi bod mewn sefyllfa gymdeithasol a gyrwyr yn cwynfan ata' i am y boendod o orfod dilyn a goddiweddyd beics, neu ar y radio i gadw ochr y seiclwyr dan fygythiad rhoi plât rif ar bob beic er mwyn cosbi seiclwyr troseddgar? Fe fyddwn i'n dyfynnu o ystadegau bryd hynny, ond wrth gwrs, y stori, y naratif sydd bwysicaf: mae mwy o bobl yn marw o gael eu trawo gan gneuen goco ar ddisgyn na gan siarcod – ond ofn siarcod, nid cnau coco, y mae'r rhan fwyaf.

Y duedd at naratif a stori, sy'n gynhenid ynom ni fel pobl, sy'n cynnig esboniad am hynny. Mae lle i gredu mai'r duedd yma at stori sy'n ein gwahaniaethu ni o bob creadur byw arall, cymaint felly y dadleua Jonathan Gottschall yn ei lyfr *The Storytelling Animal* y dylem ni gyfnewid 'homo sapiens' am 'homo fictus'.[12] Wrth gwrs, mae pŵer ynghlwm â straeon; maen nhw'n gallu'n camarwain ni, maen nhw'n gallu trawsnewid cymdeithas er gwell hefyd. Mae hanes hir o hynny mewn diwylliant cwiar. Mae llawer astudiaeth am effeithiau cadarnhaol y gyfres Americanaidd *Will and Grace* ar agweddau pobl tuag at y gymuned LHDTC+; wrth i mi ysgrifennu hwn, mae'r gyfres o Ganada *Heated Rivalry* yn llwyddo i annog pobl y byd chwaraeon proffesiynol i 'ddod allan'; ac yng Nghymru, gellid gweld y ffilm *Pride* fel "stori dod allan Cymru".[13]

Mae hadau'r bywyd hwn ar wasgar hyd fy ngorffennol.

Rhai wedi'u plannu cyn eu hamser; neb yno i'w magu na'u meithrin.

Y straeon, am ryw reswm, y tu hwnt i 'ngafael.

Pa mor ifanc y bu dechrau egino? Roedd egin deffroad synhwyrus: rhai arogleuon yn apelio at rywbeth; teimlo rhywbeth od gyda rhwyddineb taflu'r gair 'gay' yn sarhaus.

Ac yna'r egino'n dechrau blaguro wrth brifio; teimladau'n newid, yn dwysáu. Y synhwyrau'n ymgryfhau eto; deuai pethau newydd i ddal fy llygad, i fynnu 'nghlyw.

Ond cyn cael cyfle i flodeuo, y daeth troed fawr i sathru arno. I geisio rhoi taw ar hel meddyliau, ar gwestiynu, ar yr euogrwydd.

Eto, byddai'n dal i geisio canfod ffordd at y golau. Yn yr 'hiwmor', yr hyfdra rhyfedd yn y 'smalio' fflyrtio. Ond byddai tywyllwch y pyliau isel wrth iddi nosi hefyd yn dyst, yn her i'r egin hwnnw oedd yn mynnu byw.

Coeliais ei fod o'n ddim ond phase, *a gwywo fu ei hanes, fu fy hanes. Y cyflwr unig yn cydio. Ond ro'n i'n hapus, meddwn i, meddyliwn i. Cylch o ffrindiau oedd yn fy ngwneud i'n hapus: doedd dim cwestiynu, dim dychan (y tu hwnt i 'nghwrs dall am ferch i'w chanlyn).*

Ond eto, roedd yr hyfdra rhyfedd yn dal i godi'i ben weithiau. Roedd y cwestiynau'n dal i chwyrlïo. Y teimladau dwys yn dal yn corddi wrth weld, wrth wylio – a minnau'n methu dirnad y ffin rhwng cenfigen ac atyniad.

Ac ro'n i yn gwybod, yn nirgelion fy mod, fod y blodyn yn mynd i orfod canfod ei ffordd drwy'r drain. Ond os gwybod mai dyna oedd i fod, pam nad oeddwn i'n gweld daioni'r peth? Pam peidio â gadael golau'r haul i mewn i 'mywyd i, a'i adael yn anhreuliedig o hyd?

Mae cyflwr unig y seiclwr yn dychwelyd wrth droi o brysurdeb y briffordd yn Llanarth am y peth agosaf sydd gan Gymru at *gowboy country*. Bu'r dringo'n barhaus ers lliw a llun Cei Newydd, a phery felly ar hyd lôn berthog, gul, a gwlad dyffryn Aeron yn eang o'n cwmpas. Parc carafanau *Bardsey View* sy'n eistedd ar ael y bryn, gyda mymryn o oriwaered i lawr am bentref Mydroilyn, lle mae afonydd Mydr ac Oilyn yn cymuno. Pentref bach dymunol ond digon di-nod ydyw; y lôn yn culhau rhwng bythynnod o graig, cyn gwyro tua'r chwith heibio'r eglwys, ac yna dros bont fechan. Mae gwaith dringo ar yr allt serth allan ohono, a'r lôn un tro'n gysgodol, dro arall yn agored i gyd, yn cynnal rhyw her yn y coesau nes cyrraedd Dihewyd.

A'r ffordd yn gwyro tuag i lawr, fe ddylid cael cyfle am ysbaid tua pentref mwy o faint Ystrad Aeron, gyda gwarchodfa natur Allt Pencnwc ar y dde imi. Ond ofer yw gobeithio ymadfer, gan i haen drwchus o raean ffres droi'r ffordd yn garped o farblis. Mae'r tarmac yn llyfn am ennyd o boptu i Felinfach, ond byrhoedlog yw'r ysblander hwnnw. Pan ddaw'r amser i roi graean yn wyneb newydd i'r lonydd, mae cyngor sir Ceredigion yn mynd amdani.

Cyn cinio, mae ychwaneg o ddyffryn Aeron i'w 'stumogi ar hyd lôn rhwng cyrchfannau Talsarn a Llangeitho, lle mae bywyd yn ymdreiglo'n arafach rhwng deupen prysurdeb. Nid oes llawer sy'n aros yn y cof nes cyrraedd y gylchfan liwgar yng nghanol Llangeitho; pentref sydd, fel Cei Newydd yn gynharach ar y daith, yn fan lle daeth bywyd newydd i'r traddodiad Methodistaidd, y tro hwn gyda diwygiad y 18fed ganrif. Hynny oherwydd gwaith Daniel Rowland (1713-1790), "wnaeth Langeitho yn Feca'r Methodistiaid yng Nghymru".[14] Honnir y byddai cannoedd ar gannoedd yn tyrru o bellafoedd mawr i'w bregethau ar Sul Cymun, a'i orfodi i bregethu'n yr awyr agored.

Byrhoedlog yw'n pererindod i Langeitho, a'r gosb am hynny yw hergwd o allt allan o'r pentref tua'r dwyrain. Pendilia'r ffordd rhwng y ddwylon a'r cul, perthog, gan barhau ar ogwydd tuag i fyny nes mynd drwy Stag's Head – pentrefan ar groeslon yn codi o gylch tafarn i borthmyn. Mewn cerdd foliant i'r dafarn mewn papur newydd o 1877, ymddengys y cyfeirir ati fel 'Tŷ Griffith'.[15] Does dim cofnod pellach o enw Cymraeg ar y lle, er bod pentref Lletem-ddu dafliad carreg i ffwrdd: hwnnw ddim yn ymddangos yn y Geiriadur Enwau Lleoedd, ond mae'r gair 'lletem' ar lafar yng Ngheredigion, fel yn "hala lletem i bolyn" (*to drive a wedge into a pole*), ac i olygu trawo rhywun, fel clatshen neu fonclust.

Yn yr un pishyn o bapur newydd, cyfeirir at y bedair milltir oddi yma i Dregaron fel rhai hir a deiliog, ac maen nhw'n ddigon pleserus i ni'r seiclwyr. Mae ychydig o oriwaered nes cyrraedd y briffordd, yr A485, lle trown i'r chwith a'r lôn yn gyflym a syth. Mae'n braf cyrraedd y dref lawn cymeriad, yn rhannol am fod cinio'n ymaros yng ngardd gefn y Talbot – lle, ym 1848, yn ôl y sôn,[¶] y claddwyd eliffant syrcas fu farw wedi iddo yfed dŵr wedi'i lygru gan blwm. Â'i gefn at y Talbot mae cofeb Henry Richard (1812-1888), un o heddychwyr pwysicaf ei gyfnod: yn ysgrifennydd ar y Gymdeithas Heddwch, yn lladmerydd pwysig ar ran heddwch wrth gynadledda'n rhyngwladol. Bu ei gyfrol ar hanes gwreiddiau Rhyfel y Crimea (1853-6) yn adnodd bwysig ar Rwsia i'r Prif Weinidog, William Gladstone, a chyhoeddodd sawl cyfrol oedd yn egluro sefyllfa wleidyddol Cymru a'r Gymraeg i gynulleidfa Seisnig.[16]

Yn y lleiafrif oedd y siaradwr Cymraeg dros ginio, er mawr syndod; boed hynny gyda'r gweinydd neu gyda'r ymddeoledig a'r ymwelwyr sydd hefyd yn ciniawa. Ceir yr argraff fod yr ardal hon yn seintwar i'r Gymraeg ac i Gymreictod; hynny yw, yn un o gadarnleoedd yr iaith. Ond ar i lawr yn araf bach yr â'r gyfran o siaradwyr Cymraeg fesul cyfrifiad, gan gyrraedd tua 65% yn 2021 – yn dal i fod yr uchaf o unrhyw ward yn y sir, serch hynny.[17] Yn ystadegol, felly, mae'r Gymraeg yn iaith fwyafrifol yma. Dyna un rheswm y gwelir y term *minoritised language* i ddisgrifio'r Gymraeg mewn rhai cylchoedd; hynny er mwyn cyfleu'r pŵer sydd ynghlwm â thranc yr iaith, a chydnabod ei bod hi'n fwyafrifol mewn rhai ardaloedd.[**] Ond eto, y term *minority language* – iaith leiafrifol – sydd fwyaf cyffredin o hyd, hwyrach wir am mai'r ymdeimlad o fod mewn lleiafrif sydd amgenaf.

¶ Methodd archaeolegwyr ganfod unrhyw dystiolaeth o hyn. Darlledwyd ffilm am yr hanes – *Y Syrcas* – yn 2013.

** Cymerwch hefyd er enghraifft fod mwy o bobl yn siarad Daneg nag o bobl yn siarad Catalaneg (ystyrir yn iaith leiafrifol), ond does dim perygl o dranc i'r Ddaneg o gymharu â'r Gatalaneg.

Yn y 'dref fach â sŵn mawr', dydy'r anghysbell a'r gwyllt fyth yn bell: mae'r ffordd uwch Cwm Berwyn gyda'r mwyaf diarffordd yng Nghymru. Gyda'r dirwedd wyllt y daw chwedlau llawn hynt a helynt: o'r cyffiniau yma yr hanai Twm Siôn Cati – herfeiddiwr a lleidr hoffus a chwedlonol (yn perthyn i'r un traddodiad rhyngwladol â Robin Hood), mae'n debyg wedi'i seilio ar Thomas Jones (1532-1609; 'Thomas Johns alias Catty' mewn un cofnod), oedd ei hun yn fonheddwr ac yn fardd. Ar lafar y bu sôn amdano fwyaf, cyn y bu dechrau 'cofnodi' ei hanes yn ysgrifenedig ddechrau'r 19eg ganrif, ac wedyn eu hanfarwoli yn nofelau T. Llew Jones ddiwedd yr 20fed.

O Dregaron awn tuag at ragor o dir sy'n dal i roi rhyw argraff o wylltineb, sef Cors Caron, gydag ychwaneg o fywyd yn y coesau wedi'r cinio. Dyma wlypdir gyda'r mwyaf yng Nghymru sy'n fwrlwm o fywyd gwyllt, ac mae hefyd lwybr pwrpasol ar hyd yr hen reilffordd i seiclwyr, cerddwyr, ac eraill. Mae'n gymar cyson nes cyrraedd Pontrhydfendigaid, sydd fwyaf adnabyddus mae'n siŵr am y pafiliwn, a hwnnw'n gartref i un o'r eisteddfodau lleol mwyaf ei bri.[††] Nepell o 'Bont' mae Abaty Ystrad Fflur, man claddu nifer o dywysogion Cymru'r Canol Oesoedd, ac, o dan ywen gerllaw, mae'n debyg, un o feirdd mwyaf cofiadwy'r cyfnod, Dafydd ap Gwilym. 'Bardd y bobl' yw'r disgrifiad ohono ar blac cyfagos: am ei gerddi serch y'i cofir fwyaf, a'r tymhorau'n rhoi rhin unigryw iddynt:

> A drwg yw yn dragywydd,
> Nesed Awst, ai nos ai dydd,
> A gwybod o'r method maith,
> Euraid deml, yr aut ymaith. [...]

†† Bu i bwyllgor yr Eisteddfod adrodd y byddai gorfod gwerthu'r adeilad oherwydd pwysau ariannol yn 2025.

Oni ddêl, digel degardd,
Eilwaith yr haf a'i lethr hardd.

(o 'Mawl i'r Haf'[18])

Y mae dwy wedd i berthynas serchus Dafydd ap at y tymhorau. Yr ymarferol yn un: mae'n haws canlyn yn yr haf, yn nhymor y gwyliau, a phawb yn ysgafndroed dan awyr las, braf. A'r mwy haniaethol yn ail: mae bod mewn cariad fel haf hirfelyn, yn annog, yn hwyluso teimladau 'hafaidd' ysgafnder, hapusrwydd, a serch. Wrth gwrs, "gwynt teg i'r haf" a moli'r gaeaf fydd eraill, sydd ddim yn rhannu'r hyn sydd wedi'i gymharu ag anhwylder emosiynol tymhorol yng ngwaith y bardd. Mae 'na anniddigrwydd, galar hyd yn oed, yn y llinellau uchod am fyrhoedledd yr haf, a gyda hynny fyrhoedledd ei berthnasau serchus, yr *o na bai'n haf o hyd*, a'r ofn am lymder y gaeafau hirion di-serch. Ac mae gwirionedd i'r seiclwr yn y llinellau hyn hefyd, yn enwedig y seiclwr sydd, fel fi, yn debygol o adael i'r beic hel llwch drwy'r gaeaf; ein galar ninnau am i'r "euraid deml" y carwn seiclo ynddi drwy'r haf fynd ymaith a'n gadael ni, a'r deisyfiad yna, "oni ddêl... eilwaith yr haf a'i lethr hardd" i ninnau ei edmygu a'i lwybro ar ddwy olwyn.

Nodwedd arall o waith Dafydd ap yw moli noddwr. Gweler er enghraifft:

Dywaid, i'm gwlad ni'm gadwyd,
Duw a'i gŵyr, dieuog wyd,
Fy mod es talm, salm Selyf,
Yn caru dyn uwch Caerdyf.
Nid salw na cham fy namwain,
Nid serch ar finrhasglferch fain.
Mawrserch Ifor a'm goryw,
Mwy no serch ar ordderch yw... (o 'Basaleg'[19])

Mae'r canu mawl i noddwr (gwrywaidd) yn dopos cyffredin ym marddoniaeth y cyfnod, ac felly'n aml yn defnyddio'r gair 'serch'. Ond onid rhyfedd, fel hola Mihangel Morgan yn *Queer Wales*, nad oedd cymdeithas y cyfnod (na diwylliant Cymraeg y canrifoedd a'i dilynodd) yn gweld dim o'i le, dim byd 'cwiar' os mynnwch chi, gyda bardd gwrywaidd yn defnyddio'r fath ieithwedd a delweddau am ddyn arall?[20]

Ond gwaith E. Prosser Rhys, bardd o'r tu draw i Gors Caron, sydd wedi dod i dynnu rhagor o sylw'n ddiweddar, gyda chanmlwyddiant ei gamp goronog yn Eisteddfod Genedlaethol Pontypŵl ym 1924 gyda'r bryddest 'Atgof'.[‡‡] Er dewis heddiw i fynd dros y top i gyfeiriad Aberystwyth (lle bu Prosser yn caru byw am hanner ei oes)[21], fe allwn i fod wedi troi i gyfeiriad gwahanol yn Nhregaron, a mynd am Lyn Eiddwen a Llangwyryfon wedyn – ardal y Mynydd Bach. Mae cofeb i bedwar bardd, "i gofio'r gwŷr fu'n naddu llên, uwch llonyddwch Llyn Eiddwen," oll wedi'u geni o gwmpas tro'r 20fed ganrif, a Prosser Rhys yn un ohonynt. Roedd dylanwad y fro'n drwm ar ei waith; yn synhwyrus felly, gan dynnu ar aroglau mwg mawn a phridd a gwair yn 'Atgof'. Y gerdd gyntaf yn y flodeugerdd o'i waith olygwyd gan un arall o feirdd y Mynydd Bach, J.M. Edwards, yw 'Wedi'r Gawod', sydd, fel yn y gweithiau blaenorol gan Cranogwen a Dafydd ap Gwilym, yn perthyn i'r traddodiad hir o bortreadu serch fel profiad synhwyrus, yn ymgorfforiad o dymhorau ffafriol:

‡‡ Gyda'r sylw yma y daeth sawl peth: y rhai y bu i mi eu mwynhau oedd cynhyrchiad *Corn Gwlad* (Frân Wen) yn Eisteddfod Genedlaethol Pontypridd 2024; sengl Eryrod Meirion yn canu detholiad o'r bryddest fuddugol, 'Atgof', ar gerdd dant; a chyfrol Iestyn Tyne am fywyd a gwaith y bardd, *Y Cyfan a Fu Rhyngom Ni*.

Dyred, mae persawr blodau
Ar frig pob awelig wan
A'r dolydd, hwythau, yng ngheinia'u tw
Tan glyswaith o berlau can.
Dychwelwn yng nghwmni'r nos
A chwlwm ein serch yn fwy tyn,
A dyfnlliw gwridog y gorwel draw
Yn addo yfory gwyn.

Hefyd fel Dafydd ap (er mewn modd tra gwahanol), fe ganodd Prosser Rhys am serch at ddyn arall yn 'Atgof', gan godi nyth cacwn ymysg Eisteddfotwyr am ei chynnwys 'cnawdol':

Hunasom … Rywdro, hanner deffro'n dau;
A'n cael ein hunain yn cofleidio'n dynn;
A Rhyw yn ein gorthrymu; a'i fwynhau;
A phallu'n sydyn fel ar lan y llyn …

Fel yn 'Fy Ffrynd' o waith Cranogwen yn gynharach, mae myfyrdod ar gyfeillgarwch a pherthnasau rhamantaidd yn perthyn i 'Atgof' – ond mae'r mynegiant ar serch yn fwy diamwys. *Pwy yw gwrthrych y gerdd?* yw'r cwestiwn sydd wedi ennyn y mwyaf o sylw: honnir mai hunangofiannol yw'r ysgrifennu yma, ac mai gwrthrych ei serch ydy Morris T. Williams (gŵr Kate Roberts maes o law), y bu'n cyd-fyw ag o ar Heol Elinor, Twthil, Caernarfon am ryw flwyddyn rhwng 1920 a 1921. Credir bod mygu teimladau calon yn nodwedd o'i farddoniaeth a'i fywyd,[22] a chredodd mai *phase* oedd "[b]lynyddoedd blin ieuenctid nwydus" – y gerdd, yn nhermau John Keats sy'n epigraff i'r bryddest, yn bodoli mewn gofod rhwng dychymyg gŵr ifanc a gŵr aeddfed, yr enaid a'r cymeriad heb eto ymsefydlu.[23]

Mae gwaith Prosser Rhys yn codi cwestiynau am y cymod rhwng y cwiar a'r Cymreig neu'r Cymraeg, sy'n anghyfforddus am dalpiau helaeth o'n hanes. Does dim pennod fwy dolurus o'r hanes hwn na dau ddegawd olaf yr 20fed ganrif, yn bennaf oll gyda thrychineb yr epidemig HIV/AIDS, ac Adran 28 o Ddeddf Lywodraeth Leol 1988 oedd yn gwahardd 'hyrwyddo' cyfunrywioldeb mewn ysgolion. Yn ôl adroddiad gan Stonewall ym 1995, roedd cynifer â thraean o bobl hoyw yn byw yng Nghymru wedi profi trais ac aflonyddwch.[24] Awgrymir fod a wnelo ystyfnigrwydd homoffobia yng Nghymru yn rhannol â'r gwrthdaro a deimlid rhwng cyfunrywioldeb a Chymreictod – fod angen ildio Cymreictod i gael bod yn hoyw.[25]

Ond yna, roedd magu, roedd meithrin.

Yn araf bach, ar ôl ceisio'n ddall, llwyddo, methu, roedd derbyn. Roedd cyrraedd gwastadedd aeddfedrwydd – byddwn i'n caru'r hwn neu'r hon neu'r hwy y digwyddwn i ddisgyn mewn cariad ag o neu hi neu hwy.

Roedd mynegiant o'r newydd, roedd gofodau, roedd Cymreictod cwiar yn bod. Ro'n i'n dechrau canfod fy mhobl, fy lle.

Ro'n i'n gwrando, ro'n i'n darllen. Ro'n i'n negeseua, ro'n i'n diolch...

"... am i fi gael gweld neu deimlo rhyw eglurder ar hyd llwybrau Prosser, am gael goleuni yn dy sgwennu ac yn dy ymdriniaeth ddestlus, ofalgar. Rywsut dwi'n meddwl 'mod i'n dallt fy hun yn well 'ŵan bo' fi 'di'i ddarllen o, neu o leia', mae o wedi bod yn gymar perffaith i'r cyfnod diweddar 'ma o drio dallt a gweld." §§

Roedd therapi, roedd gwella. Roedd tocio'r hualau; roedd rhyddhau. Roedd dechrau troi pen at yr haul.

Roedd ymagor, fesul tipyn.

Roedd mynegi o'r newydd o hyd.

Roedd deffro synhwyrau.

Roedd caru.

---

§§ I Iestyn Tyne yr anfonais i'r diolch hwn, am y goleuni a ganfyddais o ddarllen ei orchestwaith ar fywyd a gwaith Prosser Rhys, *Y Cyfan a Fu Rhyngom Ni*.

Rhaid rhoi trefn o'r newydd ar y meddyliau cyfeiliorn, achos ymlaen yr â'r daith i'w thraean olaf. Mae newid gêr wrth ymadael â Phontrhydfendigaid, a ninnau'n derbyn y gwahoddiad tua'r mynydd. Mae gofyn dringo oddi yma, heibio'r ysgol gynradd, a hynny heb ball nes cyrraedd y pentref nesaf, sef Ffair Rhos. Ar ddiwrnod arall, fe fyddwn i'n awyddus i droi i'r dde yn y pentref, a pharhau ar ddringfa hir, anghysbell i Lynnoedd Teifi – un o'r dringfeydd 'diarffordd' hynny, y rhai lle bydd y lôn yn dod i ben ar y copa, i bob pwrpas, ac felly'n gorfodi rhywun i fynd yno'n unswydd. Nid felly, serch hynny, i'r rhai ar feic â theiars mwy gwydn – beic graean efallai – gan fod llwybr garw yn parhau oddi yno heibio i gronfa ddŵr Claerwen a chyn belled â chwm Elan. Mae'r rhan yma o'r byd yn un o baradwysau mwyaf seiclwyr graean Cymru, a hynny gan fod rhwydwaith dda o lonydd coedwigaeth.

P'run bynnag, cadw at y lôn fyddwn ni heddiw, heibio i'r stribyn o dai sydd yn Ffair Rhos; fel efallai y byddai'r enw'n ei awgrymu, arferai ffair fod yma, cyn iddi orfod symud i Bont. Yn ôl y chwedl leol, y 'Brwcsod' (disgynyddion Mr Brooks, gŵr o Gernyw ddaeth i geisio gwaith yn y chwarel blwm) oedd ar fai am hynny. Pe na byddai'r sawl ar ei ffordd adref i Gwm Ystwyth neu bellach yn ildio'u harian neu eu pwrcasau wedi diwrnod ffair, byddai'r Brwcsod yn ei ladd, a'i gladdu yn Nant y Bedde ar y mynydd.[26]

Ac o ddeall hynny, mae diolch mai cadw at y ffordd drwy'r pentrefi – y rhai olaf cyn diffeithwch mawr yr Elenydd – ydym ni. Mae'n dyfod yn fwyfwy gwledig ac agored a gwyrdd, a daw min i'r esgeiriau ar bob llaw. Mae'r lôn yn culhau i ddim llawer mwy na lled car wedi orig fer, a daw cyfle i wibio i lawr am Ysbyty Ystwyth. Fel pentrefi eraill ag enwau cyffelyb (Ysbyty Cynfyn maes o law, er enghraifft), honnir i'r enw ddod oherwydd bodolaeth

Ysbyty Marchogion yma, gyda chysegriad yr eglwys i Ioan Fedyddiwr yn arwydd o hynny. Mae'r pentref yn aros yn y cof fel un blodeuog, diolch i'r llain o flodau'r haf sy'n byrlymu o wefus y bythynnod sy'n cyfochri â'r olwynion.

Parhau wna'r goriwaered nes cyrraedd Pontrhydygroes, lle mae awyrgylch y daith yn ymdywyllu yng nghysgod coetiroedd. Mae amryfal ffyrdd yn tasgu i bob cyfeiriad oddi yma: pe dilynem ni gwrs yr afon ar i lawr, fe ddelem ni at Blas Nanteos. Mae pennod o *Queer Wales* wedi'i chysegru i un o'i phreswylwyr, George Powell (1842-82), oedd â chasgliad o ddarluniau "homoerotig" yn y plasdy, ac yn hoff hefyd o draws-wisgo.[27] Nanteos hefyd yw lleoliad cerdd Gwenallt, 'Y Draenog', sydd, fel dywed Mihangel Morgan yn yr un gyfrol, yn troi'n symbol o beth ffiaidd, gyda chyfeiriad sy'n agored homoffobig:

> A'r greddfau hen yn llifo fel dyfroedd
> Dwyfol, *gwryw-gydiol* ¶¶ a choch.[28]

Ta waeth am hynny: pa bynnag ffordd yr awn ni, mae olion y gweithfeydd metalau anhaearnaidd yn ein hamgylchynu: Wemyss, Frongoch, Hendy, Llwyn Llwyd, Esgair Mwyn, Pen Glog Mawr. Mae'r rhan fwyaf ohonyn nhw'n weithfeydd hynafol, yn dyddio'n ôl i'r Cyfnod Efydd Cynnar.*** Mwyngloddion arian, plwm, a sinc oedd y rhain yn bennaf: ceir adroddiadau am chwarelwyr yn marw o wenwyn plwm, a hyd heddiw, mae gwaith yn parhau i leihau llygredd plwm yn afon Ystwyth.

Beth bynnag, y dewis yw croesi'r bont fach gul, ddel dros afon Ystwyth ym Mhontrhydygroes. Cawn ein cyfeirio, gyda hynny, at ddringfa fwyaf heriol y daith, sy'n

¶¶ Fy mhwyslais i. Dyma'r gair traddodiadol/Beiblaidd am ddyn hoyw.

*** Yn 2002, canfuwyd disg haul Banc Tynddol yn dyddio o tua 2450-2150 CC, ac felly'n un o'r eitemau aur cyntaf y gwyddys amdanynt o Gymru.

cael ei galw'n y *49er*, yn ôl pob tebyg, am mai 49 milltir yr awr oedd y cyflymaf y gellid ei disgyn ar feiciau'r 1980au.[29] Mae'n cael ei defnyddio mewn rasys yn erbyn y cloc i herio'r gorau o'r dringwyr, ac fe'i defnyddiwyd hefyd yn y ras i seiclwyr proffesiynol domestig y *Tour of the Mining Valleys*, oedd yn gonglfaen ar eu calendr am oddeutu ugain mlynedd hyd at tua 2017.

Felly, a'n cwrs ni am Gwm Ystwyth, lle mae'r olion mwyaf o faint o'r gweithfeydd plwm, mae gofyn ymgodymu â serthedd o hyd at 25% am oddeutu 500m hir. Ar ôl troi i'r dde gan ddilyn yr arwydd am yr Hafod y mae'r dringo ar ei serthaf, ac wedi hynny mae cyfle am ysbaid fer, fwy neu lai tan yr hergwd o dro am yn ôl tua Phontarfynach, yn hytrach na pharhau ar y rhyfeddod o ffordd drwy'r cwm am lyn Elan a Rhaeadr Gwy. Mae'r ffordd i gyrraedd yma'n gul ar y naw ar brydiau, ond arwyneb y ffordd yn ganmoladwy ar ei hyd. Fe dröwyd y rhan yma o'r byd o gwmpas Ystâd yr Hafod yn baradwys gan feddiannwr yr ystâd, Thomas Johnes (1748-1816). Ymgymrodd â phlannu tua 3 miliwn o goed yma, ac fe'i hystyrir y pennaf un o arloeswyr amaeth y cyfnod. Yn yr arddull Neo-Gothig yr adeiladwyd y Plasdy mawr gomisiynodd ym 1786, a hwnnw maes o law'n destun paentiad gan Turner.

Johnes hefyd gomisiynodd y bwa mawr o graig ym 1810 ar achlysur Jiwbilî Aur George III; arferai'r lôn fynd oddi tani, ond ar ei herchwyn y saif heddiw. Y bwa sy'n dynodi diwedd tua dwy filltir o ddringo drwy'r dirwedd sydd un tro'n anial melynaidd a dro arall yn gyfoeth gwyrdd. Mae meinciau picnic yma ac aml i lwybr cerdded oddi yma, ac mae'n lle delfrydol am hoe. Mae'n lle delfrydol hefyd i weld y sêr gyda'r hwyr, yn Safle Darganfod Awyr Dywyll benodedig.

I lawr â ni wedyn ar wib, gyda dwy filltir dda'n llawn

sbri. Mae'r gwyrddni'n helaethach erbyn hyn, a'r cyfan yn ymagor dan awyr fawr, nes culhau ac ymgysgodi wrth gyrraedd diwedd yr hwyl ym Mhontarfynach. Mae'r lle'n fwrlwm o ymwelwyr; dyma gyrchfan Rheilffordd Cwm Rheidol, sydd â'i chwrs am ddeuddeg milltir o Aberystwyth. Wedi'i hadeiladu'n wreiddiol er mwyn cludo mwyn o'r gweithfeydd i lawr i'r harbwr, dyma oedd yr unig reilffordd stêm-yn-unig ar rwydwaith cenedlaethol British Rail rhwng 1948 a 1989. Mae'n gyrchfan boblogaidd hefyd am ei rhaeadrau, wrth i afon Mynach ddisgyn i'r Rheidol. Yn un lle ar y ceunant, mae tair pont drosti, un ar ben y llall. Yn ôl y chwedl, codwyd yr isaf ohonynt gan y Diafol ei hun, pan geisiodd ddenu hen wreigan wedi colli'i buwch dros yr afon, ar yr amod y byddai'n dwyn enaid y peth byw cyntaf i'w chroesi – wrth lwc i enaid yr hen wreigan, rhedodd ei chi dros y bont o'i blaen. Dyna esbonio'r enw Saesneg ar y pentref.

Oddi yno, daw dechrau ar waith dringo parhaus, wrth barhau ar y briffordd sy'n dilyn cwrs y Rheidol. Mae'n gul mewn mannau, o ystyried ei bod hi'n ffordd 'A', wrth basio parc carafanau mewn rhan goediog o'r lôn, cyn iddi ymagor, a'r llechweddau'n ffurfio'r cwm. Yr unig annedd ar y gyfran yma o'r daith ydy pentref bychan Ysbyty Cynfyn; yr eglwys eto'n gysegredig i Ioan Fedyddiwr, ac o fudd i'r pererinion ar eu taith i Ystrad Fflur neu'r tu hwnt i Dyddewi. Ym mynwent yr eglwys, mae tri maen hir o'r Oes Efydd, ac hefyd feddrod i'r bedrybled (h.y. pedwar gefaill) gyntaf i gael eu cofnodi yng Nghymru, a anwyd ym mis Chwefror 1856, ond a fu farw o deiffoid o fewn dyddiau.[30]

Ychydig wedyn, mae 'na fforch yn y lôn: y lôn uchaf yn mynd am Ddyffryn Castell, a'n trywydd ninnau'n crymu tua'r chwith i gyfeiriad Ponterwyd. Mae'n hyfryd o wyrdd ganol p'nawn, er bod y bryniau draw'n rhyw ddechrau moeli. Ac ar eu trywydd nhw mae'n hanes, wedi croesi'r briffordd ym Mhonterwyd. Nid hawdd yw dod o hyd i'r ffordd yr ochr draw – dydy hi ddim help bod dwy i ddewis ohonynt. Ar ôl troi i'r chwith ar y gyffordd, y gyntaf sydd ei heisiau, cyn croesi'r bont, gan fynd ar y ffordd gul iawn rownd cefn y pentref heibio'r fynwent ac yna'r ysgol. Mae'r ail un yn ffordd gul, anghysbell, sydd yn y pen draw yn cyrraedd Penrhyncoch, ond beth bynnag am hynny, mynd am gronfa ddŵr Nant y Moch ydym ni.

Mae'r dringo'n dal i fod yn flinderus ar y coesau, gyda phwynt ucha'r daith eto i'w gyrraedd. Mae'r argae fawr yn abwyd; down at ran serth, gan obeithio'i gweld dros yr ael, ond cronfa ddŵr Dinas sydd yna, a honno'n crymu'n bedol. Mae ychydig o fyny a lawr wedyn, a'r hyn sy'n teimlo fel dechrau ar filoedd o ridiau gwartheg – wedi'r cyfan, mae'r cwestiwn o pryd y delem ni at yrr o wartheg Highland smart yn rhoi tipyn o ddifyrrwch a dirgelwch i'r rhan yma o'r siwrnai. Fe dry'r lôn yn ddim ond llwybr drwy'r ehangder mawr, er bod mân ffermdai'n britho'i hymylon hwnt ac yma. Dal i fynd ar i fyny ydym ni – petaem ni'n edrych am yn ôl, fe welem ni'r dolydd yn donnog i gyd – a pharhau felly y gwna, hyd nes, mwya' sydyn, dros un ael, mae'r argae'n ymrithio draw. Er bod y dringo'n parhau eto, mae'n tynnu arnom, gyda'r addewid o ysbaid wrth ei glannau. Mae'n lle delfrydol i fod ar feic – mae 'na ddihangdod braf i'w gael yma, o fod mor anghysbell, ac mae rhywbeth llesol am yr aer.

Ond wrth gwrs, mae croesi'r argae'n atgoffa dyn o'r gwrthdaro rhwng ymhyfrydu'n ormodol yn y dirwedd, a'r anesmwythder cyfarwydd hwnnw a gwyd o harddwch cymhleth cronfeydd dŵr. Cyfarwydd am fod hon yn stori ledled Cymru: ar gyfer cynllun hydrodrydanol y Rheidol, roedd yn rhaid boddi pentref bychan Nant y Moch yn y

1960au, gan symud cyrff i'r fynwent ym Mhonterwyd, a symud carneddi o Oes yr Haearn. Mae fideo o'r archif Sgrin a Sain yn dangos y bywyd yno cyn y boddi, ac yn hygyrch i'w ganfod ar y we.[†††] Gwelwn gapel M.C. Blaenrheidol, oedd ond wedi'i godi lai na chanrif yn flaenorol, ac o'i gylch arwyddion o ffordd Gymreig o fugeilio ac o fyw oedd yn prysur bylu. Daw digon o gyfle i bwyso a mesur wrth seiclo ar hyd y llyn; mae'n gorff mawr o ddŵr, a'r ffordd yn dilyn ei lan yn driw.

Wedi cyfle i fagu tipyn o fomentwm, mae gofyn ailgydio yn y gwaith dringo am un waith olaf heddiw. Y lôn i ddechrau fel neidr ar i fyny, ac wrth ymadael â'r llyn y tu cefn i ni, does dim mwy nag anialwch i'n hamgylchynu. Hynny nes cyrraedd pwynt ucha'r daith, ychydig dros 410m (1,354tr) uwchlaw'r môr, a llyn bychan Nantycagl gerllaw.

Mae'n golygon ni'n troi wedyn tuag at yr arfordir, draw o anialwch mawr yr Elenydd, gydag addewid o ddisgyniad hir, dymunol i lawr o'r uchelfan hwn am y môr yng nghyffiniau Aberystwyth – tref hoff am sawl rheswm. Mae lle i honni mai Aberystwyth yw prifddinas cwiar Cymru: yn Aberystwyth y mae'r gyfran uchaf yng Nghymru o bobl sy'n ystyried eu hunain yn LHDTC+ yn ôl cyfrifiad 2021, ac fe'i nodwyd fel y dref brifysgol fwyaf cyfeillgar ym Mhrydain i bobl LHDTC+ yn 2010. Gwyddys hefyd fod toiledau cyhoeddus y dref yn fannau cwrdd poblogaidd am ryw rhwng dynion (*cottaging* yw'r term am hyn) yn y 1980au.[31] Mae hi hefyd yn brifddinas diwylliant Cymru, wedi ennill statws Dinas Llên UNESCO yn 2025.

Er hynny oll, dydyn ni ddim am fynd cyn belled â'r dref heddiw – yn rhannol am fod drysfa ffyrdd y dref a'r cyffiniau y naill ochr i'r A487 wyllt yn gallu bod yn annifyr

††† *Nant-y-Moch* yw enw'r ffilm, wedi'i chynhyrchu gan Evan Caradog Roberts.

ar feic, ac yn rhannol am ei bod hi'n dwt gorffen yn nes at ben gogleddol y sir. Felly dim ond hwylio i lawr y disgyniad sy'n weddill i ni; gweld y môr yn ymddangos yn y pellter wrth i'r lôn lynu at y llechwedd, y wlad yn fawr o'n blaenau, ac afon Ceulan fechan yn dilyn ein cwrs. Mae hi'n werth rhoi tro ar y lôn yma o'r cyfeiriad arall; mae'r ddringfa i Nant y Moch ymysg y goreuon yng Nghymru, yn gyfuniad perffaith o hirhoedledd a graddiant cyson, ac ymdeimlad o ddianc o frys yr arfordir i'r gwylltineb unig, pell.

Ymhen ychydig, mae'r lôn yn culhau, ac yn dyfod yn fwyfwy cysgodol. Mae ymylon y lôn yn prysuro gyda chartrefi o boptu unwaith y down yn nes at gyrion pentref Talybont. Yn y fan honno, mae llymaid yn aros amdanom yn y Llew Gwyn, cyn hoistio'r beic i gefn y car i ddychwel tuag adref. Y dewis amlwg o gân i'w chwarae'n gyfeiliant yw'r un gan Mellt sydd â'r llinell "fel planhigion gwyllt sy'n tyfu'n lletchwith ar hyd glannau'r afon Ystwyth."

Wrth edrych 'nôl ar y daith ar ei hyd, mae'n hawdd uniaethu.

Ond mae dechrau'r daith, dechrau'r stori, bron yn angof...

"...Cans oni chlywem annog pêr o bell,
Ar inni gyrchu at y Bywyd Gwell?"
o 'Atgof'

Onid peth rhyfedd ydy blodeuo
ar ôl gwywo?

Cychwyn: Aberteifi

Gorffen: Talybont

Pellter: 130km (80 milltir)

Dringo: 2,320m (7,610tr)

Amser gymerodd i mi, heb gynnwys egwyl: 6 awr, 20 munud

ym Meirionnydd

Llawenydd y daith

Dydd Iau, 20fed o Fehefin, 2024

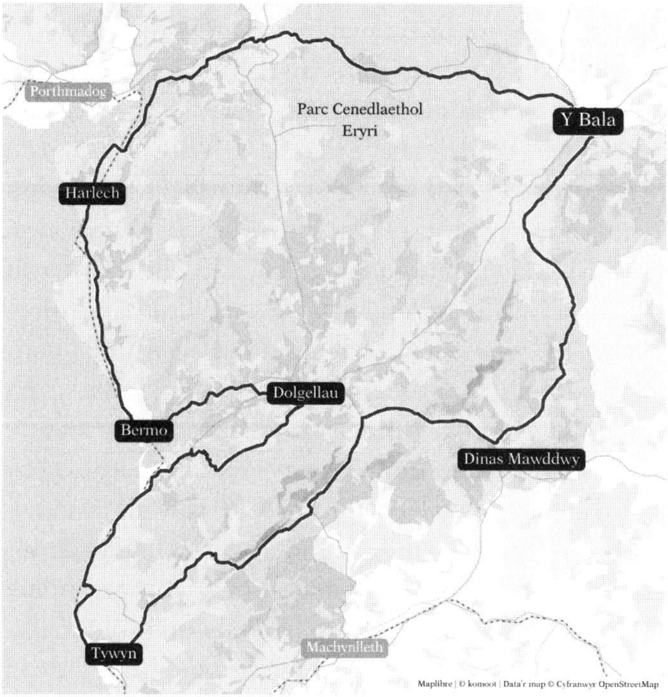

Dymunol wrth droedio mynydd – yw dal,
    mewn delwedd, lawenydd
  y daith, cyn i'r ymdeithydd
  godi'i bac i'r copa cudd.

'Camera', Iwan Bryn Williams[1]

MAE'N DDIWRNOD CYN heuldro'r haf; canfas gwag y dydd bron â bod ar ei fwyaf. Darlun o fro ydy'r testun, Meirionnydd yw'r dewis. Mae gen i syniad go lew o'r darlun; wedi'r cyfan, dyma fro fy magwraeth a 'ngwreiddiau. Mae'n ddarlun mawr o fôr a mynydd lle bo'r gwyrdd a'r glas yn cwrdd, ac ar yr un pryd yn gyfres o ddarluniau, yn glytwaith o fröydd ar dalp go fawr o dir.

Darlunio gyda geiriau ydy'r orchwyl, wrth lwc; fyddwn i fawr o gop â brws paent neu bensil yn fy llaw. Dwi'n licio meddwl 'mod i wedi etifeddu rhywfaint o'r awen hon gan fy Nhaid, y diweddar Ddr. Iwan Bryn Williams, a'i dad yntau, fy hen-daid, y Prifardd W.D. Williams, bardd yr englyn enwog, 'O Dad yn deulu dedwydd'.[2] Mae darluniau tanbaid yn eu gwaith, efallai'n gysylltiedig â'u diddordeb mewn darluniau a delweddau go iawn: roedd dawn arlunio gan W.D. a'i awdl fuddugol yn Eisteddfod Genedlaethol Maldwyn 1965 yn sôn am baentiadau Paleolithig ogofeydd Lascaux. Roedd Taid wedyn yn gwirioni ar y camera; cyhoeddodd gyfrol ar ffotograffiaeth ym 1974.

Mae 'na fwynder ar yr awel bore 'ma, ac ychydig gymylau'n gaead arno. Dydy'r bore ddim wedi gweld wyth o'r gloch eto; mae 'na'n dal i fod angen y llewys dros dro a fest wynt arna' i. Mae'n gaddo clirio yn nes ymlaen, a gobaith y bydd yr haul yn llifo, ac felly dwi wedi cadw lle i'r ategolion hynny yn y pocedi cefn. Mae taith y dydd yn teilyngu amodau ffafriol, felly mae cryn edrych ymlaen.

Mae 'nhaith i'n cychwyn, fel nifer dirifedi o rai eraill, wrth y drws ffrynt yn y Bala. Dwi wastad wedi gallu cael rhyw syniad o sut siâp sydd ar y coesau ar strydoedd y dref. Ar y tamaid syth o ffordd heibio'r hen Neuadd Buddug i ddechrau: dyma'r unig sinema yng Nghymru, mae'n debyg, i fod â'r cyfieithiad Cymraeg yn cychwyn ag 's' arni, ac arni hefyd mae plac yn coffáu mai yma y sefydlwyd Cymdeithas

Cerdd Dant Cymru ym 1934. Erbyn heddiw, mae darlun trawiadol o las a melyn drosti, beintiwyd ychydig cyn i'w drysau gau yn 2019. Dwi'n gallu cael rhyw syniad o sut ddiwrnod mae hi'n mynd i fod oddi wrth pa gêr dwi'n gallu ei goncro yn fa'ma. Wedyn am allt y Coleg – Coleg y Bala, hen goleg diwinyddol sydd bellach yn ganolfan ieuenctid Gristnogol – i fyny o'r ysgol ac allan o'r dre tua'r gogledd. Fuodd 'na ddim lle gwell i gynhesu'r coesau cyn diwrnod hir, ac ar sawl achlysur, dwi wedi gorfod dod i sylweddoli'n sydyn iawn fod diwrnod hir *iawn* o 'mlaen, o deimlo'r straen yn y coesau mor fuan â hyn. Ond heddiw, dwi'n rhoi cwestiynau felly o'r neilltu – hidio befo am ba mor ffres neu drwm ma' 'nghoesau fi'n teimlo. Jyst troi'r pedalau. Hawdd.

Gweld y wyrth

Petaswn i'n edrych y tu ôl i mi i lawr yr allt, byddwn i'n gweld hyd a lled fy meithrinfa. Mae'r ysgol ar droed yr allt, a'i gwaed yn fy ngwythiennau. Yma y bu Taid yn brifathro, ac yn fy oes i, cefais i'r fraint neu'r anffawd o gael fy nysgu yma gan ei ddwy ferch: fy mam, Elen, a'm modryb, Rhian.[3] Yn ei 'Salm i'r Gwyddonydd', efallai un o gerddi disgleiriaf Taid sy'n dechrau "Gwyn ei fyd y gŵr a fedd chwilfrydedd", ceir cyfres o chwe llinell sy'n crisialu'r bri a roddir i addysg yn y teulu. Bosib iawn mai'r ail linell yma yw fy hoff linell o'i waith:

> Saif yn uchel ar ysgwyddau ddoe
> I weld y wyrth dros orwel dysg,
> Addawodd ddweud amdani
> Ac yn ei ddydd fe ddaw eraill
> I godi castell ar ei graig
> Heb ei dramgwyddo...

Y tu hwnt i'r ysgol, mae fy hen ysgol gynradd a'r capel yn llechu rywle rhwng parwydydd y dref, a'r Berwyn yn gefn i'r cyfan.

Pum Plwy Penllyn

Deuparth gwaith yw ei ddechrau, medd y ddihareb. Mae tipyn o waith dringo i'w wneud yn y bore bach, gan ddechrau ar ôl troi i'r chwith am Ryduchaf a'r hyn 'den ni bobl Penllyn yn ei galw'n ffordd Arenig. O, a cyn mynd dim pellach, ma' Penllyn – ynganir PEN-llyn – yn wahanol i Pen Llŷn, sy'n ardal hollol wahanol, siâp braich, i gyfeiriad y gorllewin. Penllyn ydy'r ardal o gwmpas Llyn Tegid, a'i phum plwyf ydy Llanfor, Llanycil, Llandderfel, Llangywer a Llanuwchllyn. Pen Llŷn ydy'r sillafiad cywir ar gyfer Pen Llŷn, nid Penllyn, achos fa'ma ma' Penllyn. Wn i'm pam fod hyn yn mynd o dan fy nghroen i gymaint.

Mae darlun Iwan Bala, 'Pum Plwy Penllyn' (2009), yn un sy'n ymddangos ar sawl pared yn yr ardal, ac yn cynnwys englyn gan Taid arno:

Er dod dan hud Ardudwy – a darnau
o Edeyrnion fwyfwy;
mae pylu hawl fy mhum plwy
arnaf fel sychu'r Fyrnwy.

Mae'r darlun yma'n agos at fy nghalon; ro'n i'n ei weld o'n ddyddiol drwy 'mhlentyndod, ar y wal uwchben y piano yn nhŷ Mam-gu a Taid, ac ar ben y coridor yn Ysgol Bro Tegid, lle es i i'r ysgol gynradd.

Reit, sori, lle o'n i? Ar ffordd Arenig. Llwybr tarw ydy o, rhwng ymyl y dref a chyffordd y Migneint, sydd jyst cyn cyrraedd yr allt i lawr am Gwm Prysor ar yr A4212 a'i golygfa syfrdanol. Ar y ffordd i fyny yn Rhyduchaf, yn fuan ar ôl pasio 'mhrawf gyrru, y gwnes i ddeall apêl rhoi'r beic o'r neilltu o blaid y bedair olwyn – y ffordd yn diflannu oddi tano mor fuan, mor ddiymdrech. Fyny ffor'ma fyswn i'n mynd yn reit aml yn ystod fy mlwyddyn gyntaf o yrru i fynd i ymarferion band, er bod mwy o fwydro nag o 'marfer fel rheol, a hynny'r un mor werthfawr. Fydda' i wastad yn werthfawrogol o ba mor 'normal' oedd hi i gychwyn band a chanu'n Gymraeg, a'r diolch am hynny mae'n siŵr i'r rhai o Benllyn wnaeth hynny o'n blaenau.

Dwi'n pasio un o'm ffrindiau ar ei ffordd i'w gwaith, ac yn gwybod yn syth y bydd tecst yn dod nes ymlaen yn gofyn os mai fi oedd yr un ar feic (ro'n i'n iawn, hefyd; dydy'r dillad seiclo a'r helmed a'r sbectol ddim yn fwgwd digonol). Ar ôl Rhyduchaf, mae'r ffordd yn dal i wyro tuag i fyny ond yn fwy graddol nag o'r blaen, ac mae 'na gyfle i ddefnyddio gêr uwch am sbel heibio'r troad i'r chwith am y Parc. Ma' honno'n ffordd sydd werth ei gweld, fel petai ar lwyfan yn edrych draw at yr Aran. Yr Arenig, fodd bynnag, ydy'r angor ar ran yma'r daith, yn codi'n fawreddog â'i dau big nodedig i'r chwith imi. Mae'r Berwyn y tu cefn i mi o hyd, lle, "mewn uchel le rhyw fore fry" y chwalwyd llwch Taid.[4]

Olion fy hil

Mae'r ffordd yn cyrraedd gwastadedd lle mae'r dirwedd yn reit agored, a'r mynydd yn gwylio'n eiddgar gwrs ein taith. Ymhen ychydig, mae Llyn Celyn yn ymddangos ar y dde, ac mae'n gyfle i gael cip ar ei uchder, ac i weld os oes unrhyw olion yn llechu. Mae llinell o farddoniaeth Elwyn 'Swêl' Edwards adeg un sychder mawr – "Olion fy hil a welaf" – wedi'i serio ar fy nghof ers tro.[5] O gymryd sbel i gymryd golwg iawn ar y llyn oddi yma, dwi'n ceisio amgyffred y pwysau yn y geiriau hynny. Mae yma ochr bersonol am etifeddiaeth ac am berthyn i gymuned, y teimlad sy'n berwi gyflymaf ynof wrth dreulio amser yn y parthau hyn. Mae'r ofn o golli'r teimlad hwnnw, o golli'r perffeithlun o fro, o fy mro, yn ofid ddaw i gnoi o dro i dro. Teimlad, dwi'n siŵr, sy'n gyfarwydd i nifer, ac nid o bellffordd yn gyfyngedig i Benllyn. Daw'r olion dan donnau Celyn â'r cnoad hwnnw'n nes at yr asgwrn.

Mae yma hefyd bwys symbolaidd i'r llinell, yr 'hil'. Dadleuwn i nad 'hil' ar y raddfa leol, gymunedol yn unig sydd yma, ond bod cyfeiriadaeth ar yr un pryd at y galar o golli un o'r cymunedau olaf lle byddai pawb yn medru'r Gymraeg, a ffordd Gymraeg a Chymreig unigryw o fyw. O gyplysu hynny â gwendid llais lleol a llais Cymraeg yn wyneb y penderfyniad a'r weithred, mae'n bennod yn hanes Cymru sydd o bwys mawr i'r mudiad cenedlaetholgar. Annoeth fyddai tynnu paralel rhy achosol rhwng boddi Tryweryn a rhai o'r digwyddiadau gwleidyddol arwyddocaol a'i dilynodd, megis sefydlu'r Swyddfa Gymreig ym 1965 (Swyddfa Cymru ers 1999) a buddugoliaeth Gwynfor Evans yn sedd Caerfyrddin yn Etholiad Cyffredinol 1966; yr oeddent yn ganlyniad i don o ymwybyddiaeth genedlaethol gynyddol, er y gellid dadlau'n yr un modd fod Tryweryn wedi grymuso'r don honno gryn dipyn. Nid cyd-ddigwyddiad chwaith, decin i, fyddai cydamseru'r ymgyrch baentio 'Cofiwch Dryweryn' yn 2019 a'r twf yn y nifer ddywedai mewn polau piniwn y byddent yn pleidleisio o blaid annibyniaeth mewn refferendwm (felly hefyd aelodaeth YesCymru). Wedi'r cyfan, mae rhannu hanes cyffredin, a glynu at ddigwyddiadau penodol, wrth wraidd y cysyniad o genedl, ys crynhodd John Stuart Mill:

> *The strongest of all is identity of political antecedents; the possession of a national history, and consequent community of recollections; collective pride and humiliation, pleasure and regret, connected with the same incidents in the past.*[6]

Ac felly fel y teifl haul mawr yr haf olau newydd ar donnau Celyn, felly y teifl eiriau Swêl a J.S. Mill, fel ei gilydd, olau newydd ar fy nealltwriaeth innau o bwys boddi Tryweryn.*

Anialdir

O fa'ma 'mlaen mae'r pedalu'n rhwyddach, ac felly mae hi nes cyrraedd y gyffordd lle mae gofyn croesi'r ffordd am y Migneint. Mae'r rhan yma o'r daith yn gyfarwydd iawn i mi, o ddilyn ei thrywydd droeon a thro i gyrraedd bro Ffestiniog, Eryri, dyffryn Conwy; unrhyw le i'r gogledd o adre'. Mae'n gallu bod yn llafurus, ond mae'n dderbyniol cyn belled â 'mod i'n disgwyl gorfod dringo am awren.

Pan fo modd rhoi natur lafurus y pedalu i gornel y meddwl, mae modd dod i sylweddoli bod 'na rywbeth arbennig am y dirwedd anial, foel, a'r ambell afon sy'n gwau llinynnau drwyddi. I un cyfeiriad, fe welir y Rhinogydd yn eu hysblander, ac o 'mlaen, mae'r Moelwynion yn gefnlen. Bron fel ryw sticer wedi'i blastro arno, mae argae Stwlan, a hwnnw ar lawer achlysur wedi bod yn fan i anelu ato. Mae'r ddringfa i'w chyrraedd wedi ennyn cryn boblogrwydd – yn "stribyn o darmac sydd bron fel lasyn esgid wedi'i luchio'n flêr ar lethrau'r Moelwyn, a'r corneli tynn niferus sy'n arwain y ffordd at y llyn yn dwyn heolydd yr Alpau i gof."[7] Nid yno fo'r nod heddiw, er i'r Moelwynion fy nhynnu

* Gocheler rhag cymryd diffiniad rhy gul o 'hil', fel sy'n fwy cyffredin gyda *race* yn Saesneg. Gweler ddiffiniad Geiriadur Prifysgol Cymru: "had, hiliogaeth, epil, disgynyddion, eisillydd; cyff, tras, llinach, gwehelyth, cenedl".

dros Bont yr Afon Gam, heibio'r drofa am Ffynnon Eidda. Mae 'na fymryn o allt rownd y gornel cyn i un o'm hoff olygfeydd ymddangos. Dyma'r man agosaf i weld y môr o adre', gan edrych i lawr am Borthmadog a Llŷn oddi draw. Dros y grid gwartheg, ac mae coblyn o ddisgyniad da'n fy aros, gan ddilyn trywydd afon Cynfal i lawr am Lan Ffestiniog. I'r gwrthwyneb, dringo wnaeth Blodeuwedd a'i morynion ym mhedwaredd gainc y Mabinogi. Gerllaw, mae llech Gronw, oedd fod i'w warchod rhag gwaywffon Lleu, a Llyn Morynion, lle boddodd y morynion.

Mae'n ddisgyniad pleserus a chyflym sy'n para ambell filltir dda nes cyrraedd y pentref. Gan amlaf, mi fyddwn i'n cymryd trofa i'r dde a dal yn dynn yn y brêcs; oddi yma, mae perl o ddringfa'n cychwyn drwy Gwm Teigl, lle bydd pob gair sy'n cael ei gyfnewid rhyngof i ac eraill yn y Gymraeg. Mae rhyw felyster i'r profiad o ddilyn y ffordd sy'n nadreddu i chwarel Cwt y Bugail, er gwaetha'r gwaith o ymrafael â'i serthedd.

Dwi'n rhoi apêl hud y cwm hwnnw i'r naill ochr am heddiw; o gofio anferthedd y sir, ofer fyddai dilyn pob chwant am antur i gornel gudd. Felly ymlaen â fi drwy'r pentre', heibio i dafarn y Pengwern ac ymlaen wedyn i lawr Allt Goch. Er 'mod i wedi dringo'r allt sawl tro, dydy rhywun ddim yn dod i ddeall cweit pa mor serth ydy'r gornel dynn tua'r chwith ar ôl Gwesty Seren nes gafael yn go gadarn yn y brêcs ar y ffor' lawr. Ma' hon yn ddisgyniad go sydyn wedyn sy'n fy arwain i i Faentwrog; yn y fan yma, wrth i'r cloc daro naw o'r gloch, mae hi'n ddigon cynnes i ddiosg yr ategolion a pharhau yn llewys fy nghrys. Dwi'n ymuno â'r brif lôn am chwinciad, cyn troi i'r chwith rhwng y rhesi o dai a heibio'r Grapes, gyda Phlas Tan y Bwlch a'r Oakeley Arms yr ochr arall i'r morfa.

Mae'r haul yn tywynnu'n braf ar y foryd ar y bore

dedwydd hwn. Twyllodrus yw meddwl mai gwastad fydd y gogwydd wrth ddilyn y morfa: mae'n waith blinderus, ond mae'r heli'n gwmni triw.

Ar ffedog y Rhinogydd

Ras am y cynta' i weld castell Harlech ydy hi wrth droi'r gornel tua'r chwith yn Nhalsarnau, cyn bod dau ddewis yn cyflwyno'u hunain. Un dewis fyddai mynd syth ymlaen i ddringo'n raddol i ganol Harlech, ac o wneud hynny'n pasio'r Lasynys, cartref y llenor a'r clerigwr, Ellis Wynne, a gofir fwyaf am ei gampwaith *Gweledigaethau y Bardd Cwsg* (1703), a ystyrir yn glasur o ryddiaith Gymraeg bur. Y dewis arall sy'n mynd â 'mryd i, serch hynny, sef troi i'r dde drwy Ynys. Ar hyd y gwastadedd, mae mynyddoedd Eryri i'w gweld yn glir mewn un rhes i'r dde imi, yr Wyddfa yn eu canol nhw, ac ambell linyn o gwmwl fel petai ar ruthr am y copaon. Petawn i ar daith fwy hamddenol, anturus, yna byddai modd dilyn llwybr mwy mewndirol ac anghysbell drwy bentrefi ag enwau cystal â Bryn Bwbach (dyma hoff air Mam am ddyn annymunol, felly dydy hi byth yn ei ddefnyddio fo arna i...). O gofio bod pob dewis o lwybr yn siŵr o ddwyn profiad a dealltwriaeth wahanol o'r fro, dwi'n addunedu i ddod yn ôl i gael golwg ryw dro.

Ar ffedog y Rhinogydd – y sugnais
Egni storm Iwerydd,
A diferion ffynnon ffydd
Fy nain i ddofi 'neunydd.

'Harlech', I.B.W.

Mae'n ddigon hawdd gweld sut y gwnaeth edrych draw am y gorwel o Harlech ddylanwadu ar gynifer dros y canrifoedd; wrth gwrs, bygythiad oedd y gorwel yn ei gyflwyno. Dim rhyfedd, felly, i James o San Siôr adeiladu'r castell ar ben y bryn yn fawreddog i gyd, â waliau o fewn waliau i gadw'r gelyn draw. A phan fuodd 'na ymgais i ddod â dwy ochr môr Iwerddon at ei gilydd, fel yn Ail Gainc y Mabinogi, er cystal eu hamcanion a'r "a fo ben, bid bont" eironig, dinistr ddilynodd.

Y Diafol

Mae'r gwynt yn cael ei dynnu ohonof i gan yr allt heibio i Goleg Harlech – coleg addysg preswyl i fyfyrwyr aeddfed tan 2017, oedd yn cynnig cyfle neu ail gyfle i gael mynediad at addysg uwch. Wedi'r allt, mae gwobr, sef talp o ffordd sydd fel balconi'n edrych dros fae Porthmadog a draw at Lŷn. Dydy'r môr ddim cweit fel gwydr heddiw, mae 'na ryw grychiadau'n gyrru'r dŵr tua'r lan.

Stori o fyny a lawr sydd wedyn ar hyd dyffryn Ardudwy, llain o dir sydd â sawl stori'n gwau drwyddi. Yn ôl un o gerddi W.D., mae 13 o lannau yn Ardudwy, a phob un namyn un yn wynebu'r môr. Llandanwg yw'r gyntaf ohonynt, i lawr i'r dde imi, ac yn fanno mae eglwys fechan dlos; sefydlwyd fel clas gan Sant Tanwg yn y 13eg ganrif, ac wedi hynny bu'n fan gorffwys i gyrff meirw o Ardudwy ar eu ffordd i gael eu claddu yn Enlli. Dwi'n teimlo wedi 'nhargedu braidd gan eiriau W.D. wrth wibio heibio:

Tanwg, ieuenctid heini – â heibio
  I heulo'n yr heli;
 Dibwys yw dy eglwys di,
 Ni wyddant am awr weddi.

Llanbedr ydy'r pentref nesaf, a throad i'r dde'n arwain ymwelwyr at Fochras, tra bo'r troad i'r chwith yn cyfeirio dyn at Bentre Gwynfryn a Chefncymerau, lle lleolir y capel bychan hwnnw yn narlun *Salem* o waith Sydney Curnow Vosper, un o'r darluniau enwocaf yn y meddylfryd Cymreig. Siân Owen Ty'n y Fawnog, oedd ddim yn aelod o'r capel, yw menyw anfarwol y llun sydd, mae'n debyg, wedi cyrraedd yn hwyr i'r gwasanaeth. Oferedd yw ei harddangosfa o'i siôl (fenthycwyd iddi gan wraig ficer Harlech), pechod yn llygaid cylch y capel, a honnir bod y diafol i'w weld yn ei phlygiadau. Paentiwyd y darlun ym 1908, rhwng y Diwygiad a Rhyfel 1914-1918, ac er yr amryw ddehongliadau, ystyrir y darlun yn symbol o ffordd Gymreig anghydffurfiol, draddodiadol o fyw.[8]

Cyson ydy'r darlun gydol y rhan yma o'r daith; y Rhinogydd yn eu mawredd i'r chwith, a dolydd gwyrddion yn donnau oddi tanyn nhw. Rhyngof i a'r môr, carafanau statig gwyrddion sy'n donnau ar y dde imi. Wrth wylio'r trên yn treiglo'i ffordd ar hyd yr arfordir, rhai o'i theithwyr wedi dod cyn belled â chanolbarth Lloegr, mae'n anodd peidio â meddwl fod hwnnw, dros ddegawdau, wedi taflu sblojys o baent dros y tir, wedi lliwio cyfansoddiad a natur yr ardal. Wrth i Fae Ceredigion ymestyn yn ei gyfanrwydd o 'mlaen, buan iawn ydw i'n codi sbid ar y ffordd i lawr i'r Bermo. Mae o'n lle dwi wedi stopio am hufen iâ neu *fish and chips* sawl tro ar ddiwrnod braf – mae 'na amryw o siopau a'u hwynebau'n llachar eu lliw. Mae 'na awyrgylch glan môr go iawn yn perthyn i'r dre, a hwnnw'n lan môr o draeth melyn â'i drywydd yn hir tua'r gogledd.

Dywedir am dywodyn – un glain mân
Glan y môr, mai crwydryn
Ydyw ef 'run fath â'r dyn
A ddeil, hyd fedd, i'w ddilyn.

'Tywodyn', I.B.W.

Aur Ardudwy

Dwi ddim yn aros yma'n hir heddiw, dim ond digon i gael fy ngwynt ataf cyn dringo'r ffordd droellog gul allan o'r dre, gan chwifio ar y bont wrth fynd heibio. Gan ddilyn trywydd paralel i lwybr y Fawddach, un arall o'r llefydd hynny y gwnes i fwrw prentisiaeth ar ddwy olwyn, dwi'n dilyn y brif lôn tua Dolgellau. O wneud hyn, dwi'n mynd drwy Bontddu, nid nepell o Glogau, y pwysicaf o fwynfeydd aur yr ardal hon o'r 1850au ymlaen. Brolio 'Aur Ardudwy' ar wedd lythrennol wna W.D. mewn un gerdd:

> Yng nghreigiau Ardudwy mae cyfoeth yn stôr
> O'r Rhinog i'r Llawlech, rhwng Mawddach a'r môr.

Mae'n wybyddus fod mwyngloddio aur wedi bod yn yr ardal hon ers y 12fed ganrif, ond yn nechreuadau'r 20fed ganrif, fe gyrhaeddodd diwydiant aur sir Feirionnydd ei ben. Ond hwyrach fod aur Ardudwy, a'i lewyrch dros Fawddach a'r môr, yn dal i fod yma i'w ganfod:

> Aur a gwaed ar Hydre' goedydd,
> Aur ar fanadl, aur ar fynydd,
> Aur ym Mawddach, Dduw mawr maddau
> Imi gwyno'i brinned gynnau.[9]

Dwi'n edrych draw am y bryniau yr ydw i'n anelu atyn nhw, a throi i'w cyfeiriad nhw dros bont y tollborth i Benmaenpŵl. Dwi'n talu rhyw ugain ceiniog am y fraint, a rhannu ambell air, yn Gymraeg wrth lwc, efo'r porthmon modern yma sy'n cario peiriant cardiau o gwmpas efo fo. Dwi'n gadael y gymysgedd ryfedd-ond-braf honno o'r cynfyd a'r newyddfyd y tu ôl i mi, a nesáu am gyrion Dolgellau. Am heddiw, dwi'n anwybyddu apêl hynibŷns (bynsen fêl) eiconig Popty'r Dref – achubiaeth i'r seiclwr ar drengi – a pharhau â'r gwaith dringo.

Pe meddwn dalent…

Nid bob amser ydw i'n falch o gael coblyn o allt yn fy wynebu, ond yn yr achos yma, dwi'n ddigon bodlon fy myd. Y ffordd yma i fyny am Lynnoedd Cregennan, ar odreon Cader Idris, yw un o fy hoff lefydd ar feic: y gwaith dringo heb fod yn rhy lafurus, a gwobr werth chweil yn fy aros ar ei diwedd. Mae'n dechrau ar Ffordd Bodlondeb, sy'n esgyn i fyny'n ddigon serth o'r dref farchnad, cyn bod newid yn yr awyrgylch; yr awyr yn lasach, y lôn yn gulach, a'r bryniau o boptu'n gwasgu'n dynnach. Ryw hanner ffordd i fyny, mae 'na faes parcio i'r rhai sydd â'u bryd ar gamu i gopa'r Gader, a man i'r pysgotwyr yn llyn Gwernant. Wedi hynny, mae'n teimlo fel pe bai mwy o ryddid; y bryniau'n crymu rownd â'r dyffryn bron fel powlen i'r dde imi. Glynu at ei ochr chwith mae'r lôn, ac mae'r gwaith dringo mwyaf sylweddol i'w gael rhwng y ddau rid gwartheg; llinyn o lôn gafodd ei henwi'n *sheep poo hill* ar Strava gan rywun heb fawr o ddychymyg.

Ta waeth am hynny; o gyrraedd crib yr allt, mae 'na dri llwybr. Un yn mynd syth ymlaen i gyfeiriad Llwyngwril; ro'n i wedi pasa gwneud hwn ar feic rywbryd, a mi wnes i yrru fy Nain ffor'ma am recce – mi wnaethon ni dreulio dros hanner yr amser yn agor a chau giatiau. Mae'r llall yn lôn ar gyfer beics mwy gwydn, yn werth ei gwneud os gewch chi byth gyfle, gan eich arwain chi at Lanegryn. Troi i'r dde dwi'n ei wneud fodd bynnag, gan ddilyn yr arwydd am Lynnoedd Cregennan. Mae cwpwl o giatiau i fynd drwyddyn nhw fan hyn, gan agor llecyn sy'n teimlo fel byd bach tawel, heddychlon, caeëdig, yng ngwarchodfa'r copaon.

Mae 'na wastad ryw ychydig o fywyd yn perthyn i'r lle;

er nad ydy o'n rhy bell o wareiddiad, mae'n ddigon pell i fod yn ynysig, gan daro cydbwysedd perffaith os 'dech chi'n gofyn i fi. Heddiw 'ma, fel sy'n aml yn wir, mae 'na glwstwr yn 'sgota, ond dwi 'rioed, tan heddiw, wedi gweld criw o arlunwyr yn eistedd o flaen eu canfas yma. Pe meddwn dalent arlunydd, byddai treulio diwrnod braf yn darlunio a dehongli wrth fy modd innau hefyd. Ond wedi meddwl, dyna ydw innau'n ei wneud fel sgwennwr ar gefn ei ddwy olwyn.

Gan adael dedwyddwch byd y llynnoedd y tu ôl i mi, caf weld godidowgrwydd pont y Bermo ar ei hyd, a'r Fawddach yn llusgo'i thraed tua'r môr. Mae modd amgyffred serthedd yr allt am i lawr wrth edrych o'r fan yma; y tir yn prysur rolio dwmbal dambal am y morfa. Afraid dweud fod gofyn hyder a gofal ar ddisgyniad fel hon: mae gofyn cryn ofal rownd y corneli tynion ac wrth ruthro tua'r giatiau, ac mae'n gallu bod reit llithrig pan fydd y tywydd yn fwy simpil nag ydy o heddiw. Daw i ben wrth ddod i stop i ymuno â'r brif lôn yn Arthog.

Dacw Dywyn

Buan wedyn ydw i'n treiglo tua bro Dysynni, a lôn arfordirol sydd, decin i, ymysg yr orau gewch chi yn y gogledd o leiaf. Ond mae pasio'r Friog – lle bydd lefel gynyddol y môr yn gorfodi'i thrigolion i fudo – bob tro'n dod â rhyw chwerwder i felyster y daith; dyma le sydd â stori i gydio yng nghydwybod dyn am effeithiau newid hinsawdd. Yn sir Feirionnydd, gallwn bwyntio at y Friog fel rhybudd clir nad oes unrhyw le'n ddiogel rhag ei grafangau, waeth pa mor ddifater ydy'n cymdeithas, neu o leiaf ein llywodraethau, tuag at y mater. Un o fy hoff linellau o waith W.D. yw'r olaf o'r englyn canlynol, sy'n crisialu'r modd y mae difaterwch yn friw ar gymdeithas:

Y genedl a heuo gyni – cnwd hon
        Cynnud hir drueni;
    Anfadwch a ŵyr fedi,
    Gwae na ŵyr a gywain hi.

'Hau'r Gwynt, Medi'r Corwynt', W.D.W.

Mewn byd chwerw felys, mae'n rhaid cael hyd i'r melys: ac mae'n hawdd dod o hyd iddo yn y parthau yma. Glesni'r dyfroedd a gwyrddni'r bryniau'n cwrdd, a minnau'n pasio drwy bentrefi bychain ag enwau mor swynol: Llwyngwril, Rhoslefain. Yn Rhoslefain, yn hytrach na pharhau ar y brif lôn, os y gellir ei galw'n hynny, dwi'n troi i'r dde rhwng rheseidiau o dai. Mae'r lôn gul oddi yma'n ogoneddus; y gro wedi'i bacio'n dynn, dynn, y caeau gwyrddion yn rholio i mewn i'r môr dan ofal yr awyr las fawr. Yn fy edmygedd o'r olygfa, dwi bron â methu'r drofa wrth orsaf drenau Tonfanau, sy'n fy arwain i ar lwybr dros y foryd yn arbennig i feics, â phont drawiadol yr olwg yn fy nghario dros y llifeiriant.

"Gwaeddodd Deio, dacw Dywyn..." ar linyn o lôn sydd mor wastad â chrempogen, a'r twyni'n wal warchodol ar y dde. Dwi'n barod am ginio erbyn hyn, ac felly mae 'na ryw foddhad i'w gael o weld y dref yn cropian yn nes tuag ata' i. Daw'r lôn i ben wrth y maes carafanau, lle dwi'n troi i'r chwith heibio 'Idris Villas' ac o fanno'n cyrraedd y stryd fawr. Dwi'n penderfynu glanio yn y caffi cynta' dwi'n ei weld ar y chwith. Tan eistedd ar y gadair fetel yn llygad yr haul, o'n i heb sylweddoli cweit pa mor braf o ddiwrnod ydy hi, a pha mor ogoneddus o gynnes ydy hi. Ar fy mhlatiad o fwyd, mae 'na ddau o bob dim fysech chi'n ei ddisgwyl ar blât brecwast... dwy sleisen o facwn, dwy sosej, dau wy, dau *hash brown*, Llyn Tegid o fîns, sudd afal efo rhew ynddo fo, nid llai na phedair sleisen o dôst, a phaned o de Eisteddfodol o gref.

A minnau'n berwi'n yr haul tambaid heb un cwmwl i rwystro'i lif, dwi'n sylweddoli efallai nad dyma'r dewis gorau o ginio. P'run bynnag, dwi'n llawn dop ac wedi ail-lenwi'r stôr egni'n ddigonol ar gyfer y daith ddeugain milltir adre'. Mi wnes i'n sicr lanio ar fy nhraed o ran y dewis o gaffi; pur anaml ydw i'n cael gwasanaeth mor gyfeillgar a chlên â hyn. Heb i mi hyd yn oed orfod gofyn, roedd y sawl oedd yn rhedeg y lle fel sioe un dyn, o be welais i, wedi llenwi fy nwy botel ddŵr ar gyfer gweddill y daith, a phob un gymwynas wedi'i gwneud â gwên fawr ar ei wyneb. Roedd hi'n braf iawn cael fy atgoffa fod 'na bobl o gwmpas sydd jyst yn rili ddiymdrech o glên.

O'r nyth

Wrth i mi ddechrau treulio'r cinio, dwi'n dechrau ar y gwaith pedalu, gan adael y môr y tu ôl i mi a dychwelyd tua'r gwyrddni creigiog. Cyn gadael Tywyn, fodd bynnag, dwi'n pasio Eglwys Sant Cadfan ar y chwith – yn fa'ma, mae'r dystiolaeth gyntaf o'r Gymraeg y gwyddom amdani, a hynny ar faen yn dyddio'n ôl i rywle rhwng y 7fed a'r 9fed ganrif.

Gan fod y gwrychoedd yn y broses o gael eu heillio, does dim modd mynd ar y llwybr beics pwrpasol heddiw, ac felly dwi'n gorfod bodloni ar y brif lôn nes cyrraedd pentref Bryncrug. Fel arfer, byddwn i'n troi i'r dde yn fa'ma a mynd yn syth am Abergynolwyn, ond heddiw, dwi â 'mryd ar y lonydd cefn, tawel, gwledig, ymhell o'r bwrlwm, a'r rheiny'n gwarchod ambell i stori dda.

Mae un ohonynt yng Nghastell y Bere: castell Cymreig cynhenid oedd yn amddiffynfa bwysig i Lywelyn Fawr ac wedyn i Edward yn y 13eg ganrif. Un arall yn Llanfihangel y Pennant, lleoliad o bwys yn y traddodiad Methodistaidd.

Yn fa'ma, cychwynnodd Mari Jones ar ei thaith droednoeth i'r Bala i brynu Beibl gan Thomas Charles (1755-1814) wedi hir gynilo. Y Bala oedd canolbwynt y byd Methodistaidd ym Meirionnydd ar y pryd, cymaint felly y bu i'r emynydd Ann Griffiths gymharu'r dref â Mecca i'r pererinion. Cafodd ymdrech Mari Jones effaith fawr ar Charles, ei mentor mawr, cymaint felly y bu iddo sefydlu Cymdeithas y Beibl, a'r egwyddor honno o 'Feibl i bawb o bobl y byd' yn parhau hyd heddiw yng ngwaith cenhadol y mudiad. Mae'r traddodiad crefyddol ym Meirion yn bennaf Ymneilltuol neu Fethodistaidd, ond yn gymharol amrywiol ei henwadaeth. Yr enghraifft amlycaf o hynny fyddai traddodiad y Crynwyr yn ardal Dolgellau (sy'n gyfarwydd i ddarllenwyr *Y Stafell Ddirgel* gan Marion Eames) – hwnnw hefyd wedi ymestyn ei fraich tua'r byd. Mae Bryn Mawr ger Philadelphia, lleoliad un o'r colegau mwyaf blaengar o ran darparu addysg uwch i ferched yn yr Unol Daleithiau, wedi'i enwi ar ôl ystâd y Crynwr Rowland Ellis, a ffodd yno ym 1687.

Dydy Castell y Bere na Llanfihangel y Pennant ddim yn union ar y lôn hyfryd yma sy'n driw i drywydd afon Dysynni, ond yn hytrach yn gofyn am ambell wyriad er mwyn eu cyrraedd o'r gyffordd ar droed Craig yr Aderyn. Mae'r lôn yn wastad ar lawr y dyffryn yn arwain ato, gan roi'r bryncyn trawiadol reit yng nghanol y llwyfan. Credir fod y môr yn cyrraedd cyn belled â'r fan hyn ers talwm, ac o'r herwydd, fod bilidowcar yn dal i nythu yma – yr unig le mewndirol y gwyddys amdano ym Mhrydain lle bo hynny'n wir.[10] Ar ôl y gyffordd honno, mae 'na ychydig o allt i 'nghodi fi uwchlaw'r dyffryn, gan olygu bod tipyn o hwylio i lawr i bentref Abergynolwyn.

Y Drindod / Y Bwlch

Mae'n hysbys, wedyn, fod cryn dipyn o waith dringo'n fy wynebu, os am gyrraedd adref mewn un darn; trindod o ddringfeydd i orffen arlwy'r dydd, bron fel petai'n gymal allweddol yn nhrydedd wythnos y Tour de France. Digon graddol yw'r llethr i gychwyn, ond mae'n dal i deimlo fel gorchwyl, wrth i raddfa'r gyntaf o'r rheiny, Bwlch Llyn Bach, ymrithio wrth amgylchynu dyfroedd Llyn Myngul (weithiau Llyn Tal y Llyn). Dim ond wrth ymuno â'r A487 y mae'r gwaith dringo 'go iawn' yn dechrau, ac er nad ydy hi byth yn rhy serth, mae o'n dal i gnoi'r coesau. Ar ben hynny, mae llif y traffig yn tynnu oddi ar y mwynhad, yn ychwanegu at y straen o fod eisiau cyrraedd y copa cyn gynted ag y bo modd, ac felly does fawr o gyfle i fwynhau ysblander yr olygfa chwaith. Dynodir diwedd y gwaith dringo, am y tro, gan faes parcio arall i'r rhai sy'n ymgodymu â llethrau Cader Idris, cyn bod 'na fymryn o ysbaid i'w gael nes tafarn y Cross Foxes.[11]

Mae'r ail o'r tair dringfa'n cychwyn wrth y Cross Foxes, wrth i mi droi i'r dde ar yr A470; yn naturiol ddigon, mae'n rhaid dewis yn ddoeth pa bryd i fynd ffor'ma, rhag cael fy mygu gan draffig diddiwedd. Wrth lwc, dydy pethau ddim rhy ddrwg heddiw, ar bnawn dydd Iau dibwys ddiwedd Mehefin. Bydd unrhyw un sy'n gyfarwydd â phrif wythïen Cymru'n gyfarwydd â thirlun trawiadol Bwlch yr Oerddrws; y lôn yn codi'n raddol i gychwyn, cyn bod mymryn o ysbaid yn y pant lle mae fferm a blwch ffonio ar y chwith, cyn un ergyd olaf i gyrraedd y copa. Dau fwlch o'r tri wedi'u cwblhau, a dwi'n dargyfeirio'n ôl at eiriau W.D., sgwennodd yntau ar fwlch, gan weld paralel â Christnogaeth. Mae ffydd yn amlwg yng ngwaith y ddau, ei bwysigrwydd i W.D. wedi'i etifeddu gan Taid ar yr aelwyd (er, roedd brawd Taid, Iolo, hefyd yn fardd a gwyddonydd, yn anffyddiwr).*

Amled fu bwlch a chopa
Yn hanes ein crefydd ninnau;
Mae bylchau'n hanwybod a'n hangof
Yn amlycach na'n gwybod prin.

Da gwyddom mai esgyn acw
A disgyn i lawr dro arall
Fu hynt a helynt ein crefydd
O'r dechrau yng Nghanan draw.[12]

Ar ôl yr esgyn, mae'r disgyn i lawr yn cychwyn, a'r olygfa'r ochr yma i'r bwlch lawn cystal. Wedi cryn ofal o gwmpas y corneli tynn tua'r top, mae'r cyfuniad o'r graddiant ac arwyneb y ffordd yn creu un o'r disgyniadau cyflymaf gewch chi, a'r adrenalin yn berwi ar ruthr tua Dinas Mawddwy. Dwi reit siŵr mai yn fa'ma dwi wedi gweld y cyflymder uchaf ar fy nghyfrifiadur bach ar feic yng Nghymru beth bynnag (cwta 50mya).

Dwi'n dianc o'r A470 a brysio drwy Dinas – gallwn i fod wedi stopio yn y siop neu'r caffi neu'r dafarn am hwb o egni – ac yn parhau â'r gwaith o gyrraedd y drydedd ddringfa, a'r olaf, sef Bwlch y Groes – y drwgenwog. Ar lawr cwm Cywarch, mae digon o donnau'n y lôn i gadw'r coesau'n effro, nes cyrraedd pentref dymunol Llanymawddwy. Os dod o'r Bermo i fa'ma y gwnes i, i'r gwrthwyneb yr aeth David Roberts (1875-1956), Telynor Mawddwy, a mynd yn gymydog i W.D. a'r teulu. Mae cryn sôn am berthynas agos

* Roedd Yncl Iolo, Iolo Wyn Williams, hefyd yn fardd uchel ei fri. Enillodd Y Fedal Wyddoniaeth a Thechnoleg yn Eisteddfod Genedlaethol Sir y Fflint a'r Cyffiniau yn 2007, yn arbennig am ei gyfraniad i'r defnydd o'r Gymraeg yn y maes. Ceir rhagor am ei fywyd a'i waith yn nheyrnged John Llywelyn Williams iddo yn rhifyn Tachwedd 2024 o gylchgrawn *Barn*.

rhyngddynt; fy hen daid yn gwirioni ar y modd y byddai'n canu gyda'i delyn, ac yn lleyg bregethu, ar lan y môr yn y Bermo.

> Tyner rhwng hwrdd y tonnau – ar fin nos
> Rhoi fwynhad â'i geinciau;
> Awelon a droi'n hwyliau,
> A doi y sêr i'w dwysáu.

Symud i'r Bermo ym 1909 ar ôl priodi wnaeth Telynor Mawddwy, ac yntau'n ddall ers yn chwech oed pan gafodd o'r frech goch.[†] Fe'i hystyrir yn arloeswr yn y grefft o ganu gyda'r tannau, yn bennaf diolch i ddau o'i weithiau, *Y Tant Aur* a *Cainc y Delyn* a gyhoeddwyd rhwng 1911 a 1916. Trawsnewidiodd "hen ffurf lafar draddodiadol i gelfyddyd fwy bwriadus ac ysgrifenedig" sol-ffa a hen nodiant, a hynny'n allweddol i adfywiad a goroesiad y grefft.[13] Mae mainc er cof amdano yn y Bermo hyd heddiw, a chwpled o eiddo W.D. arni.[14]

Yn ôl i Lanymawddwy, ac i'r presennol. Y tŷ olaf yr af i heibio iddo fo ydy 'Tŷ Olaf'. Y tŷ olaf cyn beth? I ychwanegu at y tensiwn a'r ddrama a'r miwsig dramatig sydd wastad yn chwyrlïo yn fy nychymyg fan hyn, mae'n ymgysgodi, yn fwy sinistr rywsut, ac ymhen ychydig mae'r ddringfa ei hun i'w gweld ar ei hyd i'r dde imi, fel rhyw neidr wedi glynu'i hun at lethrau'r Aran. Os fuodd 'na erioed le addas i ddefnyddio'r ferf ddisglair 'nadreddu', dyma hi. Mi gewch chi syniad go lew o'r serthedd a'r her o'ch blaen wrth edrych o fa'ma... *"the most continuously steep stretch of tarmac in Britain"*.[15] Mae'r cwbl lot yn ychwanegu at y tensiwn. Gor-ddramateiddio ydw i wrth gwrs, 'mond ffordd rhwng

† Na ffwndrer â thelynorion dall eraill. Dichon mai Y Telynor Dall enwocaf fyddai John Parry, Parri Ddall, Rhiwabon (1710?-1782). Telynor Dall Caernarfon oedd Richard Roberts (1769-1855).

Llanuwchllyn a Dinas Mawddwy ydy hi wedi'r cwbl, nid her fawr yn yr *Hunger Games*.

Milltir a hanner o ddringo sydd, a graddiant cyfartalog o 13.5% os ydy hynny o bwys i chi. Mae'r cwbl yn dechrau efo coblyn o fachdro tua'r dde, ac wedi dod dros yr her gychwynnol honno, mae'r cwbl lot yn ymagor, a'r haul ar fy nghefn i beri amodau dringo chwilboeth. Mae'r graddiant yn dal i frathu am sbel, ond yn gostegu fymryn lleiaf wrth ddynesu at y grid gwartheg. Nid bob tro ydw i'n llwyddo i gwblhau'r ddringfa ar ei hyd heb orfod stopio i gael fy ngwynt ataf, ond dwi'n cael fy ngorfodi i stopio heddiw wrth i ddau gar drudfawr gwrdd. Fi, y seiclwr, sy'n cael y bai am yr anhawster i basio'i gilydd, wrth gwrs. *"Are all cyclists stupid, or is it just you?"* ydy'r waedd lawn poer dwi'n ei chael gan un o'r gyrwyr.

Dwi'n diolch am aer glân i'w anadlu a'i deimlo ar fy mochau. Mae fy anadlu'n llafurus, yn drwm, ond ddim fel pe bai'n dianc i wactod chwaith; dwi'n teimlo bod mwy na dim ond y defaid yn gwmnïaeth. Mae gofyn tyrchu i ddyfnderoedd fy ngallu, fy egni, fy amynedd, fy ngwytnwch; mae seiclwyr cadarnach eu ffydd Gristnogol na fi yn sôn mai mewn sefyllfaoedd fel'ma y maen nhw'n teimlo agosaf at eu ffydd, neu at Grist, gan efelychu'r dioddefaint ar y ddringfa i Galfari.[16]

Mae rhan ganol y ddringfa'n lladdfa, yn artaith. Pur anaml ydw i'n gorfod ymrafael â 'meic yn y fath fodd, ond er mwyn parhau i symud. Ysgwydd yn ysgwydd â'r bariau metal, mae'r llethr gryn dipyn yn uwch na'r cyfartaledd, ac mae'n fater o oroesi. Os gyrhaeddwch chi cyn belled â'r gyffordd am Lyn Efyrnwy – llongyfarchiadau, yn un peth – mae'r graddiant yn gostegu ryw fymryn, ac fesul pob tro o'r pedal, mae'r ymdeimlad o gyflawniad ac o gyrhaeddiad yn gafael yn dynnach ac yn dynnach. Mae'r teimlad o gyrraedd pen y Bwlch wedyn, a'i olygfa i lawr am gwm Cynllwyd a thu hwnt tua'r Arenig a'r Rhinogydd, nesa' peth at orfoledd pur. Dwi'n dychmygu fy hun yn sefyll yn llun Iwan Bala; dwi'n gwybod yn iawn lle ydw i, yn 'nabod siâp yr Arenig yn rhy dda, yn gweld geiriau Taid ar ei llechweddi. Dwi'n gweld adre.

Dwi'n aros yma am sbel, yn cymryd ennyd i werthfawrogi'r hyn sydd o 'mlaen; byw yn y funud, a hynne i gyd. Dwi'n cael sgwrs hir â chyd-seiclwr clên iawn, ac mae fy ffydd i yn y ddynoliaeth wedi'i hadfer ryw ychydig ar ôl episod y gyrrwr blin. Fel cysyniad W.D. o'r bwlch, efallai mai felly y mae fy ffydd innau yn y ddynoliaeth yn gweithio; yn esgyn un tro, yn disgyn dro arall. Efallai mai dyma'r cysyniad ddylai roi ffydd ynof am ddyfodol y ddynoliaeth hefyd; fod esgyn a disgyn yn anochel rhwng pant a bryn.

O fanno wedyn, mae'n ddeng milltir rwydd a ffyddlon yn ôl am adre; i lawr drwy Gynllwyd i gyrion Llanuwchllyn, cyn troi i'r dde i weld y llyn yn ei gyfanrwydd, a dilyn trywydd y rheilffordd heibio Pentrepïod a thrwy Langywer.

Buan iawn wedyn ydw i'n cyrraedd adre, wedi syrthio mewn cariad o'r newydd â sir Feirionnydd, a digon o amser i gael fy hun yn barod am bractis côr. Ma' bywyd yn go lew, 'ndi?

Dymunol ar ddwy olwyn – ydy dal
dy olau ar ddarlun
o'n bro; a gweld pant a bryn
ein gwynle. Awn i'w ganlyn.

G.a.O

Cychwyn: Y Bala

Gorffen: Y Bala

Pellter: 176km (110 milltir)

Dringo: 2,260m (7,415tr)

Amser gymerodd i mi, heb gynnwys egwyl: 8 awr, 7 munud

Llyfryddiaeth

Cyffredinol

Brooks, Simon. *Hanes Cymry: Lleiafrifoedd Ethnig a'r Gwareiddiad Cymraeg*. Gwasg Prifysgol Cymru, 2021.

Chetty, Darren, Grug Muse, Hanah Issa, ac Iestyn Tyne, goln. *Welsh (Plural): Essays on the Future of Wales*. Repeater, 2022.

Davies, John. *Hanes Cymru*. 1992. Ailargraffiad, Penguin, 2007.

Morris, Jan. *The Matter of Wales*. Gwasg Prifysgol Rhydychen, 1984. Ailargraffwyd *Wales: Epic Views of a Small Country*. Penguin, 2000.

Owen, Hywel Wyn, a Richard Morgan. *Dictionary of the Place-Names of Wales*. Gomer, 2007.

Warren, Simon. *Cycling Climbs of Wales: A Road Cyclist's Guide*. Frances Lincoln, 2016.

Winn, Christopher. *Wyddwn i Mo Hynna Am Gymru*. Addaswyd gan Siân Northey. Cymdeithas Lyfrau Ceredigion, 2008.

Llyfryddiaeth ddethol

I. Gororau *ym Maesyfed*

Payne, Ffransis G. *Crwydro Maesyfed: Rhan I*. Llyfrau'r Dryw, 1966.

Conradi, Peter J. *At the Bright Hem of God: Radnorshire Pastoral*. Llyfrau Seren, 2009.

Parker, Mike. *All the Wide Border: Wales, England and the Places Between*. Harper North, 2023.

II. Mawrhad *yng Ngwent*

Cadw. "Arwyr ac Arwresau Cymru: Sidney Gilchrist Thomas." *Dilyn Ôl Troed*, 2013. https://cadw.llyw.cymru/sites/default/files/2019-05/Sidney_Gilchrist_Thomas_CY.pdf.

Carlyle, Thomas. *On Heroes, Hero-Worship, and the Heroic in History*. Golygwyd gan David R. Sorensen a Brent E. Kinser. Gwasg Prifysgol Iâl, 2013.

Thomas-Symonds, Nick. *Nye: The Political Life of Aneurin Bevan*. IB Tauris, 2014.

III. Un drofa fer ar yrfa faith *yn sir Benfro*

Blaxland, Sam. *The Conservative Party in Wales: 1945-1997*. Gwasg Prifysgol Cymru, 2024.

Lazarsfeld, Paul F., a Robert K. Merton. "Friendship as a Social Process: A Substantive and Methodological Analysis." yn M. Berger, T. Abel, a H. Charles, goln., *Freedom and Control in Modern Society*. Van Nostrand, 1954.

Williams, E. Llwyd. *Crwydro Sir Benfro: Y Rhan Gyntaf*. Llyfrau'r Dryw, 1958.

Williams, Waldo. *Dail Pren*. Gwasg Aberystwyth, 1956.

IV. Gweld y gorwel *yn Arfon*

Cymru Fu. Hughes a'i Fab, 1862.

Parry-Williams, Thomas Herbert. *Detholiad O Gerddi*. Gomer, 1972.

Price, Angharad. *Ffarwél i Freiburg - Crwydriadau Cynnar T.H. Parry-Williams*. Gomer, 2013.

Prichard, Caradog. *Un Nos Ola Leuad*. 1961. Ailargraffiad, Y Lolfa, 2021.

Parry-Williams, Thomas Herbert. *Casgliad o Ysgrifau*. Gomer, 1984.

Roberts, Kate. *Traed Mewn Cyffion*. 1936. Ailargraffiad, Gomer, 2014.

Sefydliad Bevan. "Tlodi yn Arfon yn yr 21ain ganrif: Datrysiadau cyfoes ar gyfer hen her," Awst 2023. https://www.bevanfoundation.org/wp-content/uploads/2023/08/Poverty-in-Arfon-draft-2-CYM.pdf.

V. Heddwch hon *yn sir Fôn*

Borrow, George. *Wild Wales*. Golygwyd gan Theodore Watts-Dunton. 1862. Ailargraffiad, Project Gutenberg eBook, 2011. https://www.gutenberg.org/files/37665/37665-h/37665-h.htm#page186.

Gwynfryn, Hywel, gol. *Cerddi Môn (Cyfres Cerddi Fan Hyn)*. Gomer, 2003.

Jones, Bobi. *Crwydro Môn*. Llyfrau'r Dryw, 1957.

Parri, Harri. *Gwn Glân a Beibl Budr - John Williams, Brynsiencyn, a'r Rhyfel Mawr*. Gwasg y Bwthyn, 2014.

VI. A phob un yn aelodau i'w gilydd *yn nyffryn Conwy*

Bullough, Tom. *Sarn Helen: A Journey Through Wales, Past, Present and Future*. Granta, 2023.

Evans, Hugh. *Cwm Eithin*. Gwasg y Brython, 1950.

Higgs, John. *Watling Street: Travels Through Britain and Its Ever-Present Past*. Weidenfeld & Nicolson, 2018.

Ignatieff, Michael. *Blood and Belonging: Journeys Into the New Nationalism*. Vintage, 1994.

Owain, Eryl. *Tŷ Mawr, William Morgan, a'r Wybrnant*. Gwasg Carreg Gwalch, 2022.

Quartermaine, Jamie, Barrie Stuart Trinder, a Rick C. Turner. *Thomas Telford's Holyhead Road: The A5 in North Wales*. Cadw, 2003.

VII. Ffantasia'r seiclwr cerddorol *ym Morgannwg*

Jobbins, Siôn. *The Welsh National Anthem*. Y Lolfa, 2013.

Jones, Eric. *David Vaughan Thomas*. Gwasg Carreg Gwalch, 2023.

Roberts, Gomer Morgan. *Crwydro Blaenau Morgannwg*. Llyfrau'r Dryw, 1962.

VIII. Ymlaen â fo *ym Mrycheiniog*

Hibbard, James. *The Art of Cycling*. Quercus, 2022.

Lewis, Caryl. *Bitter Honey*. Doubleday, 2025.

Williams, Alun Llywelyn. *Crwydro Brycheiniog*. Llyfrau'r Dryw, 1964.

Williams, Iolo. *Llyfr Natur Iolo*. Gwasg Carreg Gwalch, 2007.

Williams, Raymond. *People of the Black Mountains I*. Chatto & Windus, 1989.

Williams, Raymond. *People of the Black Mountains II*. Chatto & Windus, 1990.

IX. A'r alawon hen yn fyw *yng Nghlwyd*

Davies, Grahame. *Adennill Tir*. Cyhoeddiadau Barddas, 1997.

Jeal, Tim. *Stanley: The Impossible Life of Africa's Greatest Explorer*. Faber, 2008.

Taylor, Lucy. *Global Politics of Welsh Patagonia: Settler Colonialism from the Margins*. Gwasg Prifysgol Cymru, 2025.

X. Ledia'r ffordd *yn sir Gâr*

Davies, Aneirin Talfan. *Crwydro Sir Gâr*. Llyfrau'r Dryw, 1955.

Jones, Rhian E. *Rebecca's Country: A Welsh Story of Riot and Resistance*, 2024.

Mair, Bethan, gol. *Cerddi Sir Gâr (Cyfres Cerddi Fan Hyn)*. Gomer, 2004.

Morgans, Delyth G. *Cydymaith Caneuon Ffydd*. Pwyllgor y Llyfr Emynau Cydenwadol, 2006.

"PICKETS, POLICE AND POLITICS." *THE MINERS' STRIKE 1984-1985*, n.d. https://museum.wales/media/9753/strike-en.pdf.

XI. Parhad *yn Llŷn ac Eifionydd*

Evans-Jones, Gareth. "The 'descendant of Ham': A critical analysis of the biography of John Ystumllyn by Alltud Eifion." In *Globalising Welsh Studies: Race, Ethnicity, Wales and the World*, golygwyd gan Neil Evans a Charlotte Williams. Gwasg Prifysgol Cymru, 2025.

Parry, Gruffudd. *Crwydro Llŷn ac Eifionydd*. Llyfrau'r Dryw, 1960.

Wyn Jones, Richard. *Rhoi Cymru'n Gyntaf: Syniadaeth Plaid Cymru (Cyfrol 1)*. Gwasg Prifysgol Cymru, 2007.

XII. Cadw'r Fflam yn Fyw *ym Maldwyn*

Ellis, T.I. *Crwydro Maldwyn*. Llyfrau'r Dryw, 1957.

Howells, Nerys Ann, gol. *Gwaith Gwerful Mechain ac Eraill*. Gwasg Prifysgol Cymru, 2001.

Morris, William, gol. *Cofio Ann Griffiths*. 1955.

Vaughan-Thomas, Wynford. *Madly in All Directions*. Longmans, 1967.

XIII. Anhreuliedig haul *yng Ngheredigion*

Gottschall, Jonathan. *The Storytelling Animal: How Stories Make Us Human*. Mariner, 2013.

Leeworthy, Daryl. *A Little Gay History of Wales*. Gwasg Prifysgol Cymru, 2019.

Osborne, Huw. *Queer Wales: The History, Culture and Politics of Queer Life in Wales*. Gwasg Prifysgol Cymru, 2016.

Tyne, Iestyn. *Y Cyfan a Fu Rhyngom Ni: Ar Lwybrau 'Atgof' Prosser Rhys*. Gwasg y Bwthyn, 2025.

Caniadau Cranogwen. Robert Oliver Rees. 1870.

XIV. Llawenydd y daith *ym Meirionnydd*

Llewelyn, Haf. *Salem*. Y Lolfa, 2023.

Northey, Siân a Cynan Jones. *Cerddi Meirionnydd (Cyfres Cerddi Fan Hyn)*. Gomer, 2006.

Williams, Iwan Bryn. *Awen a Bri Iwan Bryn*. Golygwyd gan Arwel Emlyn Jones. Cantref, 2022.

Williams, William David. *Rhyw Bwt o Lawr y Betws*. Gomer, 1975.

Nodiadau

I. Gororau *ym Maesyfed*

1 Conradi, *At the Bright Hem of God,* 18.
2 Payne, *Crwydro Maesyfed*, 15.
3 Conradi, *At the Bright Hem of God,* 11. Fy nghyfieithiad i o '[...] Wales's Empty Quarter – also known both as the Green Desert, and as "miles and miles of bugger all."'
4 Payne, *Crwydro Maesyfed*, 122.
5 Davies, *Hanes Cymru*, 119.
6 Morris, *Wales*, 177-179.
7 Davies, *Hanes Cymru*, 119.
8 Conradi, *At the Bright Hem of God*, 120.
9 Conradi, *At the Bright Hem of God*, 192.
10 Payne, *Crwydro Maesyfed*, 123.
11 Davies, *Hanes Cymru*, 317.
12 Conradi, *At the Bright Hem of God*, 108.
13 Conradi, *At the Bright Hem of God*, 103.
14 William Boddy, "A Pioneer Welsh Motor Business," *MotorSport*, Gorffennaf 1963.
15 "Victorian Llandrindod - Tom Norton's Cycle Depot," Gwefan Hanes Cyngor Sir Powys, n.d., http://history.powys.org.uk/school1/llandrindod/nortons.shtml.
16 *Staff cwmni Tom Norton Ltd, tua'r flwyddyn 1910*, n.d., *Casgliad Y Werin Cymru*, n.d., https://www.casgliadywerin.cymru/items/10788.
17 Winn,*Wyddwn i Mo Hynna Am Gymru*, 56.
18 Payne, *Crwydro Maesyfed*, 47.
19 Parker, *All the Wide Border*, 220. Fy nghyfieithiad i o "A politics as blurry as the border."
20 Parker, *All the Wide Border*, 201.
21 Ibid.
22 Conradi, *At the Bright Hem of God*, 129.
23 "Prepare for the battle of the batteries," *The Telegraph*, Ebrill 29, 2006.
24 Winn,*Wyddwn i Mo Hynna Am Gymru*, 57.
25 "National identity: Census Maps, ONS," Swyddfa Ystadegau Gwladol, 2021, https://www.ons.gov.uk/census/maps/choropleth/identity/national-identity/national-identity-all-9a/british-only-identity.
26 Davies, *Hanes Cymru*, 120.

II. Mawrhad *yng Ngwent*

1 Sara Atwood, "'Leading Human Souls to What Is Best': Carlyle, Ruskin, and Hero-Worship", yn *On Heroes, Hero-Worship, and the Heroic in History*, goln. David R Sorensen a Brent E Kinser (Gwasg Prifysgol Iâl, 2013), 240.
2 Carlyle, *On Heroes, Hero-Worship, and the Heroic in History*, 41.
3 Davies, *Hanes Cymru*, 533.
4 Cadw, "Arwyr Ac Arwresau Cymru: Sidney Gilchrist Thomas."
5 Ibid.
6 "Bevan yw dewis y bobol," *BBC Cymru*, Mawrth 2, 2004, http://news.bbc.co.uk/welsh/hi/newsid_3520000/newsid_3524100/3524175.stm.
7 Richard Wyn Jones, "Why does Labour always win in Wales? Explaining 100 years of single party dominance.," Tachwedd 15, 2022, https://www.youtube.com/watch?v=tb0iEDuWxgc.
8 Alan Arian a Samuel H. Barnes, "The Dominant Party System: A Neglected Model of Democratic Stability," *The Journal of Politics* 36, rhif 3 (Awst 1, 1974), 595.
9 Graham Seal, *The Outlaw Legend: A Cultural Tradition in Britain, America and Australia* (Gwasg Prifysgol Caergrawnt, 1996).
10 "Y Farteg: should the village of Varteg change its name?," *The Guardian*, Medi 25, 2013.
11 "Lord Nelson's Visits to Monmouth," *Memorials of Monmouth* 4 (1955): 1, https://monmouthhistory.co.uk/wp-content/uploads/2023/03/Nelson-in-Monmouth-1802.pdf.
12 "Hanes Y Cymin," Yr Ymddiriedolaeth Genedlaethol, n.d., https://www.nationaltrust.org.uk/cy/visit/wales/the-kymin/hanes-y-cymin.
13 Marion Löffler, "HALL, AUGUSTA, Arglwyddes Llanofer ('Gwenynen Gwent') (1802-1896), noddwraig diwylliant a dyfeisydd y wisg genedlaethol Gymreig," yn *Y Bywgraffiadur Cymreig*, 2016.
14 Carlyle, *On Heroes, Hero-Worship, and the Heroic in History*, 112.

III. Un drofa fer ar yrfa faith *yn sir Benfro*

1 Mike Parker Pearson et al., "Craig Rhos-y-felin: a Welsh bluestone megalith quarry for Stonehenge," *Antiquity* 89, rhif 348 (2015): 1331–52.
2 Brian John, "The Stonehenge Bluestones Did Not Come From Waun Mawn in West Wales," *The Holocene* 34, rhif 7 (Mawrth 20, 2024): 895–907.
3 Brian John, "Y Frwydr yn yr Awyr," *Bryniau'r Preseli - Parc Cenedlaethol Arfordir Penfro*, n.d., https://www.arfordirpenfro.cymru/y-parc-cenedlaethol/diwylliant-a-threftadaeth/gwlad-y-chwedlau/bryniaur-preseli/.
4 John Geraint, "A brief history of Welsh pop icon Corona," *Nation.Cymru*, Hydref 29, 2024, https://nation.cymru/feature/a-brief-history-of-welsh-pop-icon-corona-3/.

5 Ibid.
6 Hedd Ladd-Lewis, "GWREIDDIAU'R ACHOS: CAPEL Y BEDYDDWYR, BLAENFFOS: 1740 – 1851" *Cymdeithas Hanesyddol Sir Penfro*, n.d., https://www.pembrokeshirehistoricalsociety.co.uk/gwreiddiaur-achos-capel-y-bedyddwyr-blaenffos-1740-1851/.
7 Williams, *Crwydro Sir Benfro*, 56.
8 Ibid., 58.
9 Ibid., 48.
10 Gwynn ap Gwilym ac Alan Llwyd, gol., *Blodeugerdd o Farddoniaeth Gymraeg yr Ugeinfed Ganrif* (Gomer, 2010), 25.
11 Williams, *Crwydro Sir Benfro*, 46.
12 Ibid., 39.
13 David Balsom, "The three-Wales model," yn *The National Question Again: Welsh Political Identity in the 1980s*, gol. John Osmond (Gomer, 1985).
14 George E. P. Box and Norman R. Draper, *Empirical Model-Building and Response Surfaces* (Wiley-Blackwell, 1987), 424.
15 Winn,*Wyddwn i Mo Hynna Am Gymru*, 16.
16 Ibid., 17.
17 R. Geraint Gruffydd, *'Edmyg Dinbych' : Cerdd Lys Gynnar O Ddyfed (Darlith goffa J.E. Caerwyn a Gwen Williams)*, (Canolfan Uwchefrydiau Cymreig a Cheltaidd Prifysgol Cymru, 2002).
18 Judith Mackrell, "Fights, Flings and Fabulous Paintings: How Sibling Rivals Augustus and Gwen John Exasperated Each Other," *The Guardian*, Mehefin 4, 2025, https://www.theguardian.com/artanddesign/2025/jun/02/how-sibling-rivals-augustus-and-gwen-john-tormented-each-other.
19 Ibid.
20 Cecily Langdale, *Gwen John: With a Catalogue Raisonné of the Paintings and a Selection of the Drawings* (Gwasg Prifysgol Iâl, 1987).
21 Williams, *Crwydro Sir Benfro*, 46.
22 Grŵp Treftradaeth Maenclochog, "MAENCLOCHOG ROSEBUSH/RHOS-Y-BWLCH LLAN-Y-CEFN," *Planed*, 2010, https://planed.org.uk/wp-content/uploads/2023/10/maenclochog-for-web.pdf.
23 Tim Palmer, "Maenclochog Named One of the Best Places to Live in the UK 2025," *The Sunday Times*, Mawrth 21, 2025.
24 Alan Llwyd, *Waldo - Cofiant Waldo Williams 1904-1971* (Y Lolfa, 2014), 17.
25 Hefin Wyn, *Ar Drywydd Waldo (Ar Gewn Beic)* (Y Lolfa, 2012), 13.

IV. Gweld y gorwel *yn Arfon*

1 Roberts, *Traed Mewn Cyffion*, 160.
2 Sefydliad Bevan, "Tlodi yn Arfon yn yr 21ain Ganrif: Datrysiadau Cyfoes ar Gyfer Hen Her."
3 Ibid.

4 Ibid.
5 Llywodraeth Cymru, *Y Gymraeg yng Nghymru (Cyfrifiad 2021)*, 2022.
6 Fy nghyfieithiad i, wedi'i ddefnyddio â chaniatâd Grug, o ddetholiad o'i hysgrif 'Datganoli/Devolution' yn Chetty et al., *Welsh (Plural): Essays on the Future of Wales*, 106-7.
7 Davies, *Hanes Cymru*, 298.
8 T.H. Parry-Williams, 'Drws y Coed,' yn *Casgliad o Ysgrifau* (Gomer, 1984), 116.
9 T.H. Parry-Williams, 'Santa Fe', yn *Detholiad o Gerddi* (Gomer, 1972), 60.
10 Ibid., 89
11 Price, *Ffarwél i Freiburg*, 6.
12 Prichard, *Un Nos Ola Leuad*, 34.
13 *Cymru Fu*, 108.
14 Brooks, *Hanes Cymru*, 150.
15 Caroline Sullivan, Adolygiad o 'Mwng' yn "Other Pop Releases," *The Guardian*, Ebrill 28, 2000, https://www.theguardian.com/friday_review/story/0,,214839,00.html.
16 Cledwyn Jones, *O Na Byddai'n Haf O Hyd: hanes cerddoriaeth yn Nyffryn Nantlle* (Gwasanaeth Llyfrgell Cyngor Sir Gwynedd, 1991).

V. Heddwch hon *yn sir Fôn*

Daw teitl yr ysgrif o'r gerdd y dyfynnir ohoni yn yr epigraff.

1 Gwynfryn, *Cerddi Môn*.
2 Emyn 867 ar dôn 699 yn *Caneuon Ffydd*.
3 Jones, *Crwydro Môn*.
4 Gwynfryn, *Cerddi Môn*.
5 Diolch i Iwan Kellett am fy ngoleuo i. Virginia Crosbie (Ceidwadwyr) yn 2024, felly, oedd y gyntaf i golli ei sedd mewn etholiad cyffredinol yma ers Megan Lloyd George (Rhyddfrydwyr). Llinos Medi (Plaid Cymru) enillodd le Crosbie yn San Steffan o ryw 600 pleidlais. Cledwyn Hughes gurodd Megan Lloyd George, hefyd o gwta 600 pleidlais digwydd bod ym 1951, a dal y sedd tan 1979, pan enillodd Keith Best (Ceidwadwyr). Ieuan Wyn Jones (Plaid Cymru) gymerodd ei le ym 1987, ac Albert Owen (Llafur) wedyn yn dal y sedd o 2001 i 2019.
6 Eto, diolch i Iwan am ei fanylder i gyfoethogi'r ysgrif. A ga' i fanteisio ar y cyfle i ddiolch i Gwïon, Siwan, a Rhian am y croeso cynnes ym Mrynteg, roes gyfle i mi ddod i adnabod yr ardal yn well.
7 Borrow, *Wild Wales*, 186.
8 David Gwenallt Jones, "OWEN, GORONWY (1723 - 1769), Clerigwr a Bardd," yn *Y Bywgraffiadur Cymreig*, diwygwyd 2023, https://bywgraffiadur.cymru/article/c-OWEN-GOR-1723.

9 "The Sinking of the Royal Charter," National Museums Liverpool, n.d., https://www.liverpoolmuseums.org.uk/sinking-of-royal-charter.
10 Eto, diolch i Iwan am ei arbenigedd.
11 Estyn, Arolygiaeth Ei Fawrhydi dros Addysg, "Adroddiad ar Ysgol Gymuned Moelfre," 2023, https://www.estyn.llyw.cymru/system/files/2023-05/Adroddiad%20arolygiad%20Ysgol%20Gymuned%20Moelfre%202023.pdf.
12 Aberffraw Biscuit Co, "Bisged Aberffraw," Mehefin 29, 2023, http://www.aberffrawbiscuits.com/cymraeg-bisged-aberffraw/.
13 Gwynfryn, *Cerddi Môn*.
14 Grosby, Steven. "Motherland, Fatherland, and Homeland" yn *Nationalism: A Very Short Introduction*, 43–56. Gwasg Prifysgol Rhydychen, 2005.
15 Parri, *Gwn Glân a Beibl Budr*, 31.
16 Ibid., 32.
17 Ibid., 45.
18 Ibid., 153-4.
19 Ibid., 180-1.

VI. A phob un yn aelodau i'w gilydd *yn nyffryn Conwy*

Daw teitl yr ysgrif o Rhufeiniaid 12:5, Beibl William Morgan: "Felly ninnau, a ni yn llawer, ydym un corff yng Nghrist, a phob un yn aelodau i'w gilydd."

1 J.R. Jones, *Yr Ewyllys i Barhau (Anerchiad a draddodwyd i Gymdeithas yr Iaith yn Eisteddfod y Barri, 1968)* (Cyfres Ddigidol y Coleg Cymraeg Cenedlaethol, 2015), 6.
2 Llywodraeth Cymru, *Y Gymraeg yng Nghymru (Cyfrifiad 2021)*, 2022.
3 Quartermaine, Trinder, a Turner, *Thomas Telford's Holyhead Road: The A5 in North Wales*, 39.
4 Higgs, *Watling Street: Travels Through Britain and Its Ever-Present Past*, 315.
5 D. R. Wilson a R. P. Wright, "Roman Britain in 1963," *The Journal of Roman Studies* 54, rhif 1–2 (Tachwedd 1, 1964): 152–85, 152.
6 Quartermaine, Trinder, a Turner, *Thomas Telford's Holyhead Road*, 34.
7 Ibid., 193.
8 Mawr ddiolch i Branwen am fy nghyflwyno i i'r gyfrol arbennig yma (a sawl un arall).
9 Bullough, *Sarn Helen*, 6.
10 Jane Hutt, "Datganiad gan y Gweinidog Cyfiawnder Cymdeithasol: Cymru: Cymuned o gymunedau", Chwefror 23, 2023.
11 Ignatieff, *Blood and Belonging: Journeys Into the New Nationalism*, 95.

12 Mathew 5:12.
13 Mathew 6:34.

VII. Ffantasia'r seiclwr cerddorol *ym Morgannwg*

1 Brooks, *Hanes Cymry*, 95.
2 Ibid.
3 Ibid., 96.
4 Cennard Davies, *Cylchgrawn Barn*, Gorffennaf/Awst 2024, 35.
5 Ibid.
6 Roberts, *Crwydro Blaenau Morgannwg*, 92.
7 Gareth Williams, "The origins of Welsh male voice choirs," *The Open University: Open Learn*, Medi 14, 2022, https://www.open.edu/openlearn/history-the-arts/music/the-origins-welsh-male-voice-choirs.
8 Roberts, *Crwydro Blaenau Morgannwg*, 42.
9 Jones, *David Vaughan Thomas.*
10 Rhidian Griffiths, "Rhagair," yn *David Vaughan Thomas*, gan Eric Jones (Gwasg Carreg Gwalch, 2023), 8.
11 Roberts, *Crwydro Blaenau Morgannwg*, 18.
12 Undercurrents Media, "Music of Gower- a Documentary Includes Phil Tanner," Mehefin 17, 2025, https://www.youtube.com/watch?v=DoVjlm5d46g.
13 Alan Lomax, *Columbia World Library of Folk and Primitive Music. Volume I England*, Columbia SL-206 (LP), 1955, ailargraffwyd *World Library of Folk and Primitive Music. Volume I England*, Rounder CD 1741, 1998.

VIII. Ymlaen â fo *ym Mrycheiniog*

1 Clasur o enghraifft o un o'r tyllau cwningen y bues i ynddyn nhw. Ar fforymau sy'n trafod geiriau caneuon y band ar y we, fe ddaethpwyd i gonsenswS mai 'Severn' ac nid 'seraph' oedd y gair. Chafodd y gân ddim o'i darlledu ar y radio.
2 Williams, *Crwydro Brycheiniog*, 66.
3 Williams, *Crwydro Brycheiniog,* 105.
4 Cyfeirio mae'r stori hon, o leiaf, at gyrhaeddiad cysgod y maen: pan fo'r haul yn isel fin nos, bydd cysgod y maen yn ymestyn cyn hired ag at lan yr afon.
5 Ymadrodd hyfryd ddefnyddir ambell waith yn Williams, *Crwydro Brycheiniog*.
6 Fy nghyfieithiad i o "The end is in the beginning and yet you go on" gan Samuel Beckett, *Endgame*, 1957.

IX. A'r alawon hen yn fyw *yng Nghlwyd*

Daw teitl y bennod o linell olaf cerdd enwog Ceiriog (yntau o Lanarmon Dyffryn Ceiriog yng Nghlwyd), 'Y Mynyddau Mawr', sy'n cychwyn "Aros mae'r mynyddau mawr, / Rhuo trostynt mae y gwynt…"

1 Morris, *Wales*, 47.

2 Lily Crossley-Baxter, "The Untranslatable Word That Connects Wales," BBC Travel, Chwefror 25, 2022, https://www.bbc.co.uk/travel/article/20210214-the-welsh-word-you-cant-translate.
3 Pamela Petro, "Hiraeth: A Very Welsh Feeling," Visit Wales, n.d., https://www.wales.com/about/history-and-heritage/welsh-traditions-myths-and-legends/hiraeth.
4 Octave Larmagnac-Matheron, "Hiraeth," *Philosophie Magazine*, Rhagfyr 3, 2020, https://www.philomag.com/articles/hiraeth.
5 Prosiect 'Teithwyr Ewropeaidd i Gymru' (Prifysgol Bangor ac eraill). Argraffwyd y cyfieithiad sy'n ymddangos yn y prosiect. Y gwreiddiol: "Wie die Natur hier die letzten Granitmaßen des Hochlandes aufgestellt hat, so weiht auch die Geschichte diesen Boden mit den letzten und wehmütigsten Erinnerungen walisischer Vorzeit." https://footsteps.bangor.ac.uk/cy/location/corwen.
6 Bedwyr Lewis Jones, *Yn Ei Elfen* (Gwasg Carreg Gwalch, 1992), 18-19.
7 Jeal, *Stanley*.
8 Taylor, *Global Politics of Welsh Patagonia*, 1.
9 Taylor, *Global Politics of Welsh Patagonia*.
10 Davies, *Hanes Cymru*, 224-6.
11 Ibid., 224.
12 Ibid., 372.
13 Andy Welch, 'Rhyl Talk', yn Chetty et al., *Welsh (Plural): Essays on the Future of Wales*, 186.
14 Ibid., 187.
15 Ibid., 190.

X. Ledia'r ffordd *yn sir Gâr*
1 Davies, *Crwydro Sir Gâr*, 203.
2 Cyngor Sir Caerfyrddin, "Ynys Dawela," *Teithiau Cerdded Sir Gaerfyrddin*, n.d., https://www.discovercarmarthenshire.com/media/2496/ynys-dawela-park.pdf.
3 Mair, *Cerddi Sir Gâr*.
4 Davies, *Hanes Cymru*, 325, 343.
5 Jones, *Rebecca's Country*, 72.
6 Ibid., 5.
7 Davies, *Hanes Cymru*, 172-3.
8 Morgans, *Cydymaith Caneuon Ffydd*, 314-5.
9 Ibid., 659.
10 Ibid.

XI. Parhad *yn Llŷn ac Eifionydd*
1 Rothermere, "DAVID LLOYD GEORGE," *Current History (1916-1940)* 17, no. 3 (December 1922): 352. Yr oedd Harold Sidney Harmsworth, yn ddiweddarach Is-Iarll Rothermere, yn arloeswr newyddiaduraeth dabloid, ac yntau wrth wraidd datblygu'r *Daily Mail* a'r *Daily Mirror*.

2 John Owen, "JONES, WILLIAM SAMUEL (Wil Sam) (1920-2007), Dramodydd," Y Bywgraffiadur Cymreig, 2015, https://bywgraffiadur.cymru/article/c10-JONE-SAM-1920.
3 Alan Llwyd, *Cymru Ddu/Black Wales* (Hughes a'i Fab, 2005), 29.
4 Brooks, *Hanes Cymry*, 232.
5 Winn, *Wyddwn i Mo Hynna Am Gymru,* 165.
6 Brooks *Hanes Cymry,* 145-7.
7 Sioned Erin Hughes, 'Mae 'na dduw yn Uwchmynydd', yn *O'r Rhuddin* (Y Lolfa, 2024), 19.
8 Brendon Williams, "Abersoch: Life in a Tourist Town When the Visitors Have Left," Tachwedd 13, 2021, https://www.bbc.com/news/uk-wales-59240522.
9 Brooks, *Hanes Cymry*, 147.
10 Wyn Jones, *Rhoi Cymru'n Gyntaf,* 69-70.
11 Brooks, *Hanes Cymry*, 148-151.
12 Ibid., 153.

XII. Cadw'r Fflam yn Fyw *ym Maldwyn*

Mae teitl y bennod yn cyfeirio at gân ac albwm o waith Cwmni Theatr Maldwyn.

1 Vaughan-Thomas, *Madly in All Directions*, 31.
2 Davies, *Hanes Cymru,* 344.
3 Ellis, *Crwydro Maldwyn*, 31.
4 Dafydd ap Gwilym, 'Cyrchu Lleian'. https://dafyddapgwilym.net/cym/3win.php.
5 Ellis, *Crwydro Maldwyn*, 31.
6 *Cofio Ann Griffiths*, 36.
7 Ibid., 29.
8 Vaughan-Thomas, *Madly in All Directions,* 219.
9 Ellis, *Crwydro Maldwyn*, 66.
10 Fel Machynlleth; maes neu feysydd Cynlleth.
11 Dafydd Johnston (gol.), *Canu Maswedd yr Oesoedd Canol* (Seren, 1998), 15.
12 Howells, *Gwaith Gwerful Mechain ac Eraill*, 158.
13 Ibid., 25.
14 Virginia Woolf, *A Room of One's Own,* 1929.
15 Gwerthwyd yr enghreifftiau prin hyn o memorabilia o'r Swffrajetiaid Cymreig am £48,640. Maen nhw wedi eu cadw gan Amgueddfa Cymru.
16 Howells, *Gwaith Gwerful Mechain ac Eraill*, 36.
17 Ibid., 33.

XIII. Anhreuliedig haul *yng Ngheredigion*

Daw teitl y bennod o'r gerdd y dyfynnir ohoni yn yr epigraff.

1 Gwilym Francis, "Aberteifi - Ceri Wyn Jones - T Llew Jones," Ebrill 28, 2018, https://www.youtube.com/watch?v=YJe3P4XhFVI.

2 "About Us," The Cliff Hotel & Spa, Ebrill 11, 2025, https://cliffhotel.com/about-us/.
3 "Hanes Tresaith," *Cymdeithas Hanes Ceredigion*, Chwefror 27, 2026, https://ceredigionhistory.wales/tresaith-history/.
4 Hanes Llangrannog," *Cymdeithas Hanes Ceredigion*, Chwefror 27, 2026, https://ceredigionhistory.wales/tresaith-history/.
5 Daniel Grimley a Julian Rushton, goln.*The Cambridge Companion to Elgar*. Gwasg Prifysgol Caergrawnt, 2011, 124.
6 Kirsti Bohata, '"A queer kind of fancy": Women, Same-sex Desire and Nation in Welsh Literature', yn *Queer Wales*, golygwyd gan Huw Osborne, 89.
7 *Y Gwladgarwr*, 5 Mai, 1866 https://amgueddfa.cymru/blog/2488/Ar-daith-gyda-Cranogwen/
8 *Y Tyst Dirwestol* Cyf. XIII rhif. 154 - Hydref 1910 https://amgueddfa.cymru/blog/2488/Ar-daith-gyda-Cranogwen/
9 Jane Aaron, '"Gender difference is nothing": Cranogwen and Victorian Wales', yn *Queer Wales*, golygwyd gan Huw Osbrone, 41.
10 Ibid., 31.
11 *Caniadau Cranogwen*, 98.
12 Gottschall, *The Storytelling Animal*.
13 Huw Osborne, 'Introduction', yn *Queer Wales*, 1.
14 Gomer Morgan Roberts, "ROWLAND, DANIEL(1713-1790), Clerigwr Methodistaidd," Y Bywgraffiadur Cymreig, n.d., https://bywgraffiadur.cymru/article/c-ROWL-DAN-1713.
15 "Englyn in Praise of the Stag's Head / Englyn Moliant i'r Stag's Head (Newspaper) - a Pint of History, Please," n.d., https://pint-of-history.wales/explore.php?func=showimage&id=1499.
16 T.I. Ellis, "RICHARD, HENRY (1812 - 1888), Gwleidyddwr," Y Bywgraffiadur Cymreig, n.d., https://bywgraffiadur.cymru/article/c-RICH-HEN-1812.
17 Llywodraeth Cymru, *Y Gymraeg yng Nghymru (Cyfrifiad 2021)*, 2022.
18 Dafydd ap Gwilym, 'Mawl i'r Haf'. https://dafyddapgwilym.net/cym/3win.php
19 Dafydd ap Gwilym, 'Basaleg'. https://dafyddapgwilym.net/cym/3win.php
20 Mihangel Morgan, 'From Huw Arwystli to Siôn Eirian: Representative Examples of Cadi/Queer. Life from Medieval to Twentieth-century Welsh Literature' yn *Queer Wales*, golygwyd gan Huw Osborne, 73.
21 Tyne, *Y Cyfan a Fu Rhyngom Ni*, 119.
22 Ibid., 7.
23 Ibid., 127.
24 Leeworthy, *A Little Gay History of Wales*, 128.
25 Ibid., 128.
26 Crynodeb o sylwadau Mary Thomas (1905-83) yn Amgueddfa Cymru, Sain Ffagan. https://amgueddfa.cymru/casgliadau/storigwerin/?story=16.

27 Harry Heuser, '"Please don't whip me this time": The Passions of George Powell of Nant-Eos', yn *Queer Wales*, golygwyd gan Huw Osborne, 56, 62.
28 Gwenallt, *Eples*, 35. Dyfynnir yn 'From Huw Arwystli to Siôn Eirian: Representative Examples of Cadi/Queer. Life from Medieval to Twentieth-century Welsh Literature' gan Mihangel Morgan, yn *Queer Wales*, golygwyd gan Huw Osborne, 78.
29 Diolch i Nia Peris am ei hymchwil ar fy rhan!
30 Sean Westlake, "Ysbyty Cynfyn Ancient History and Tragedy," Wales Official Tourist Guides Association, Mawrth 28, 2025, https://www.walesbestguides.com/uncategorised/ysbyty-cynfyn-ancient-history-and-tragedy/.
31 Leeworthy, *A Little Gay History of Wales*, 43, 51.

XIV. Llawenydd y daith *ym Meirionnydd*

1 Lluniodd Taid sawl cerdd yn dwyn y teitl 'Camera'. Enillodd gystadleuaeth yr englyn yn Eisteddfod Dinbych 2001 am yr un yma. Cyhoeddwyd ei gyfrol 'Ffotograffiaeth' (hanfodion trin camera a chynhyrchu ffotograffau gyda chyfeiriadau gwyddonol i esbonio lle bo hynny'n briodol) ym 1974.
2 Cadeiriwyd W.D. Williams yn Eisteddfod Genedlaethol y Drenewydd ym 1965, ond 'O Dad yn deulu dedwydd' yw ei waith enwocaf. Mae'n ras cyn bwyd swyddogol yng Ngholeg Kellogg ym Mhrifysgol Rhydychen; hynny gan i'r Coleg gael ei sefydlu ar ŵyl Ddewi, a bod gan y Llywydd cyntaf achau Cymreig. Mae sïon i W.D. hefyd fathu'r term 'Jac Codi Baw' am JCB, a chyfansoddi'r hwiangerdd 'Ribidirês' mewn gweithdy â phlant – testun ysgrif gan Taid yn dwyn y teitl, 'Pam nad wyf i'n filiwnydd'.
3 Ysgol Bro Tegid oedd fy ysgol gynradd, ac o fanno euthum i Ysgol y Berwyn. Yn 2019, pan o'n i ar drothwy blwyddyn 10, agorwyd yr ysgol newydd, Ysgol Godre'r Berwyn. Ysgol gydol oes yw hon bellach, wedi uniad y ddwy ysgol honno ac Ysgol Beuno Sant.
4 'Y Berwyn', I.B.W.
5 Elwyn Edwards, 'Cwm Celyn (Adeg haf sych 1976)' yn *Cerddi Meirionnydd*, golygwyd gan Siân Northey a Cynan Jones.
6 J.S. Mill, *Considerations on Representative Government*, 1861.
7 Gruffudd ab Owain, 'Dringo Dibwynt Stiniog' yn *Cyfansoddiadau a Beirniadaethau Eisteddfod Llŷn ac Eifionydd 2023*.
8 Yn ei nofel, *Salem*, mae Haf Llewelyn yn ymrafael â rhagrith crefydd wrth ymateb i'r darlun, gan gyfochri 1908 a 2018. Mae nifer fawr o'i nofelau yn cynnig darluniau arbennig o Ardudwy.
9 'O Bont y Bermo', W.D.W.
10 Winn, *Wyddwn i Mo Hynny Am Gymru*, 72.
11 Noder, er gwybodaeth, fod 'na lôn ddi-draffig arbennig sydd wedi'n dilyn ni ar drywydd paralel o Aberllefenni ac Aberangell yn ymuno â'r A487 ar y gornel sy'n dod â'r llain unionsyth i ben.
12 'Dinas ar Fryn', W.D.W.
13 Aled Lloyd Davies, "ROBERTS, DAVID ('Telynor Mawddwy ';

1875 - 1956), Telynor, Datgeinydd ac Awdur Llawlyfrau Gosod," Y Bywgraffiadur Cymreig, 1997, https://bywgraffiadur.cymru/article/c4-ROBE-DAV-1875.

14 "Mainc adgof mwynhau cydgan / Tonnau môr a'r tannau mân."

15 Warren, *Cycling Climbs of Wales*, 81.

16 Darllenais am hyn gyntaf yng nghyd-destun seiclwyr proffesiynol o dde America yng nghyfrol Matt Rendell, *Colombia Es Pasión* (Weidenfeld & Nicolson, 2020).

Hefyd o'r Lolfa:

£19.99

£19.99

£11.99

CEFNOGWCH EICH SIOP LYFRAU LEOL

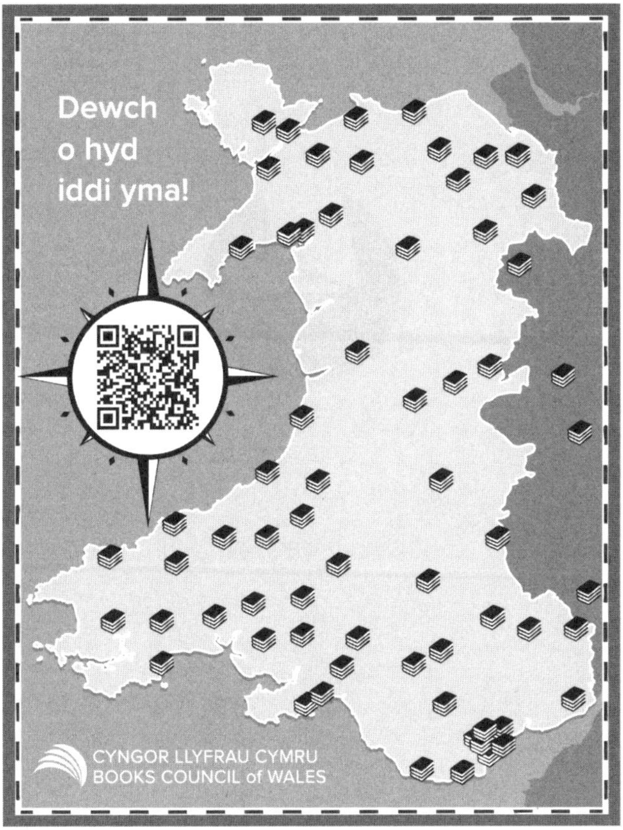